GUTMANN

VERFÜHRERISCHE KOSTBARKEITEN AUS DER EINMACHKÜCHE

Ilse und Hans Gutmann

Verführerische KOSTBARKEITEN aus der Einmachküche

Ilse und Hans Gutmann

REZEPTE VON ILSE UND HANS GUTMANN

IN EINER LIEBLICHEN WEINGEGEND BEWIRTEN ILSE UND HANS GUTMANN IHRE GÄSTE:
IM GASTHOF „ZUR SCHÖNEN AUSSICHT“,
HEILIGENSTEINSTRASSE 32, A-3561 ZÖBING.

DIE ABGEBILDETEN SPEISEN WURDEN VOM FOTOSTUDIO LIESL BIBER, BISAMBERG, AUFGENOMMEN.

In der ab 1998 gültigen Rechtschreibung gesetzt.

Idee und Konzept: Julius P. Breitschopf

INHALTSVERZEICHNIS

Reihenfolge der Abbildungen mit den dazugehörigen Rezepten

DIE FREUDE AN DER SACHE

Ausgangspunkt und geistige Grundlage dieses Buches ist meine eigene, ganz persönliche Kochphilosophie.
Hat es nicht einen besonderen Reiz, das Handwerk **„Kochen“** einmal unter einem völlig neuen Aspekt zu betrachten? Kann das Kochen eine Art „Glücksgefühl“ vermitteln?
Lässt sich überhaupt beschreiben, was Liebe zum Einkochen bedeutet? Ich verstehe darunter die Hingabe an ein Handwerk, das Hineinfühlen in Produkte, ein Gefühl des Glücks, aller Anstrengungen zum Trotz, das Streben nach geschmacklicher Harmonie bzw. die Vorfreude, jemandem mit einem Glas Selbsteingemachten Freude zu bereiten.
Die Küche sollte auch für Sie ein Stück Natur sein, dann folgt die handwerkliche Voraussetzung und sobald Sie die Rezepte zu lesen verstehen, führt der Weg über Einkauf und Lebensmittel hin zu den Grundkonservierungsarten, die als Basis für die Freude am Ende unerlässlich sind.
Sie werden sehen, wie viele unterschiedliche Geschmacksrichtungen die Natur bietet, wenn Sie sich nur trauen, z. B. zwei Holunderblüten in die kochende Erdbeer- oder Stachelbeermarmelade zu hängen.
Lesen Sie daher dieses Büchlein von Anfang an durch, denn nur so können Sie die Rezepte wirklich verstehen.
Ich hoffe, dass die angegebenen Anleitungen dazu beitragen, Obst und Gemüse jenen Stellenwert auf unseren Tischen zu geben, den sie aus gesundheitlichen und wirtschaftlichen Gründen als Nahrungsmittel verdienen!
Ich wünsche Ihnen jedenfalls viel Spaß, Ausdauer und gutes Gelingen beim Lesen bzw. Ausprobieren der Rezepte.
Ilse Gutmann

HISTORISCHES ZUM THEMA „EINMACHEN“

Das Wort „Marmelade“ kommt aus dem Portugiesischen und zwar vom Wort **„Marmelo“**, was soviel wie Quitte bedeutet. Schon im Altertum kochte man die Quitte mit Honig zu einem Mus, das Dank des hohen Pektingehalts sofort gelierte und dadurch besonders lange haltbar war.
Quittenkäse war mit höchster Wahrscheinlichkeit die einzige Marmelade für viele Jahre, die aber nur den Fürsten und Königen vorbehalten war.
1541 wurde in Venedig das erste Kochbuch für die Zubereitung von Gelees und Konfitüren herausgegeben.

Zucker war aber eine Kostbarkeit, die sich das gewöhnliche Volk nicht leisten konnte.
Im 18./19. Jahrhundert wurden nicht nur die altbekannten Quitten eingekocht, sondern auch andere Früchte, wie z. B. Pflaumen, aus denen das **Pflaumenmus** entstand. Da heißt es zum Beispiel im alten Kochbuch der Anna Dorn:
„Die Pflaumen werden geschnitten, die Kerne herausgenommen, dann in einen großen Kessel geschüttet, der vorher mit Speckschwarten gut ausgerieben sein muss. Damit sie sich nur ja nirgends anlegen oder anbrennen, muss eine Person stets mit einer langen Rührstange umrühren, und dann muss die Masse gewürzt werden mit Ingwerwurzel, Zitronenschalen, Nelkenpfeffer und Zitronat und bei gelindem Feuer so lange gekocht werden, bis es ein dickes Mus ist, welches in ‚irdene' (das waren aus Ton gebrannte Töpfe) Töpfe ausgeschöpft wird. Wenn es recht gut und steif ist, bekommt es eine dicke harte Haut, die den Zugang aller Luft abhält, wodurch es sich mehrere Jahre hält!"
Die so stundenlang gekochten Muse, die das Fruchtaroma weitgehend eingebüßt hatten, mussten natürlich ordentlich gewürzt werden, um genießbar zu sein. Heute versucht man Methoden zu finden, die den Kochvorgang wesentlich verringern, um Geschmack, Farbe und Vitamine möglichst zu erhalten.
Zwei Ereignisse änderten die alte Methode des Einkochens:
Als um 1840 auch in Europa **Zucker** aus der Zuckerrübe gewonnen werden konnte, wurde dieses Luxusprodukt auch für die Bürger erschwinglich.
1870 konnte als erstes **Pektin** identifiziert werden.

KÜCHENWÖRTERBUCH

Was sagt man wo?

ÖSTERREICH	DEUTSCHLAND	SCHWEIZ
Abrebeln	Abstreifen	
Broccoli	Broccoli	Broccoli
Chinakohl	Chinakohl	
Dill	Dill	Dill
Durchschlag	Sieb	Sieb
Eierschwammerl	Pfifferling	Eierschwämme
Endivie	Chicorée	
Erbsen	Erbsen	Erbsli
Erdäpfel	Kartoffeln	Kartoffeln
Fenchelknolle	Fenchelknolle	

Fisolen	Grüne Bohnen	Fisolen
Fisolen gelb	Wachsbohnen	
Fleischparadeiser	Fleischtomaten	
Germ	Hefe	Hefe
Grapefruit	Pampelmuse	
Häuptelsalat	Kopfsalat	Kopfsalat
Heidelbeeren	Blaubeeren	Heidelbeeri
Holler	Holunder	Holunder
Karfiol	Blumenkohl	Blumenkohl
Karotten	Möhren	Rübli
Kochsalat	Lattich	Lattich
Kohl	Wirsing	Kohl
Kohlrabi	Kohlrabi	
Kürbis	Kürbis	
Kipfler	Salatkartoffelsorte	
Kletzen	Dörrbirnen	
Kohlsprossen	Rosenkohl	Rosenkohl
Kren	Meerrettich	Meerrettich
Krenreißer	Meerrettichreibe	
Kukuruz	Mais	Mais
Lauch	Porree	Lauch
Maggikraut	Liebstöckl	Liebstöckl
Mangold	Mangold	
Marillen	Aprikosen	Aprikosen
Maroni	Edelkastanien	Kastanien
Melanzani	Eierfrüchte	Aubergi
Most	vergorener Obstsaft	
Orangen	Apfelsinen	Orangen
Paradeiser	Tomaten	Tomaten
Paradeismark	Tomatenmark	
passieren	durchs Sieb drücken	durchpressen
Pastinaken	Pastinaken	
Petersilienwurzel	Petersilienwurzel	
Pfefferoni	Pfefferschote	Peperoni
Powidl	Pflaumenmus	Pflaumenmus
Portulak	Portulak	
Püree	Mus	
Reibeisen	Reibe	Raffel
Rettich	Rettich	
Ribisel	Johannisbeeren	Johannisbeeren
Ringlotte	Reineclaude	
Rose Karfiol	Kopf Blumenkohl	

Rote Rüben	Rote Beete	Rande
Rotkraut	Rotkohl	Rotkabis
Rucola	Nusssalat	Rauke
Schale	Tasse	Tasse
Schwammerln	Pilze	Schwammerln, Pilze
Schwarzwurzel	Schwarzwurzel	
Schöpflöffel	Schöpfkelle	Schopfkelle
Sieb	Sieb, Durchschlag	Sieb
Siebschöpfer	Schaumkelle	
Spagat	Bindfaden	
Solospargel	Spargel 1. Klasse	
Spalterbse	getrocknete gesch. Erbse	
Staubzucker	Puderzucker	
Topinambur	Erdartischocke	
Vogerlsalat	Feldsalat od. Rapunzel	Nüsslisalat
Walnüsse	Walnüsse	
Weichseln	Sauerkirschen	Weichseln
Weißkraut	Weißkohl	Chabin
Wurzelwerk	Suppengrün	Suppengrün
Zeller	Sellerie	Sellerie
Zwetschken	Pflaumen	Pflaumen
Zwetschken getrocknet	Pflaumen getrocknet	Dörrpflaumen
Zwetschkenröster	Gedünstete Pflaumen	Pflaumenröster
Zeste fein geschnitten	Schale von Zitrusfrüchten	
Zuckererbsen	Zuckererbsen	Erbsli
Zwiebel	Zwiebel	Böllen

DIESES GESCHIRR BENÖTIGEN SIE

Man kann sich die Arbeit wesentlich erleichtern, wenn man alle Einkoch Utensilien vorher gerichtet hat. Man sollte Einkochgeschirr wirklich nur zum Einkochen verwenden und während des restlichen Jahres aus der Küche räumen, um nur ja nicht in Versuchung zu kommen, es anderweitig zu verwenden!
Jedes Mal vor Beginn, sollte das Geschirr trotzdem noch einmal gewaschen, aber nicht abgetrocknet werden!

Die Geräte zum Einkochen

Ganz ohne Geräte können Sie das Einkochen nicht beginnen. Allerdings halten sich die notwendigen Utensilien in Grenzen. Das Wichtigste ist einmal ein großer Kochtopf, eine Marmite, dann brauchen Sie noch weitere breitere Töpfe, Kasserollen, in unterschiedlicher Größe.

Ein Einkochthermometer ist, wenn Sie keinen elektrischen Einkochtopf besitzen, von großer Notwendigkeit, und ein genauer Küchenwecker kann gute Dienste leisten.

Außerdem brauchen Sie noch verschiedene Einkochgläser.

- **Einkochtöpfe**, nicht elektrischer Ausstattung, werden in emailierter Ausführung angeboten, haben im Deckel eine Öffnung für das Thermometer und haben beim Zubehör einen Einsatz auf den die Gläser gestellt werden müssen.
- Noch einfacher geht das Einkochen natürlich mit einem **elektrischen Einkochtopf**, der ein Thermostat besitzt und die Temperatur konstant hält, solange Sie die Zeit eingestellt haben.
- **Das Thermometer**
  Ohne ein ordentliches Thermometer wird das Einmachen zum Glücksspiel. Die genaue Temperatur im Einkochtopf ist von sehr großer und entscheidender Bedeutung, darum sollten Sie wirklich darauf achten, ein ordentliches Thermometer zu besitzen. Schauen Sie beim Kaufen nicht auf den Preis und nehmen Sie eine möglichst stabile Ausführung, die nicht bei jedem Anstoß sofort kaputt wird.
- **Die Gläser**
  Bevor Sie sich an die Arbeit machen, sollten Sie prüfen, ob Sie genügend Gläser, Deckel und Gummiringe haben, und in welchem Zustand sie sind.
  Sie werden beim Lesen dieses Kochbuches bald merken, dass ich fast ausschließlich Rezepte für Gläser mit Schraubdeckel aufgeschrieben habe.
  Das ist deswegen so, weil die Handhabung mit der Twist-off-Methode einfach die leichteste und modernste ist. Ich habe damit nur gute Erfahrungen gemacht. Außerdem ersparen Sie sich bei vielen Rezepten den teuren Einkochtopf und die Arbeitszeit ist auch wesentlich verkürzt.
  Natürlich können Sie auch Gläser ohne Deckel verwenden und den köstlichen Inhalt mit Cellophan schützen.
  Bei Schraubgläsern mit Twist-off-Deckel haben die Deckel innen am Rand einen dünnen Gummiring, der bewirkt, dass der Deckel luftdicht abschließt.
  Diese Gläser können Sie ohne weiteres so wie sie aus den großen Konservenfabriken kommen, wiederverwenden, wenn die Dichtung im Deckel nicht beschädigt ist.
  Diese Gläser mit den dazupassenden Deckeln gibt es im Handel auch einzeln zu kaufen.

Bei den klassischen Einmachgläsern sind die verschiedensten Größen und Arten im Handel erhältlich, die bekanntesten davon sind die Weckgläser, daher kommt auch der Name „Einwecken".
Diese Gläser sind zwar teuer, halten aber ewig.
Nur die Gummiringe müssen Sie von Zeit zu Zeit wechseln.
Die dazugehörenden Metallspangen können Sie immerwieder nachkaufen, aber sie halten viele Jahre.

- **Die Gummiringe und Metallspangen (Klammern)**
  Jede Firma die Einmachgläser herstellt, hat andere Gummiringe, darum passen Sie beim Kaufen genau auf.
  Wenn Sie alte Gummiringe verwenden, dann sollten Sie diese vor der Verwendung in leichtem Essigwasser auskochen.
  Brüchige oder ausgedehnte Ringe müssen aussortiert werden.
  Dann brauchen Sie zum Befestigen des Deckels noch pro Glas 3 Metallspangen. Diese halten sehr lange und sind unentbehrlich.
- **Eine Exakte Küchenwaage** zum genauen Wiegen
  Wenn Sie kleine Mengen zubereiten, dann ist eine Waage mit Digitalanzeige sehr von Vorteil.
- **Einen Stabmixer**
  Damit können Sie Früchte in halber Kochzeit ohne großen Geschirraufwand perfekt pürieren.
- **Flotte Lotte**
  Eine flotte Lotte ist ein wertvolles Küchenutensil, damit können Sie z. B. die Kerne aus den Fruchtmassen durchs Sieb drücken, außerdem haben Sie gleich eine pürierte Masse.
- **Verschiedene Kasserollen**
  Am besten ist es, wenn Sie möglichst breite Kasserollen zur Hand haben, denn alle Fruchtmassen halten wie Gemüse die Farbe am besten, wenn sie möglichst schnell kochen.
- **Eine große Marmite**
  Diesen Topf brauchen Sie, wenn Sie keinen speziellen Einkochtopf besitzen. Er sollte so hoch sein, dass man, wenn man einen Gitterrost in den Topf legt, auch noch alle zu sterilisierenden Flaschen in dieser Höhe unterbringt.
- **Kochlöffel**
  Es gibt spezielle Einkoch-Kochlöffel, die an der untersten Stelle eine Flachseite haben, das ist sehr praktisch, aber nicht unbedingt notwendig.
- **Schaumlöffel**
  Einen Schaumlöffel bekommen Sie in jedem Geschirrgeschäft, er ist nicht nur zum Einkochen ein nützliches Utensil.
  Bei der Geleeherstellung ist er unbedingt notwendig, da der

Schaum, der sich immerwieder an der Oberfläche bildet, ständig abgeschöpft werden muss.

- **Küchenmesser, Sparschäler, Kernhaus – Ausstecher**
  Sie brauchen ein kleines Gemüseputzmesser, ein größeres z. B. zum Schneiden von Gemüse, und einen Sparschäler zum Schälen von allen Obst- und Gemüsesorten.
  Ein Kernhausausstecher ist von Vorteil, wenn Sie viel mit Äpfeln einkochen.
- **Gemüsebürste**
  Bei der Herstellung von Milchsäure vergorenem Gemüse ist es nicht immer notwendig, das Gemüse zu schälen, z. B. Möhren die einwandfrei sind, muss man nur ordentlich unter rinnendem Wasser bürsten.
- **Schöpfer**
  Einen Schöpfer zum Abfüllen von Marmeladen usw. haben Sie ganz bestimmt in Ihrer Küche.
- **Passiersieb und Teigkarte**
  Wenn Sie eine flotte Lotte mit einem sehr feinen Siebeinsatz besitzen, dann ist ein Passiersieb und eine Teigkarte nicht notwendig.
- **Sieb**
  zum Waschen von großen Mengen Obst und Gemüse usw.
  Für kleine Mengen genügt ein normales Haushaltssieb.
- **Entsteiner**
  Ein Entsteiner für Kirschen, Sauerkirschen und Pflaumen, ist ein großer Vorteil. Sie sparen damit sehr viel Zeit.
- **Zitronenpresse**
  Das ist ein unbedingt notwendiges Küchenutensil.
- **Pariser- oder Kugelausstecher**
  Kugelausstecher gibt es in verschiedensten Größen im Fachhandel, sie sind aber nicht unbedingt notwendig. In diesem Buch ist ein einziges Rezept, das Melonenkompott, angeführt, in dem ein Kugelausstecher von Vorteil ist.
- **Einfülltrichter aus Glas oder Kunststoff**
  Das ist eines meiner wichtigsten Einkochutensilien.
  Einen Einfülltrichter für alle Größen von Gläsern gibt es im Fachhandel zu kaufen. Es gibt Ausführungen in Glas oder Plastik, wobei jeder seinen Vorteil hat. Plastik bricht nicht so schnell, Glas ist aber besser zu reinigen.
- **Gläser mit Twist-off-Deckeln**
  Sie können gebrauchte Gläser genauso wie neue verwenden, es gibt sie in jedem Fachgeschäft einzeln zu kaufen.
- **Cellophan in Bögen oder geschnitten**

Cellophan zum Verschließen der Gläser ist bei der Geleeherstellung von Vorteil. Es gibt spezielles Einmach-Cellophan in Bögen oder geschnitten, wobei bei geschnittenem Cellophan immer die Gummiringe und Etiketten zugleich angeboten werden.

- **Weingeist**
  Weingeist ist 98%iger Alkohol und ist daher am besten zum Anzünden beim Verschließen der Gläser mit der Twist-off-Methode geeignet. Aber bitte Vorsicht!
  Außerdem brauchen Sie ihn zum Ansetzen verschiedenster Liköre.
- **Etiketten**
  Etiketten sind zwar sehr schön, aber nicht unbedingt notwendig. Man kann Marmeladegläser auch mit schönen Stiften beschriften.
- **Dampfentsafter**
  Bei der Fruchtsaftherstellung ist ein Dampfentsafter unentbehrlich.
- **Glasheber zum Herausnehmen der Gläser**
  Ein Glasheber ist eine sehr gute Hilfe, wenn Sie viel mit Einmachgläsern, wie Weckgläser arbeiten. Damit können Sie die heißen Gläser ohne Probleme aus dem Kochtopf heben.
- **Mulltuch (Etamin) und Schüssel**
  Zur Geleeherstellung wie zur Fruchtsaftgewinnung unbedingt notwendig. Die Säfte können langsam eine Nacht lang durch das Tuch laufen und sind deswegen kristallklar.
- **Saftzentrifuge**
  Eine Saftzentrifuge ist bei schlecht entsaftbarem Obst oder bei der Gemüsesaftgewinnung von Vorteil.
- **Küchenwecker**
  Eine wichtige Notwendigkeit!
- **Etamin**
  Sie können dafür ein ausgekochtes Leinentuch verwenden oder ein Mulltuch; bei der Geleeherstellung kann es auch ein Flanelltuch sein. Machen Sie es vor jeder Verwendung auf jeden Fall nass, dann saugt es nicht so viel Fruchtsaft auf.
- **Krauthobel**
  Einen Krauthobel brauchen Sie nur, wenn Sie Sauerkraut herstellen wollen.
- **Pfeffermühle**
  Pfeffer aus der Mühle ist nicht nur scharf, sondern auch sehr geschmackvoll, was bei Chutneys sicherlich von Vorteil ist.
- **Zestenreißer**
  Ein Zestenreißer ist nicht unbedingt notwendig, man kann Apfelsinen- und Zitronenschalen genausogut mit einem guten Messer feinnudelig (julienne) schneiden.

DIE GEBRÄUCHLICHSTEN FACHAUSDRÜCKE IN DER EINMACHKÜCHE

abschäumen

Beim Erwärmen aufsteigenden Schaum von Flüssigkeiten z. B. Gelees abschöpfen

abrebeln

Das geschieht zum Beispiel bei Johannisbeeren oder Holunderbeeren. Dabei müssen die Beeren von allen kleinen Stängeln befreit werden, am besten geht das mit einer Gabel.

Ascorbinsäure

ist reines Vitamin C. Es unterstützt die Haltbarkeit wesentlich und ist in Apotheken und Reformhäusern erhältlich.

Küchen – Backpapier

Im normalen Haushalt unentbehrlich, in der Einmachküche wird es zum Einschlagen von Fruchtpasten verwendet, es ist beschichtet und verhindert das Klebenbleiben.

Kasserolle

breites Kochgeschirr, für Marmeladen, denn je schneller die Marmelade kocht, desto schöner bleibt die Farbe der Früchte erhalten.

bei eingehängtem Backrohr

Das heißt, dass man z. B. beim Trocknen von Früchten oder Gemüse das Backrohr einen Spalt zum Entweichen des Dunstes offen lassen soll.

blanchieren

Kurz überkochen oder überbrühen, anschließend kalt abschrecken.

einkochen

einreduzieren; flüssige Massen zu dicklicher Konsistenz einkochen. Z. B. bei der Geleeherstellung ...
Einkochen kann aber auch sterilisieren bedeuten, das kommt auf den jeweiligen Zusammenhang an.

Etamin

ausgekochtes, weißes Leinentuch zum Durchseihen von Säften zur Geleeherstellung und Fruchtsaftgewinnung.

Fruchtmark

feinst passierte Früchte aller Arten.

Fruchtzucker
wird auch Fructose genannt und kommt gemeinsam mit Traubenzukker in süßen Früchten vor. Er wird genauso als Weichhaltemittel verwendet, so wie bei Diätprodukten.

Traubenzucker
kommt in den Früchten sowie im Honig vor und wird für diätische Speisen verwendet. Er ist nicht so süß wie der weiße Zucker. Traubenzucker ist ein großer Energiespender, denn er geht sofort nach dem Essen in das Blut über.

Gelatine
Allgemein ist es ein geschmackloses Bindemittel, wir brauchen es zur Gelee- und Marmeladeherstellung für Diabetiker.

Gelierzucker
ist mit Pektin versetzter Zucker, der als Gelierhilfe bei der Marmelade- und Geleeherstellung gebraucht wird. Pektin wird hauptsächlich aus unreifen Äpfeln und Zitrusfrüchten gewonnen.

Honig
Man unterscheidet zwischen Wald- und Wiesenhonig. Er hat einen Invertzuckergehalt von 60–80%. Honig bleibt lange dickflüsig, man sollte ihn, um Vitamine und Spurenelemente zu erhalten, möglichst nicht kochen.

Julienne
ist eine Schneideform für Obst oder Gemüse (feine Streifen).

Kandiszucker
ist durch die Kristallisierung entstandener Zuckerkristall und ist gefärbt oder ungefärbt im Handel erhältlich. Wir brauchen ihn zur Fruchtlikörherstellung und zum Einlegen von Früchten in Alkohol.

klären
Bei der Klärung von frischen Fruchtsäften den Saft durch ein Etamin laufen lassen.

durchs Sieb drücken
Die Früchte oder das pürierte Gemüse durch ein Sieb streichen. Dazu können Sie aber auch die „Flotte Lotte“ verwenden.

pürieren
Früchte oder Gemüse mit dem Mixstab bis zum Mus zerkleinern.

Mus
Mus von Früchten oder Gemüsen

Verschiedene Einkochutensilien
1. Reihe: Messbecher, Rex-Einkochglas, Flotte Lotte
2. Reihe: verschiedene Weck-Einkochgläser mit Gummiringen und Spangen, 2 Schraubgläser mit Twist-Off-Deckeln
3. Reihe: 3 versch. Flaschen mit Korken, 2 Flaschen mit Twist-off-Verschluss, 1 große Rex-Einkochflasche, 1 Einfülltrichter.
Auf dem Tisch: Passiersieb, Schöpfkelle, Schaumlöffel, Kochlöffel, Kernhausausstecher, Sparschäler, Korken, Twist-off-Deckel, Gummikappen, Gummiringe, Spangen, 1 große Kasserolle mit Sieb.

Vanillezucker
mit Vanille aromatisierter Zucker

Wasserbad
Ein hoher Topf, gefüllt mit Wasser zum Sterilisieren von Flaschen, oder auch zum Pasteurisieren von gefüllten Flaschen oder Gläsern.

simmern lassen
Das Kochgut nicht sprudelnd kochen, sondern nahe dem Siedepunkt stehen lassen.

Topf, in der Fachsprache „Marmite"
Eher hohes Kochgeschirr, als Wasserbad zum Sterilisieren von gefüllten Flaschen geeignet.

ziehen lassen
Das Kochgut nahe dem Siedepunkt garen, aber nicht kochen.

Zitronat
kandierte Zitronenschale

Zeste
ist julienne geschnittene Schale von Zitrusfrüchten.

GELIER- UND EINMACHHILFEN

Grundsätzliches zur Haltbarkeit von Lebensmitteln

Gelier- und Einmachhilfen sind nicht immer unbedingt notwendig, man kann z. B. selbst Apfelpektin (in Geleeform) kochen, in Gläser füllen und bei jeder Marmelade oder Gelee dazugeben.
Es ist aber auf jeden Fall einfacher, fertigen Gelierzucker zu verwenden oder reines Pektin-Pulver in der Apotheke oder Drogerie zu kaufen.
Einmachhilfen die für die längere Haltbarkeit gedacht sind, brauchen Sie nur, wenn Sie nicht sauber arbeiten oder die Flaschen und Gläser nicht ordentlich gereinigt sind.
Wenn Sie die Gläser mit der Twist-off-Methode verschließen und sauber arbeiten, kann überhaupt nichts passieren!

Es gibt Eigenschaften der Lebensmittel, die in der Natur gut sind, aber beim Einkochen vermieden werden müssen:
bei Fäulnis zersetzen Mikroorganismen Eiweißstoffe,
bei einer Gärung spalten Mikrorganismen Kohlehydrate auf,
bei Schimmelbildung sind die Sporen des Schimmelpilzes ein giftiger Belag auf den Nahrungsmitteln.

Um all diese Veränderungen der Lebensmittel zu verhindern, ist die erste und beste Möglichkeit:
die absolute Sauberkeit, ohne Wenn und Aber!

Einige Gelier- und Einmachhilfen

- **Agar-Agar**
  Rein pflanzliches Verdickungsmittel aus Meeresalgen. Es ist in Bioläden und in der Drogerie erhältlich und wird besonders bei Diabetikermarmeladen und Gelees gebraucht.
- **Benzoesäure**
  Organische Säure aus Beeren oder Harzen. Diese Säure ist der Bestandteil der Einmachhilfe und verhindert den Schimmelbefall.
- **Essig**
  Gärprodukt alkoholhaltiger Flüssigkeiten, wie Wein mit Hilfe von Essigbakterien. Essigessenzen müssen unbedingt verdünnt werden. Die Konservierungskraft ist schon ab 0,9% gegeben.
- **Pektin**
  Pektin ist ein Enzym, eine Substanz, die der Pflanze Halt gibt. Pektin wird aus unreifen Äpfeln und Zitrusschalen hergestellt. Die handelsüblichen Gelierzucker sind pektinhältig.

  Pektin können Sie flüssig oder in Pulverform in Apotheken kaufen.
- **Salz**
  Am besten verwendet man unjodiertes Koch- oder Meersalz, man benötigt es bei der Milchsäuregärung und bei allen anderen in Essig usw. eingelegten Gemüse- und Obstsorten.
- **Zitronensäure oder Ascorbinsäure**
  Sie wird vor allem zur Geschmacksverstärkung benötigt und kommt, wie der Name schon sagt, besonders in Zitrusfrüchten vor.

  Zitronensäure wird chemisch hergestellt; die Ascorbinsäure ist ein reines Naturprodukt – das Vitamin C. Es dient genauso zur Geschmacksverstärkung, sowie als Unterstützung der Haltbarkeit.
- **Zucker – Gelierzucker**
  Zucker benötigen wir für die Gelierwirkung und für den Geschmack. Braunen Zucker kann man für Chutneys, Relishes usw. verwenden. Hagelzucker brauchen wir für Obstpasten; feiner Zucker ist ideal für gefrorene Früchte. Gelierzucker ist pektinhältig, mit dem Gelierzucker 2:1 kann man mit wenig Zucker eine höhere Gelierkraft erzielen. Halten Sie sich an die Angaben auf der Verpackung. Hier können Sie das in den Rezepten angegebene Pektin weglassen.

ABKÜRZUNGEN

TK = Tiefgekühlt	evt. = eventuell
EL = Esslöffel	z. B. = zum Beispiel
TL = Teelöffel	Std. = Stunde
g = Gramm	Min. = Minute
Msp. = Messerspitze	cm = Zentimeter
l = Liter	mm = Millimeter
cl = Centiliter	C = Grad Celsius

KLEINE WARENKUNDE FÜR OBST UND GEMÜSE

Obst

Ernten Sie Obst und Gemüse möglichst dann, wenn es bereits intensiv duftet, schon reif ist, aber noch nicht völlig ausgereift ist. Dies gilt besonders für Früchte, die Sie für Marmeladen, Konfitüren und Gelees verwenden wollen, bei denen es auf den natürlichen Pektin Gehalt ankommt.

Pektin und Säuregehalt

Grundsätzlich sind unreife Früchte pektinreicher als reife.

- **Besonders pektin- und säurehaltig sind:**
  Unreife Äpfel, Quitten, rote Johannisbeeren, Rhabarber, Berberitze, Eberesche, Blaubeere, Johannisbeere, Preiselbeere.
- **Etwas weniger haben:**
  Himbeeren, schwarze Johannisbeeren, Pflaumen, Birne, Brombeere, Pfirsich, Pflaume, Reineclauden, Stachelbeere, Zitrusfrüchte.
- **Wenig Pektin und Säure haben:**
  Ananas, Erdbeeren, Weintrauben, Kürbis, Holunder, Kirschen, Sauerkirschen, Kiwi, Rhabarber, Weintrauben.

Im Allgemeinen sollte man weiche Früchte nur dann pflücken, wenn sich auf ihnen kein Tau oder Regenwasser befindet. Sonst wird nicht nur die Frucht verwässert, es kann sich auch Schimmelbefall bilden.
Im Grunde dient Einkochen dazu, den Verfallsprozess zu verlangsamen. Nahrungsmittel verfallen durch die ständige Aktivität von natürlichen Enzymen, die in jedem Obst oder Gemüse enthalten sind, sowie durch Mikroorganismen und Bakterien, die als Schimmel oder Hefepilze in der Nahrung selbst oder in der Luft sind.
Wie das Kochen, sollte auch das Einwecken Ausdruck von Persönlichkeit sein. Solange Sie bei der Auswahl und Vorbereitung Ihrer Produk-

te die wichtigsten Grundregeln beachten, hygienisch arbeiten und Ihre Gläser sorgfältig lagern, sind Ihnen beim Konservieren keine Grenzen gesetzt.
Als Obst werden im Allgemeinen die genießbaren Früchte und Samen verschiedenster wild wachsender und kultivierter Pflanzen bezeichnet. Fast alle können im rohen Zustand verzehrt werden.
Durch gute Züchtungen ist heute ein vielfältiges Angebot an Sorten und Arten zu haben.
Früchte und Beeren sind ballaststoffreich, leicht verdaulich und meistens kalorienarm.
Kalorienreich sind zwar alle Nüsse sowie Mandeln, diese sind aber reich an Eiweiß und Mineralien.
Sie können jedes exotische Obst einkochen. Sie glauben nicht, wie gut zum Beispiel eingelegte Kumquats (Zwergorangen) schmecken oder eine Marmelade aus Ananas und Mangos!

Wann ist die beste Zeit zum Einmachen?

Ananas	Oktober bis März
Äpfel	versch. Sorten ab Juni bis November
Avokado	das ganze Jahr über
Banane	das ganze Jahr über
Birnen	Sommer und Herbst
Brombeere	August bis Oktober
Clementine	November bis Februar
Erdbeere	Mai bis Juli
Feige	Juli bis Oktober
Pampelmuse	September bis Februar
Haselnüsse	das ganze Jahr über
Blaubeere	Juni bis Oktober
Himbeere	Juli bis September
Johannisbeere	Juni bis August
Kirsche	Ende Mai bis Juli
Kiwi	das ganze Jahr über
Kumquats	September bis März
Limone	September bis März
Mandarine	November bis Februar
Mandeln	das ganze Jahr über
Edelkastanien	Oktober bis Februar
Mangos	das ganze Jahr über
Aprikosen	Juni bis August
Nüsse	Spätherbst und Winter
Nüsse	grün bis spätestens Sonnenwende

Nektarinen	Juni bis August
Oliven	Juni bis September
Apfelsinen	November bis März
Papayas	das ganze Jahr über
Pfirsiche	Juni bis September
Pflaumen	Juni bis September
Preiselbeere	September bis November
Johannisbeeren	Juni bis August
Quitte	September bis Oktober
Stachelbeere	Juni bis August
Weintrauben	September bis November
Zitronen	das ganze Jahr über
Pflaumen	Juli bis Oktober

Gemüse

Der Großteil der heute angebauten Gemüse geht auf Sorten zurück, die meist schon vor mehreren Jahrhunderten gezüchtet wurden. Durch ihren hohen Vitamin- und Nährstoffgehalt sind sie ein wichtiger Bestandteil unserer Ernährung.
Im Gemüse sind fast alle Vitamine und Nährstoffe enthalten, die unser Körper benötigt.
Frisches Gemüse muss möglichst schnell verarbeitet werden und darf erst kurz davor gewaschen werden. Es darf auch nie im Wasser liegen bleiben, denn wichtige Vitamine und Mineralstoffe können sich auslaugen.
Damit es seinen Eigengeschmack und seine Güte behält, sollte Gemüse nur kurz und schonend gegart werden. Längeres Warmhalten schadet dem Gemüse ebenso, wie unsachgemäße Lagerung.

Wann ist die beste Zeit zum Einmachen?

Artischocke	August bis Oktober
Aubergine	Juli bis Oktober
Bohnen	Ende August und September
Broccoli	Mai bis Oktober
Erbse	Juni bis August
Fenchel	Juni bis Oktober
Grüne Bohnen	Juni bis Oktober
Gurken	Juni bis Oktober
Blumenkohl	Juni bis August
Möhren	August bis Oktober
Knoblauch	August bis Dezember
Wirsing	August bis Oktober

Kohlrabi	Mai bis Oktober
Rosenkohl	September bis Februar
Kraut	August bis Oktober
Kürbis	August bis Oktober
Porree	August bis Oktober
Mangold	März bis September
Melone	Juli bis September
Eierfrüchte	Juli bis November
Pastinaken	Herbst
Paprika	Juni bis September
Tomaten	Sommer und Herbst
Rhabarber	April bis Sonnenwende
Rotkohl	September bis November
Schwarzwurzel	Herbst
Spargel	April bis Sonnenwende
Spinat	März bis September
Stangenzeller	Juni bis in d. Spätherbst
Topinambur	November
Kraut	August bis November
Zucchini	Juni bis Oktober
Zuckermais	Juli bis Oktober
Zwiebel	August bis November

Pilze

Was ist ein Pilz?

Der Pilz ist kein Gemüse, sondern ein Sporengewächs.
Diese Pflanzen sind nicht in der Lage, Kohlendioxid aus der Luft zu assimilieren. Die benötigten Nährstoffe nehmen sie aus bereits gebildeter organischer Substanz. Was als Pilz verwendet werden soll, ist nur der Fruchtkörper der Pflanze. Die Pflanze selbst ist ein feines Fadengeflächt, das unter der Erde wächst.
Pilze sind eine der ältesten Pflanzen der Welt. Sie enthalten viel Eiweiß, wertvolle Vitamine, Mineralstoffe, Kohlehydrate, wenig Fett und fast keine Stärke. Pilze sind Schadstoffspeicher, schwer verdaulich und daher nicht für Diät oder Krankenkost geeignet.
Schon das Sammeln von Pilzen macht viel Spaß, auch vom Essen lassen sich nur wenige abhalten. Der Steinpilz ist ein sehr geschmackvoller Pilz und ist zum Beispiel sehr gut zum Trocken oder Einlegen in Essig geeignet.
Der bekannte Champignon wird seit 400 Jahren in Europa gezüchtet.

Auch der Austernpilz oder die Stockschwammerl sind in gezüchteter Form erhältlich.

Frische Pilze müssen sehr schnell verarbeitet werden, da sie auf Grund ihres hohen Wasser- und Eiweißgehaltes sehr rasch verderben. Auch zubereitete Pilze sollte man nicht aufwärmen, da sie sich sehr schnell zersetzen und Giftstoffe bilden.

Getrocknete Pilze sollten in Wasser oder Wein eingeweicht werden, sodass sie ihre ursprüngliche Größe wieder erreichen.

Wenn Sie Pilze einkaufen, dann müssen diese möglichst trocken sein. Beachten Sie, dass die kleineren Exemplare viel, viel geschmackvoller sind. Außerdem sind sie meist nicht wurmig.

Wo finden Sie bei uns Pilze:

Steinpilze finden Sie von Juni bis Oktober in Wäldern, aber selten unter Laubbäumen, Pfifferlinge von Juni bis Oktober in feuchten Laub- und Nadelwäldern, Wiesenchampignons den ganzen Sommer und Herbst über, meist auf gut gedüngten Böden. In trockenen Jahren gibt es besonders viele. Sie kommen in richtigen Gruppen vor.

Herbsttrompeten wachsen wirklich dann, wenn der Herbst bald naht; vereinzelt habe ich sie aber auch schon im Juli gefunden. Es gibt sie in Nadelwäldern, aber am liebsten ist es ihnen im Buchenwald.

Wenn Sie einen Pilz nicht kennen, so verwenden Sie ihn bitte nicht, oder erkundigen Sie sich genau!

Zuchtpilze

Austernpilze werden vorwiegend auf Birkenstämmen gezüchtet. Wild wachsen Sie von September bis November auf Stämmen von Laubhölzern. Zuchtchampignons werden in Kulturen gezüchtet. Man kann sie das ganze Jahr über kaufen.

Das Konservieren von Pilzen

Sehr gut funktioniert das **Tieffrieren** von Pilzen.

Die Pilze gut waschen, kurz blanchieren (das ist aber bei Steinpilzen nicht notwendig), auf einem Tuch gut trocken tupfen und je nachdem, wie Sie die Pilze später verwenden wollen, auf Bleche auflegen und frieren oder gleich zusammen in Gefriersäckchen füllen.

- **In Essig eingelegt** schmeckt besonders bei kleinen Steinpilzen ausgezeichnet. Rezepte dazu finden Sie in diesem Buch.
- **Auch für in Öl eingelegte Pilze** sind Rezepte im Buch.
- **Das Trocknen von Pilzen** ist natürlich die herkömmlichste Konservierungsart für selbst gefundene Pilze.

Anleitungen dazu finden Sie unter „Trocknen“.

GEWÜRZE, WÜRZMITTEL UND KRÄUTER, DIE ZUM EINMACHEN GEBRAUCHT WERDEN

Die Herkunft sowie die Verwendungsart

Anis

Diese Samenkörner eines einjährigen Doldengewächses kommen aus dem Mittelmeerraum und Russland.
Aniskörner haben einen würzigen Geruch und einen leicht süßlichen Geschmack.
Anis ist ein Brotgewürz und wird gerne zum Einlegen von Gurken und Pilzen verwendet.

Basilikum

Brauchen wir vorwiegend in der italienischen Küche und für Salate.
Wir werden es für unsere köstlichen, eingekochten Pasten, wie z. B. das Pesto oder den Basilikumsenf brauchen.

Bohnenkraut

besonders geeignet für Bohnen-, Gurken-, und Zucchinigerichte, im süßsauren Einkochbereich.

Cayennepfeffer

Cayennepfeffer wird aus den kleinen rot bis orangefarbenen Chilischoten einer tropischen Pflanze gewonnen.
Chutneys würde die pikante Schärfe von Cayennepfeffer sehr fehlen.

Chili

Chili ist eine amerikanische Peperoniart. Gemahlener Chili ist Cayennepfeffer. Verwenden sie Chili wirklich nur in kleinen Mengen, ohne die Kerne, für Marinaden oder als Einmachgewürz für süßsaures Gemüse oder Obst.
Wenn Sie eine Chilischote von den Kernen befreien, dann kommen Sie mit den Fingern nicht in die Augen, das brennt wie Feuer.

Currypulver

ist eine Gewürzmischung aus bis zu 30 verschiedenen Gewürzen.
Dieses indische Gewürz mischt sich in Indien fast jede Familie selbst.
In der Einmach-Küche werden Sie es für Chutneys brauchen.

Dill

Dill hat einen leicht süßlichen Geschmack, ein wenig dem Fenchel ähnlich, die Samen erinnern an Kümmel.

Dill ist beim Einlegen von Essiggurken, Senfgurken oder Zucchini unentbehrlich.

Estragon

Es werden nur die würzigen Blätter verwendet, in der Einkoch-Küche brauchen wir ihn für Kräuterpasten, Estragonessig und für die verschiedensten eingelegten Gurken.

Fenchel

Für Marinaden oder in der Likörherstellung wird Fenchel in diesem Buch vorkommen.
Allgemein ist Fenchel ein Brotgewürz, passt aber auch sehr gut zu Kartoffeln und Reisgerichten.

Gewürznelken

Gewürznelken sind die getrockneten Knospen des tropischen Nelkenbaumes.
Beim Einkochen dürfen Nelken nie fehlen, wir brauchen dieses gute Gewürz für alle möglichen Kompotte, für Liköre, besonders in der Apfelküche.

Ingwer

Ingwer ist eine eigenartig, süßlich pikant schmeckende Wurzelknolle einer Gewürzlilie, die z. B. beim Entenlack, das ist eine Paste, die in den Rezepten vorkommt, einen sehr guten Geschmack hervorruft.

Knoblauch

Knoblauch stammt aus Asien, wird aber heute weltweit angebaut.
Wir legen ihn in Olivenöl und Essig ein.

Meerrettich

Meerrettich ist die stark Vitamin-C-hältige Wurzel eines Kreuzblütlers und gedeiht in ganz Europa.
Meerrettich ist ein sehr gutes Einlegegewürz.

Kardamom

Kardamom ist der Samen einer Fruchtkapsel einer asiatischen Schilfpflanze. Die kantigen unregelmäßigen Körner haben eine violett-braune Farbe. Das Aroma ist wohlriechend und der Geschmack pikantwürzig.
Es wird in der Konditorei genauso wie als Fruchtgewürz verwendet, schmeckt aber auch in Pasteten sehr gut.

Koriander

Koriander passt zu allen fernöstlichen Gewürzen und ist die getrocknete Frucht eines in heißen Zonen gedeihenden Doldengewächses. Koriander ist hellbraun kugelig mit einer gerippten Oberfläche.
Koriander hat einen süßlichen, leicht anisähnlichen Geschmack. Beim Einlegen von Sauerkraut kann man ihn genauso verwenden, wie zum Einbeizen von Fleisch.

Kümmel

Kümmel hat einen eigenartigen starken Geruch und Geschmack, ist aber von der typisch österr. Küche nicht wegzudenken. Wir werden ihn z. B. für das Sauerkraut brauchen.

Liebstöckl oder Maggikraut

Das Kraut ist sehr intensiv im Geschmack und sollte nur sparsam verwendet werden. Im Zusammenhang mit Pilzen eignet es sich sehr gut zum abschmecken. Ein Beispiel dafür ist die Steinpilzpaste.

Lorbeerblätter

Lorbeerbäume sind im Mittelmeerraum heimisch; wir brauchen sie zur Essigherstellung, zum Einlegen von Knoblauch usw.

Majoran

ist mit Oregano verwandt und passt sehr gut zu Kartoffeln und Pilzgerichten.

Piment

Auch Piment darf beim essigsauren Einlegen nicht fehlen.

Pfefferkörner

Pfefferkörner sind die Früchte einer tropischen Kletterpflanze.
Bei allen essigsauren und pikanten Einlegearten darf der Pfeffer nicht fehlen.

Pfefferminze

passt zu allen Gemüsegerichten genauso gut wie zu Süßspeisen.
Bei Heiltee-Mischungen darf Minze auch nicht fehlen.

Safran

ist das teuerste Gewürz. Safran hat eine braunrote Farbe und färbt stark gelb. Safran sind die Blütenfäden der Safranpflanze. Für 1 kg braucht man ca. 100.000 Blütenfäden und Blütennarben.
Wir werden es hauptsächlich zum Färben verwenden.

Senfkörner

Senfkörner sind die Samenkörner, der im Mittelmeerraum heimischen Senfpflanze.
Die ganzen Körner braucht man zum Einlegen von Gemüse, Gurken, Knoblauch, Sauerkraut usw.
Aus den gelblichen Körnern werden wir auch Senf herstellen; sie wirken sogar gegen Schimmel- und Bakterienbildung und sind deshalb konservierend.

Sternanis

Sternförmiges, nach Anis schmeckendes Gewürz, das nicht nur zur Weihnachtsbäckerei gehört, sondern auch viele Kompotte pikant macht.

Thymian

Darf bei allen südländischen Gerichten nicht fehlen; wir brauchen ihn zum Einlegen von Knoblauch, Schafkäse, Zucchini usw.

Bourbon-Vanille

Die besten Vanilleschoten kommen aus Madagaskar, aus Reunion und von den Komoren. Unter der Bezeichnung Bourbon-Vanille ist sie im Handel erhältlich.
Echte Vanilleschoten brauchen wir in der Likörherstellung und für verschiedene Kompotte.

Zimt

Die dünne Rinde des Cylon-Zimts brauchen wir in der Apfelküche, zur Likörherstellung, für Marmeladen usw.

Würzmittel

Balsamicoessig

Balsamico ist ein Weinessig aus Modena. Dieser süßsäuerliche dunkle Essig ist nicht zuletzt deswegen so außerordentlich mild, weil er bis zu 20 Jahre gelagert wird, wobei in dieser Lagerzeit auch öfter süßer Traubensaft untergemischt wird.

Gärungsessig

Ist das Erzeugnis einer Essiggärung alkoholischer Flüssigkeiten.

Weinessig

wird ausschließlich aus Rot- und Weißwein hergestellt.

Salz

Der menschliche Körper benötigt ca. 5 g Salz täglich.
Salz ist wasserlöslich und geht so in die Nahrungsmittel über. In hoher Konzentration wirkt Salz konservierend.
Salz entzieht Feuchtigkeit, darum sollten Sie Nahrungsmittel die auf diesen Flüssigkeitsentzug reagieren nicht zu früh salzen.

DIE WICHTIGSTEN KONSERVIERUNGS-METHODEN FÜR OBST UND GEMÜSE

Lesen Sie alle Möglichkeiten durch und wählen sie die beste Art aus.

Kühlen

Kühlräume und Kühlschränke 0–4 °C
Kellerräume 6–10 °C
Lagerräume 12–18 °C

Lagern von Vorräten

Speziell zu den Festtagen kann man sich viel Stress ersparen, wenn man auf gelagerte, tiefgefrorene oder eingemachte Lebensmittel zurückgreifen kann.
Heute geht es nicht wie früher darum, sich einen Vorrat für Notfälle anzulegen, aber man kann sich viel Zeit sparen und plötzliche Gäste gut bewirten.

Tieffrieren

Das Tieffrieren von Obst und Gemüse ist in Bezug auf die Erhaltung der Inhaltsstoffe und des Aromas das schonendste Haltbarmachungsverfahren. Das Wasser wird in seine feste Form geändert und dadurch wird der Verderb durch Enzymreaktionen oder Fäulnisbakterien fast vollständig gehemmt.

Dörren oder Trocknen

In unseren Breiten werden hauptsächlich im Backrohr, von warmer Luft umspühlt, Birnen, Pflaumen, Bananen, Aprikosen und Äpfel getrocknet.

Gewürze, Kräuter, Pilze, Hülsenfrüchte und Tee werden besser von der Luft getrocknet.
Auch Nudeln werden luftgetrocknet.

Einsalzen – Einlegen in Salzlake

Das Lebensmittel wird entweder mit Kochsalz vermischt, eingerieben, bestreut oder in eine Salzlösung gelegt. Salz wirkt wasserentziehend. Salz begünstigt die Entwicklung von Milchsäurebakterien, dabei werden aber auch Nährstoffe entzogen und es kommt zu einer verminderten Lebensmittelqualität.

Säuern

Durch Absenkung des Ph-Wertes wirken Säuren hemmend auf das Wachstum von Mikroorganismen.
Bei Früchten wie Rhabarber, Stachelbeeren, Johannisbeeren wirkt aber auch die natürliche Fruchtsäure konservierend.

Einlegen in Essig

Einlegen in Essig ist schon ein sehr altes Konservierungsverfahren und findet auch heute noch im Haushalt eine sehr bedeutende Anwendung.
Gemüse in Essig kennt jeder. Für Obst in Essig wird stark zuckerhaltiger Essig verwendet.

Konservieren von Gemüse in Gläsern

Diese Methode, Gemüse zu konservieren ist meist zur Weiterverarbeitung des Gemüses zu Beilagen gedacht. Dabei wird das Gemüse in leichtem Salzwasser eingelegt und danach sterilisiert.

Einlegen in Öl

Das Öl verhindert, dass der Sauerstoff bis zu den darin eingelegten Lebensmitteln vordringen kann. Mikroorganismen brauchen aber zum Wachsen Sauerstoff. Diese Konservierungsart funktioniert nicht nur bei Pilzen und Gemüse, sondern auch bei Weichkäse und Pasten sehr gut.

Gärungsgemüse

Man überlässt das Gemüse, meist Kraut oder Gurken, durch Hinzufügung von Salz einer spontanen Milchsäuregärung. Durch die saure Reaktion bleibt der größte Anteil an Vitamin C erhalten. Gärungsgemüse wie z. B. Sauerkraut können bei sachgemäßer Lagerung mehrere Monate aufbewahrt werden.

Konservieren mit Zucker

- **Marmeladen**
  Die Früchte werden püriert oder in geschnittenen Stücken mit Zucker gekocht.
- **Gelee**
  Fruchtgelees werden ausschließlich aus reinem Fruchtsaft und Zucker hergestellt.
- **Kompotte**
  Früchte werden in eine Zuckerlösung eingelegt.
- **Fruchtpasten und Fruchtkäse**
  Fruchtpasten, wie z. B. der Quittenkäse, werden mit sehr viel Zucker gekocht, auf Bleche aufgestrichen, getrocknet und sind dadurch schnittfest. Sie werden in kleinen Stücken in Zucker gewalzt und zum Tee oder als Konfekt gereicht. Sehr gut dafür geeignet sind Quitten und schwarze Johannisbeeren.
- **Kandiertes Obst**
  Das Wasser in den Früchten wird zu Zucker umgetauscht. Dazu wird das Obst in eine konzentrierte Zuckerlösung gelegt. Dabei wandert das Wasser in den Zellen nach außen, der Zucker nach innen. Kandieren ist eine sehr langwierige Arbeit und man sollte bevor man beginnt, bedenken, dass man beim Kandieren 14 Tage lang, jeden Tag etwas damit zu tun hat.
- **Fruchtmus**
  Fruchtmus besteht hauptsächlich aus püriertem, gekochtem Obst mit wenig Zuckerzugabe. Z. B. Apfelmus oder Quittenmus.
- **Chutnyes**
  sind Marmeladen, die außer dem Zuckergehalt, der die Konservierung ausmacht, auch noch mit Essig und Chili abgeschmeckt werden – sie sind scharf und pikant.
- **Entsaften mit Zuckerzusatz**
  Obstsäfte werden am besten in dafür im Handel erhältlichen Entsaftern hergestellt. Dabei wird das Obst im Dampf entsaftet, aber nicht gekocht. Obstsäfte sollten nach dem Entsaften nicht noch einmal aufgekocht werden, da sonst wichtige Vitamine nicht erhalten bleiben. (Es gibt aber einige Ausnahmen, wie zum Beispiel bei Beeren, die nicht mehr ganz frisch sind.)
- **Kalt angesetzte Fruchtsäfte mit Zitronensäure und Zucker**
  Meistens werden Beeren oder Blüten mit Zucker und Zitronensäure angesetzt und über eine gewisse Zeit im Kühlhaus gelagert. Durch den hohen Zuckergehalt (die Säfte sind in Sirupform) und den hohen Säuregehalt, halten sich diese Säfte hervorragend.

Verschiedene Marmeladen
Preiselbeer-, Erdbeer-, Himbeer- und Weingartenpfirsichmarmelade.
Diese Rezepte siehe Seite: 57, 51, 53, 52.
Im Vordergrund ist die

APRIKOSENMARMELADE

ZUTATEN: 1 kg gewaschene, geviertelte, reife Aprikosen, 400 g Gelierzucker, 1 Messerspitze Pektin, 1 kl. Messerspitze Ascorbinsäure (reines Vitamin C).

ZUBEREITUNG: Aprikosen mit dem Gelierzucker mischen und einige Stunden zugedeckt stehen lassen – das kann auch über Nacht sein.
Dann rasch zum Kochen bringen, (je kleiner die Menge und je rascher sie kocht, desto schöner wird die Farbe).
10 Minuten sprudelnd kochen, bis der Schaum zu vergehen beginnt.
5 Min. vor Kochende das Pektin mit wenig Puderzucker mischen und dazu geben.
Nun die Marmelade vom Feuer nehmen und die Ascorbinsäure dazu mischen.

- **Kalt angesetzte Fruchtsäfte die vergären**
  Dabei werden Früchte zerdrückt, der Saft ausgepresst, in Flaschen gefüllt und anschließend einige Tage bei kühler Temperatur der Gärung überlassen. Diese Säfte werden dann mit Zucker versetzt und erhitzt.
- **Alkoholzusatz**
  Durch Zusatz von Alkohol wird das Bakterienwachstum gehemmt. Anwendung findet man z. B. bei Rumtöpfen, Rumkirschen, Branntweinobst, . . .
- **Likör aus Fruchtsäften**
  Entweder werden die Früchte mit Zucker und Alkohol angesetzt oder die fertigen zuckerhaltigen Fruchtsäfte mit Alkohol versetzt. Dabei muss der Alkoholgehalt aber mind. 18% betragen. Bei einer Herstellung im Haushalt, wie wir es tun, sollten Sie aber die 25%-Marke nicht unterschreiten, da sonst die Haltbarkeit nicht gegeben ist. Wenn der Likör trotzdem zu stark ist, dann können Sie das nach dem Ansetzen mit destiliertem Wasser ändern.
- **Das Einlegen von Früchten mit Zucker und Alkohol**
  Dabei werden die Früchte roh oder blanchiert in Zuckersirup bei einem hohen Alkoholanteil eingelegt und mind. 6 Monate gelagert.

DAS LAGERN

Früher gab es viele verschiedene Lagermöglichkeiten in eigens dafür bestimmten Kellern, Speisekammern, Vorratsgruben usw.
Heute verfügen die Wohnungen meistens nicht einmal mehr über einen Keller oder überhaupt einem Raum, in dem es so kühl ist, dass man darin Lebensmittel lagern könnte.
Die modernen Lagermöglichkeiten beschränken sich daher nur auf Kühlschränke oder Kühltruhen.
Wenn Sie aber das Glück haben, ein Häuschen mit Garten auf dem Land zu besitzen oder zu mieten, dann stehen ihnen schon sehr viele Möglichkeiten der natürlichen Lagerung zur Verfügung.

Das Lagern im Keller

Frisches Obst und Gemüse lässt sich am besten in dafür geeigneten Vorratskellern aufbewahren. Wenn man einen Garten hat, und viel Obst und Gemüse gleichzeitig erntet, ist man auf diese Lagermöglichkeit angewiesen. Äpfel und Gemüse sollte man aber nicht im selben Kellerraum lagern.

Die normale Raumtemperatur eines Kellers, der zu $^2/_3$ in der Erde ist, sollte bei 4–6 °C liegen. Schwankungen von 2–10 °C stören nicht, sollten aber nicht länger andauern. Die Luftfeuchtigkeit sollte 80–90 °C betragen. Der Keller sollte gut belüftet sein, aber es darf keine Zugluft geben.
Ein engmaschiger Draht vor den Fenstern schützt vor Mäuse- und Rattenbesuch.
Am besten ist ein Naturkeller mit Lehmboden oder Ziegeln. Diese Keller geben nämlich ständig Luftfeuchtigkeit ab.
Ist ein Keller zu trocken, so verschrumpelt das Wurzelgemüse, ist er zu nass, so verfault das Blattgemüse.

Das Lagern von Wurzelgemüse in Sand

In einem Keller, der die vorher angegebenen Kriterien nicht hat oder einfach zu trocken ist, können Sie Wurzelgemüse in einer Holzkiste oder in einem großen Tongefäß, oder vielleicht besitzen Sie einen großen Steinguttopf, lagern. Dabei muss man den Boden jeder Kiste mit einer feuchten Sandschicht bedecken, das Wurzelgemüse einzeln darauf legen und diese Schicht wird dann wieder mit Sand abgedeckt.
So muss Schicht um Schicht gelegt werden.

Das Lagern von Gemüse allgemein

Wenn Sie wissen, wie man Obst und Gemüse richtig lagert oder einmacht, dann können Sie sich einen Winter lang selbst versorgen. Und Sie können es glauben, es macht richtig Spaß die eigene Familie zu versorgen!

BROCCOLI

Broccoli hält einige Frostgrade ganz gut aus. Wenn man ihn zudeckt, kann man auch im November noch einige Rosen ernten.

CHINAKOHL

Chinakohl kann bis –5 °C im Freien bleiben, wobei man ihn auch noch eine Zeit lang mit einer Strohschicht oder einem Folientunnel vor stärkerem Frost schützen kann. Danach kann man ihn vorsichtig mit den Wurzeln ausgraben, die äußeren Blätter wegschneiden, zusammenbinden und einzeln in Zeitungpapier eingepackt, dicht nebeneinander im Sand des Kellers lagern. Dabei wird er nicht ganz eingegraben, so wie die Möhren oder der Sellerie, sondern nur die Wurzeln. So ist er in einem guten Keller noch bis Weihnachten zu halten.

ENDIVIE

Die Endivie sollte man möglichst lange im Garten lassen, sie verträgt ohne Probleme –5 °C. Sie kann genauso wie Chinakohl behandelt werden, allerdings muss sie an frostfreien Tagen an die Luft kommen, sonst beginnt sie zu faulen.

KARTOFFELN

Die Kartoffeln müssen vor dem Einlagern trocken sein und dürfen auf keinen Fall gewaschen werden. Die schlechten müssen aussortiert und sofort verbraucht werden. Kartoffeln sind sehr frostempfindlich, 0 °C halten sie nicht aus. Der Keller sollte unbedingt dunkel sein, sonst verfärben sich die Erdäpfel grün oder beginnen auszutreiben. Am besten verwenden Sie eine spezielle Kartoffelkiste, die unten schräg ist, dadurch rollen die Kartoffeln bei der Entnahme immer weiter herunter, bewegen sich dabei und faulen weniger.

FELDSALAT ODER VOGERLSALAT

Feldsalat kann den ganzen Winter über frisch aus dem Garten geerntet werden. Dabei sollte man aber nicht aus den Gründen der Kälte, sondern wegen des Schnees einen Tunnel oder ein altes Fenster darauf legen, so kann man ihn auch ganz leicht bei Schnee ernten. Außerdem mögen auch die Vögel den Feldsalat.

FENCHELKNOLLEN

Fenchel hält genauso einige Minusgrade im Freien aus, danach sollte man ihn aber ausgraben, die Wurzeln abschneiden und aufrecht stehend in Sand im Keller eingraben.

MÖHREN

Möhren sollten möglichst lange im Garten bleiben. Vor dem ersten Frost gräbt man sie am besten mit einer Gabel aus und schlichtet sie mit der Erde, die noch an den Wurzeln hängt in Sand ein. Diese Art ist vorhin genau beschrieben.

WIRSING UND KRAUT

Alle späten Krautsorten halten einige Minusgrade im Freien aus, sie sollten daher erst im Oktober oder November geerntet werden.

Alle kleinen lockeren Köpfe sind nicht für die Einlagerung geeignet, sie sollten sehr bald verbraucht werden.

Wenn die Köpfe bei der Ernte aus irgendeinem Grund nass sind, so lassen Sie sie unter dem Dach im Freien trocknen, bevor Sie sie auf Lattenregale im Keller auflegen. Von den festen Köpfen sollte man die äußeren Blätter nicht wegschneiden (wenn sie nicht gefault sind), denn sie bilden einen natürlichen Schutzmantel. Nicht zu große Köpfe kann man mit den Wurzeln ausgraben und aufhängen, dadurch fallen etwaige Druckstellen, die durch die Lagerung entstehen können, weg. Der Keller darf auf keinen Fall zu warm sein.

ROSENKOHL

Alle Sorten von Rosenkohl sind winterhart, sie können jederzeit bis zum Frühjahr geerntet werden. Im Frühjahr, wenn die Temperaturschwankungen zu hoch werden, kann Sprossenkohl zu faulen beginnen. Man sollte dann die gefrorenen Sprossen langsam drinnen auftauen lassen.

KOHLRABI

Kohlrabi wird ohne Blätter mit den Wurzeln in Sand eingelegt, hält sich aber nur einige Wochen.

KÜRBIS

Bei ausgereiften Kürbissen verhindert die feste Schale die Verdunstung, daher kann man sie in einem guten Keller auf einem Lattenrost bis in den Jänner hinein lagern.
In der Steiermark habe ich schon im Februar Kürbisse gesehen, die, um Druckstellen zu vermeiden, in Tüchern aufgehängt wurden.

PORREE

Porree ist winterfest, man kann ihn das ganze Jahr über ernten. Wer aber auch bei viel Schnee Porree haben möchte, kann ihn mit den Wurzeln ausgraben und im Sand eingraben, dabei muss man ihn aber ab und zu gießen.

MANGOLD

Mangold sollte man im Herbst nach dem ersten leichten Frost eine gute Hand breit über den Wurzeln abschneiden und die Wurzeln anschließend mit Reisig und Stroh gut abdecken. Wenn man im Frühjahr alles wieder beiseite räumt, treibt der Mangold wieder neu aus.

TOMATEN

Tomaten sind ein Nachtschattengewächs, sollten aber im Herbst, wenn die Tage kürzer werden, geerntet werden. Man gräbt die ganzen Pflanzen mit den Wurzeln aus und hängt sie kopfüber an einem sonnigen, warmen Ort auf. So können Sie jeden Tag frische Tomaten ernten. Die Tomaten, die noch ganz grün und unreif sind, können Sie nebeneinander, ohne dass sie sich berühren, auf Packpapier bei einer Temperatur von 15 °C auflegen, natürlich bei Sonnenlicht, so werden auch diese noch reif. Die, die jetzt noch übrig bleiben, können Sie mit Rezepten aus diesem Buch zu Marmelade oder Chutney verarbeiten.

PASTINAKEN

Pastinaken werden wie Möhren behandelt, sie sind aber im Wesentlichen winterhart. Sie können aber bei festem Boden nicht ausgegraben werden, deshalb legt man sie wie Möhren in feuchten Sand im Keller ein.

PORTULAK

Portulak ist wie Vogerl- oder Feldsalat zu behandeln, er ist winterhart und die richtige Ernte kann erst im Februar beginnen. Daher sollte man ein altes Fenster auf den Portulak legen, sonst ist er zur Erntezeit mit Schnee bedeckt. Auch die kleinen weißen Blüten kann man essen, sie schmecken im Salat sehr gut.

PETERSILIENWURZELN

Genauso wie jedes andere Wurzelgemüse so sollten auch Petersilienwurzeln möglichst lange in der Erde bleiben. Vor dem ersten richtigen Frost behandelt man sie wie Möhren, dreht das Grün ab und legt sie im Keller in feuchten Sand ein.
Wenn Sie im Winter frisches Petersiliengrün haben möchten, so graben Sie einige Wurzeln mit der Erde aus dem Garten aus, setzen diese in Blumentöpfe, stellen sie an einen hellen Ort bei 15 °C. So können Sie den ganzen Winter ernten.

RETTICH

Sommerrettich sollte man schon im Sommer verzehren, er ist zum Lagern nicht geeignet. Winterrettich sollte man spätestens Anfang November ausgraben und mit den Wurzeln, wie Möhren, in Sand einlegen.

ROTE BEETE

Rote Beete, die für den Wintervorrat gedacht sind, sollten bei Frosttemperaturen nicht mehr im Freien sein.
Man erntet sie im Oktober, schneidet die Blätter 5 cm über der Wurzel ab und legt die Beete wie die Möhren in feuchten Sand ein.

SCHWARZWURZELN

Schwarzwurzeln sind winterhart. Wenn das Beet aber gefroren ist, kann man sie nicht mehr ausgraben, daher ist es gut, vor dem Winter einige in feuchten Sand im Keller einzulegen.

TOPINAMBUR

Die Ernte von Topinambur beginnt erst im Herbst so richtig. Topinambur sind winterhart, könnten also bei ungefrorenem Boden den ganzen Winter geerntet werden. Darauf kann man sich aber nicht verlassen, darum sollte man sich eine gehörige Portion dieser afrikanischen Süßkartoffel im Keller in feuchten Sand einlegen.

SELLERIE

Sellerie wird wie alle anderen Wurzelgemüse von den Blättern befreit und im Keller in feuchten Sand eingelegt. Das Grün kann man wie Liebstöckl zu Buschen zusammenbinden und kopfüber im Halbschatten trocknen. Schon wenig davon, macht die Suppe im Winter sehr geschmackvoll.

ZUCCHINI

Die kleinen geschmackvolleren Zucchini lassen sich eigentlich nicht im Keller lagern, sie verfaulen sehr schnell. Die großen aber, die man bis zum Schluss im Garten lässt, bilden eine harte Schale, wie ihre Verwandten, die Kürbisse, und können genauso in Tüchern aufgehängt gelagert werden. Die Schale wird dann nicht mehr gegessen. Allerdings ist diese Methode nicht sehr ratsam, denn so große Zucchini schmecken nicht besonders gut.

ZWIEBEL UND KNOBLAUCH

Wenn im Herbst das Grün der Zwiebeln zu welken anfängt, ist dies ein Zeichen, dass die Zwiebel nun ganz ausreift. Je länger Sie die Zwiebeln auf dem Feld austrocknen lassen, desto haltbarer werden sie. Herausnehmen sollte man die Zwiebeln erst, wenn die Stängel ganz dürr sind und umfallen. Sie können dann entweder die Zwiebeln zu Achterbündeln zusammenbinden oder das dürre Grün ganz wegschneiden und die Zwiebeln in luftigen Jutesäcken aufhängen. Allerdings ist es gut, diese Säcke, auch die Bündeln, zuerst einige Wochen unter einem Dachvorsprung im Freien noch einmal trocknen zu lassen. Knoblauch behandelt man genauso.
Zwiebel und Knoblauch soll man nicht im Keller lagern, sondern kühl und trocken.

Das Lagern von Obst

Richtig über den Winter lagern kann man eigentlich nur Kernobst.
Dabei sollten Äpfel, Birnen und Quitten zwar reif, aber noch nicht ganz ausgereift sein. Die Kerne sollten nicht mehr weiß, sondern

schon braun sein. Fallobst kann man nicht lagern, wenn man es aber dennoch probiert, dann ist es zum baldigen Verbrauch bestimmt.
Wie für das Gemüse, so ist auch für das Obst ein Keller mit Naturboden, getrennt vom Gemüse, der beste Lagerungsort.
Das Kernobst sollte auf Lattengestellen aufgelegt werden.
Sehr gut geeignet für Äpfel sind flache Pappschachteln, wobei immer eine Wochenration in einer Schachtel verpackt werden sollte.

Einige lagerfähige Kernobstsorten

	Äpfel
Gravensteiner	bis Ende November
James Grieve	bis Dezember
Cox Apfelsine	bis Februar
Boskop	bis März
Brettacher	bis Mai
	Birnen
Williams Christ	nur bis Ende Oktober!
Gute Luise	nur bis Ende Oktober!
Butterbirne	bis November
Alexander Lukas	bis Ende Jänner bei guter Lagerung
Madame Verte	bis Anfang März

Quitten
sind bis Jänner haltbar; der ganze Keller riecht nach ihnen. Wenn Sie nur einige Quitten in der Wohnung auf den Schrank legen, duftet die ganze Wohnung danach.

Nüsse sollte man nach der Ernte einige Zeit in Holzkisten im Halbschatten trocknen, dann in Stoffsäcken aufhängen. Am besten ist es aber, danach die NÜSSE auszunehmen und einzufrieren. Sie frieren durch den hohen Fettgehalt nicht hart und sind so immer zur Verfügung.
Vor allem sind sie vor den Motten geschützt.

DIE VORRATSSCHÄDLINGE – WIE SCHÜTZT MAN DAS EINLAGERUNGSGUT?

MEHLMOTTE

Der häufigste Schädling ist die Mehlmotte. Wenn die Mehlmotte einmal ihren Lagerraum heimgesucht hat, dann werden Sie dieses Ungeziefer kaum mehr los. Man trägt sie mit Mehl und Getreideprodukten nach Hause. Sie befällt aber auch Hülsenfrüchte, Nüsse und sogar Schokolade.
Die einzige Möglichkeit sich davor zu schützen, ist, alle oben genannten Lebensmittel in Einmachgläsern mit Gummiring und Spange aufzubewahren.

DÖRROBSTMOTTE

Die Dörrobstmotte befällt alle Getreidesorten, getrocknete Früchte sowie Schokolade und Nüsse. Wenn man glaubt, sie sei endlich vernichtet, so irrt man meistens, denn die Larven sind oft in den Ecken der Raumdecke eingesponnen.
Die einzige Möglichkeit ist wieder das Weckglas mit Gummiring, Deckel und Spange.

BROTKÄFER

Auch der Brotkäfer zählt zu den Schädlingen, die sehr oft vorkommen. Er befällt, wie der Name schon sagt, hauptsächlich Brot- und Getreideprodukte. Aber auch vor Hülsenfrüchten, Nüssen und Schokolade macht er nicht Halt. Das Einzige, das hilft, sind wieder gut zu verschließende Behälter zum Schutz des Brotkäfers.

STUBENFLIEGE

Die Stubenfliege und andere Fliegenarten niesten sich gerne in Fleisch, Käse und Fisch ein.
Der beste Schutz gegen Fliegen ist ein Fliegengitter vor dem Fenster ihrer Speisekammer.

ESSIGFLIEGE

Die Essigfliegen sind durch entsprechende Reinigungsmaßnahmen fast einzuschränken. Man muss nur alle Abfälle rasch beseitigen und darf keine Bier- oder vergorene Obstsaftreste in den Gläsern stehen lassen.

DAS TIEFFRIEREN

Die Lebensmittel werden bei **–30 °C bis –40 °C schockgefrostet** und **bei –18 °C gelagert**.

Die Gefrierzeit von 1 kg Obst beträgt zwischen 8 und 10 Std., für Gemüse zwischen 10 und 12 Std.

Die Haltbarkeit von gefrorenem Obst und Gemüse beträgt ca. 8–12 Monate. Wie bei allen Konservierungsmethoden gilt aber: Verwenden Sie nur erstklassiges Obst und Gemüse. Ideal wäre es, die Lebensmittel nur kurze Zeit nach dem Ernten einzufrieren. Alles an Obst und Gemüse gehört gut gewaschen, von Pestiziden befreit, und aussortiert. Beeren sollte man aber nicht waschen.

Die Lebensmittel können entweder zerkleinert oder auch als ganze Früchte eingefroren werden. Früchte lassen sich gekocht oder roh tieffrieren, und zwar mit Zucker, in einer Zuckerlösung oder mit der **Schockfrostmethode**. Die meisten Gemüse sollte man vor dem Einfrieren blanchieren. Blanchieren ist dem Tiefkühlen vorgeschaltet. Dabei wird das Gemüse kurz in kochendes Wasser gegeben und sofort kalt abgeschreckt.

Zu beachten ist unbedingt, dass die **Blanchierzeit** kurz ist und es zu möglichst kleinen Vitaminverlusten kommt. Obst wird in der Regel nicht blanchiert, da es zu hohen Saftverlusten kommt.

Welche Gefriermethode Sie wählen, hängt von dem zu frierenden Lebensmittel ab. Beeren können Sie einfach auf Bleche auflegen, sodass sie sich nicht berühren, schockfrosten und anschließend in Gefrierbeutel füllen. Obstsorten, die entsteint werden müssen oder leicht die Farbe verlieren, sollten Sie vorher mit Zucker behandeln.

Püriertes Obst lässt sich am besten einfrieren, doch benötigen helle Obstsorten Zucker und ein wenig Zitronensaft.

Füllen Sie Tiefkühlgefäße nicht bis zum Rand – Ausdehnung. Streichen Sie möglichst viel Luft aus den Beuteln oder Behältern.

Bei unzureichender Verpackung kann es durch Verdunstung der Zellflüssigkeit zu einer Austrocknung der Lebensmittel kommen (Gefrierbrand). Legen Sie Obst und Gemüse sofort nach dem Einfüllen in die Kühltruhe und halten Sie sich an die Anweisungen der jeweiligen Geräte.

Beim Auftauen können Sie das Gefriergut vor schädlichen Mikroorganismen schützen, wenn Sie Obst über Nacht im Kühlschrank auftauen, aber Pilze und Gemüse direkt in die Pfanne oder in das kochende Wasser geben.

Verpackungsmaterialien

Gefrierbeutel eignen sich für jedes sperrige Gefriergut, das heißt, für Fleisch, Geflügel, Gemüse oder Brot. Sie sollten reißfest, wasser- und luftundurchlässig, kälteelastisch, wiederverschließbar sowie hygienisch einwandfrei sein.

Gefrierdosen sind für alle flüssigen Lebensmittel sowie für püriertes Obst und Gemüse von Vorteil. Gefrierdosen sollten ganz dicht schließen, leicht zu reinigen und gut stapelbar sein.

Alufolie lässt sich zwar sehr gut an die Lebensmittel anpassen, man kann die Lebensmittel richtig damit einwickeln, aber aus gesundheitlichen Gründen möchte ich Alufolie nicht empfehlen.

Noch ein Tipp:

Geben Sie nie Gemüse und Obst bzw. Kräuter in dieselbe Kühltruhe. Ein Bund Petersilie kann den Duft des ganzen Obstbestandes in der Kühltruhe ändern. Sie werden keine Freude mehr daran haben. Außerdem war Ihre ganze Arbeit den Sommer lang umsonst!

Das richtige Auftauen von Lebensmitteln

Die beste Methode Gefrorenes aufzutauen, ist das Auftauen im Kühlschrank. Das dauert zwar doppelt so lange wie bei Zimmertemperatur, ist aber gerade bei Geflügel und Fisch sehr wichtig.

Wegen der Salmonellengefahr sollte Geflügel unbedingt ohne Folie oder Behälter aufgetaut werden, außerdem sollte ein Gitterrost darunter liegen, das Geflügel darf nicht im Auftauwasser liegen.

Beim Auftauen in der Mikrowelle hält man sich am besten an die Angaben des Herstellers, dabei müssen aber noch einige Minuten bei Zimmertemperatur angehängt werden.

Viele Lebensmittel lassen sich aber auch im Backrohr auftauen, dabei ist es gut, wenn man eine Pfanne mit heißem Wasser in das Backrohr stellt.

Was man nicht frieren kann

Chinakohl, Blattsalat, rohe Kartoffeln, mit Gelatine zubereitete Torten, gekochte Teigwaren, Weintrauben, Melonen, Radieschen, Milchprodukte, Jogurt, Eier, Mayonnaise.

Das Einfrieren einzelner Obstsorten

Brombeeren und Himbeeren

lassen sich entweder als ungesüßtes oder gezuckertes Mus in Gefrierbeuteln oder Plastikbehältern, oder als ganze Früchte mit der Schockfrostmethode einfrieren. Wenn Sie Himbeeren im gefrorenen Zustand am Vortag auf einen Teller in den Kühlschrank stellen, dann sehen Sie wie frisch aus und verlieren auch nicht so viel vom guten Saft.

Erdbeeren

Erdbeeren sollte man nur mit Zucker püriert einfrieren. Sie können die Beeren auch in Stücke schneiden und mit Zucker vermischt einfrieren. Sie werden aber nach den Auftauen einen Brei erhalten.

Preiselbeeren

Frische Preiselbeeren müssen Sie vorher gut aussortieren und dann unbehandelt in Behältern einfrieren. Verwenden Sie tiefgekühlte Preiselbeeren nur im gefrorenen Zustand, aufgetaut werden sie wässrig und verlieren viel vom Saft.

Rote, schwarze und weiße Johannisbeeren

friert man am besten mit der Schockfrostmethode. Wobei man sie unbedingt, wenn sie fest gefroren sind, in Gefrierbeutel geben muss. Gefrorene Johannisbeeren können auch sehr gut zur Geleeverarbeitung weiter verwendet werden.

Blaubeeren

Auch für diese Beeren ist die Schockfrostmethode die beste. Lassen Sie Blaubeeren für die Weiterverarbeitung nicht auftauen, sondern geben Sie die Beeren im gefrorenen Zustand in den Teig usw., weil sie so am wenigsten von ihrer Form verlieren. Gefrorene Blaubeeren sind eine sehr gute Grundlage für Dessertsoßen. Sie können gefrorene Blaubeeren aber auch sehr gut zu Marmelade weiter verarbeiten.

Holunderbeeren

Das Beste ist auch hier die Schockfrostmethode. Zupfen Sie die Beeren von den Stängeln, denn die Stängel sind giftig und können Durchfall hervorrufen. Sortieren Sie die Holunderbeeren gründlich aus. Holunderbeeren müssen auch gründlichst gewaschen werden, sie bieten sehr viel Unterschlupf für alle möglichen Insekten.
Vor dem Einfrieren trockentupfen, auf Bleche auflegen und wenn die Beeren fest gefroren sind, müssen sie in Gefrierbeutel gefüllt werden.

Aprikosen

Schockfrosten von halbierten Früchten ist unbedingt notwendig. Es ist sehr arbeitsaufwendig, wenn man die halbierten Früchte vorher in eine starke Zuckerlösung taucht, aber sehr wirksam gegen die Farbverminderung.

Am besten ist es aber, Aprikosen als Mus einzufrieren.
Geben Sie $^{1}/_{2}$ Tasse Zucker auf 2 Tassen Fruchtpüree. Aufgetaut können Sie dieses Mus sehr gut als Grundlage für Cremen und Soßen verwenden.

Stachelbeeren

Eignen sich auch am besten zum Vorschocken. Sie können dann den ganzen Winter köstliche Kompotte oder Kuchenfüllungen herstellen. Bitte verwenden Sie die Stachelbeeren sofort, lassen Sie sie nicht auftauen, sie werden unansehnlich. Stachelbeersaft, der gefroren war, eignet sich auch sehr gut zur Geleebereitung.

Apfelsinen

Es gibt viele Sorten von Apfelsinen, zum Einfrieren eignen sich aber nur Sauer- oder Bitterorangen. Geschält und geschnitten gefroren, können Sie dann das ganze Jahr über frische Marmelade kochen.
Da Blutorangen nur eine kurze Zeit im Jahr erhältlich sind, ist es vorteilhaft, sie auszupressen und den Saft einzufrieren.

Pfirsiche und Nektarinen

Am besten schälen und pürieren Sie die Früchte vor dem Einfrieren. Weiße und gelbe Pfirsiche verfärben sich trotz der Behandlung mit Zitronensaft.

Gefriertipps für Gemüse

Broccoli und Blumenkohl

Diese zwei zählen zu den Gemüsesorten, die Sie problemlos blanchieren, in Eiswasser legen, trockentupfen, entweder sofort in Gefrierbeutel füllen oder vorher schockfrosten können.

Grüne Bohnen

Lassen sich hervorragend durch Einfrieren konservieren. Sie müssen die grünen Bohnen putzen und immer nur kleine Mengen 1 Minute in Salzwasser blanchieren. In Eiswasser abschrecken, auf Küchenpapier abtropfen, schockfrosten und in Gefrierbeutel abfüllen.

Alle Wurzelgemüse

putzen, schneiden, blanchieren, in Eiswasser legen und sofort in Gefrierbeutel füllen.

Spargel

Den Spargel schälen, 3 Minuten blanchieren, in Eiswasser legen, trocknen und portionsweise in Behälter füllen. Bitte lassen Sie Spargel nie länger als 2–3 Monate eingefroren. Er kann sehr leicht bitter werden.

Kürbis

Kürbis sollten Sie vor dem Einfrieren raffeln oder pürieren.

Tomaten

Tomaten platzen auf, wenn man sie im Ganzen friert. Am besten pürieren Sie gekochte Tomaten und frieren sie in Form von Tomatensoße oder Mus ein.

EINKOCHEN MIT ZUCKERZUSATZ

Marmeladen

Bei uns, im ländlichen Raum, gibt es die Bezeichnung „Konfitüre“ kaum. Man bezeichnet alle mit Zucker eingekochten Fruchtmuse als Marmeladen. Da ich auch hier lebe und schreibe, möchte ich dies auch weiterhin tun. Aber wie nennt man das, was man nach dem Einkochen im Glas hat, nun wirklich? **Konfitüre oder Marmelade?**

Das ist nun wirklich eine komplizierte Frage! Nach EU-Richtlinien ist bei gekauften Produkten nur das Marmelade, was nach alter englischer Methode aus Zitrusfrüchten hergestellt ist. Alles andere, außer den Gelees, ist Konfitüre.

Im häuslichen Bereich allerdings gelten Konfitüren zwar als „Die Feineren“, werden zum Großteil aber in den meisten Landesteilen als Marmeladen bezeichnet.

Es wäre nicht in meinem Sinne, meine Rezepte der Gesetze wegen, so zu ändern, dass ich sie in Konfitüren oder Marmeladen einteilen kann. Gemische der beiden, die ich selbst immer als Marmelade bezeichnet habe, müsste ich plötzlich als Konfitüren bezeichnen.

Unter unseren Marmeladen verstehe ich Fruchtaufstriche aus einer oder mehreren Obstsorten. Sie werden aus zerkleinerten oder zerdrückten Früchten hergestellt. Marmeladen mit Fruchtstückchen enthalten neben dem gelierten Fruchtsaft auch noch einen großen Anteil an ganzen oder stückigen Früchten.

Dann gibt es noch das so genannte Mus, wobei Früchte, wie z. B. Äpfel oder Quitten, die ohne oder mit wenig Zucker solange gekocht

werden, bis die Flüssigkeit auf eine bestimmte Menge eingekocht ist.
Fruchtpasten dagegen erhält man, wenn man dieses Fruchtmus dann noch mit der gleichen Menge Zucker dick einkocht, auf Pergamentpapier aufstreicht und trocknen lässt.
Gelees sind reiner Fruchtsaft, der mit Zucker gekocht wird.

Wie verschließt man Marmeladegläser?

Schraubgläser mit Twist-off-Deckeln

Sehr gut funktioniert die Methode, Marmeladegläser mit Twist-off-Deckeln zu verschließen. Diese müssen genauso sorgfältig gewaschen werden wie die Gläser, aber diese Deckel müssen Sie mit einem ausgekochten Tuch abtrocknen.
Wenn Sie nun das Glas 1 – 2 cm unter dem Rand angefüllt haben, dann wischen Sie den Rand mit einem in Alkohol getauchten Tuch ab, leeren einen Teelöffel Alkohol auf den Deckel, gehen mit dem Deckel zu einer brennenden Kerze, entzünden den Alkohol und drehen den Deckel brennend auf das Glas.
So entsteht durch das Verbrennen der Luft im Glas sofort ein Vakuum. Ich hatte mit dieser Methode noch nie Schimmelbefall in einem Glas!
Äußerste Vorsicht ist das 1. Gebot, aber wenn Sie diese Methode einmal beherrschen, dann, und das traue ich mich zu sagen, machen Sie alle Gläser so zu.
Sie müssen den Alkohol aber nicht anzünden, sondern können sofort zudrehen. Wenn Sie sauber gearbeitet haben und die Marmelade kochend heiß ist, hält die Marmelade auch so genauso gut.

Wenn Sie lieber Cellophan verwenden,

dann wischen Sie den Glasrand mit einem in Alkohol getauchten Tuch gut ab, schneiden das Cellophan um 5 cm größer zu, als das Glas ist. Nehmen Sie das Cellophan doppelt und tauchen Sie es ihn Alkohol. Spannen Sie nun das doppelte Cellophan so über das Glas, dass es sich über den Rand legt. Verschließen Sie sofort mit 2 Gummiringen und spannen danach das Cellophan noch einmal nach.
Doppeltes Cellophan ist Schutz vor Bienen, Wespen und vor der Lebensmittelmotte.
2 Gummiringe sind zum Schutz, falls einer irgendwann reißen sollte.

Warum braucht man den Zuckerzusatz?

Die Höhe des Zuckerzusatzes richtet sich nach der Fruchtart. Sie kommt in den nachfolgenden Rezepten richtig zur Sprache.

Infolge der Wasserverbindungsfähigkeit von Zucker kommt es zu einer Hemmung von Mikroorganismen. Das meist verwendete Süßmittel zum Einlegen ist weißer Zucker, aber auch brauner Zucker, Melasse, Honig oder Ahornsirup bieten je nach Einmachgut einen vollwertigen Ersatz.
Nun ist aber bekannt, das übermäßiger Zuckerkonsum schädlich sein kann, wer aber trotzdem, aus welchen Gründen auch immer, auf Marmelade nicht verzichten möchte, hat auch die verschiedensten Möglichkeiten, Marmeladen ohne Zucker herstellen zu können. Allerdings sollte man diese Marmeladen kühler oder überhaupt im Kühlschrank lagern und innerhalb von 2 Wochen verzehren.
Marmeladen kann man auch im Winter in kleinen Portionen aus gefrorenen Früchten herstellen.
Wichtig bei Marmeladen ist noch zu wissen, dass Marmeladen, die mit Cellophan verschlossen werden, nach einiger Zeit fest werden, aber mit Twist-off-Deckeln verschlossene Gläser, die Konsistenz vom Einfüllen fast genauso erhalten. Es sei denn, es wurden Früchte mit hohem Säure- und Pektingehalt verwendet.
Wenn man eine Marmelade, die als Brotaufstrich geeignet sein soll, herstellen will, so ist es unbedingt notwendig, eine **Gelierprobe** zu machen.

Gelierprobe

Sie müssen einen Esslöffel der Marmelade vor dem Abfüllen auf einen Teller geben und kalt stellen. Schon nach 3 Min. sehen Sie, ob die Marmelade fest genug ist.

MARMELADENREZEPTE

Alle hier angegebenen Rezepte basieren auf Durchschnittswerten von Fruchtsüße und Fruchtsäure, und das kann von Sorte zu Sorte, sogar von Jahr zu Jahr sehr verschieden sein.

ANANASMARMELADE

ZUTATEN: 1 große frische Ananas, 500 g Gelierzucker, Saft von 2 Zitronen, 2 große saure Äpfel in Würfel geschnitten.

ZUBEREITUNG: Die Ananas schälen, vierteln und den Strunk entfernen. Die Hälfte des Fruchtfleisches pürieren, die andere Hälfte in kleine Stücke schneiden. Das Fruchtfleisch mit den Apfelwürfeln, dem Zitronensaft und dem Gelierzucker vermischen und 2 Std. ziehen lassen. Danach zum Kochen bringen und mindestens 5 Min. sprudelnd kochen. Sofort in die vorbereiteten Gläser füllen und verschließen.

Verwenden Sie Gläser und Verschluss Ihrer Wahl, die Möglichkeiten sind oben angegeben.
MEIN TIPP: Sie können diese Marmelade auch mit weniger Zucker zubereiten, wenn die Ananas sehr süß ist!

APFELMARMELADE

ZUTATEN: 1 lt Apfelsaft, 3 kg geschälte, geviertelte, vom Kernhaus befreite Kochäpfel – Sie verwenden am besten saure Äpfel, ca. 200 g Gelierzucker oder nach Geschmack, 1 Zimtstange, 8 Gewürznelken, Saft von 5 Zitronen

ZUBEREITUNG: In einer großen Kasserolle den Apfelsaft auf kleiner Flamme kochen lassen, bis er sich um die Hälfte einreduziert hat. Die Apfelviertel, die Gewürze und den Gelierzucker dazugeben, das Ganze solange kochen, bis sich die Apfelstücke mit dem Saft binden. Nun mit Zitronensaft abschmecken und die Marmelade sofort kochend heiß in die vorbereiteten Gläser füllen.
Mit in Alkohol getauchtem Cellophan zubinden und auskühlen lassen.
MEIN TIPP: Wenn Sie die Gewürze stören, so können Sie sie vor dem Abfüllen herausnehmen. Sonst müssen Sie sie gleichmäßig auf alle Gläser aufteilen.

BANANEN-KIWI-MARMELADE

ZUTATEN: 3 Bananen, 6 Kiwis, 300 g Gelierzucker, 1 Msp. Pektin, Saft einer Zitrone.

ZUBEREITUNG: Die Bananen schälen und in Scheiben schneiden, die Kiwi schälen und das Fruchtfleisch in Würfel schneiden.
Die Fruchtmasse mit dem Gelierzucker und dem Zitronensaft mischen und mit dem Stabmixer, allerdings nicht ganz fein, pürieren.
Die Fruchtmasse unter ständigem Rühren aufkochen, 5 Min. sprudelnd kochen lassen, und die Gelierprobe machen.
Wenn notwendig, das Pektin (mit wenig Puderzucker mischen) dazugeben, nochmals einige Minuten kochen. Heiß in Gläser füllen und sofort verschließen.
VERSCHLUSS: Cellophan oder Twist-off

BIRNEN-BERBERITZEN-MARMELADE

ZUTATEN: 400 g reife Berberitzen (nach dem ersten Frost gepflückt), 800 g aromatische Birnen (Williams Christ), 600 g Gelierzucker.

ZUBEREITUNG: Die Berberitzen entstielen, waschen und mit einem $^1/_8$ l Wasser 5 Minuten erhitzen. Mit einem Stabmixer pürieren und durch ein Sieb streichen.

Verschiedene Kompotte:
Pfirsiche in Mandelsaft, Aprikosen- und Kirschenkompott
Rezepte siehe Seite: 101, 100, 98
Im Vordergrund ist das

BIRNENKOMPOTT MIT WEISSWEIN

ZUTATEN: 3,5 kg feste Birnen (die Williams-Christ-Birne ist eine der wenigen, die nicht braun wird), 200 g Zucker, 150 g Gelierzucker, 3/4 l Wasser, 3/4 l Weißwein, Saft von 2 Zitronen, 6 Nelken, 2 Zimtstangen.

ZUBEREITUNG: Das Wasser mit dem Zitronensaft versetzen, die Birnen schälen, entkernen und in das Wasser legen.
Das Zitronen-Wasser nun mit dem Zucker zum Kochen bringen und die Birnen darin 10 Min. ziehen lassen. Die Früchte mit einem Schaumlöffel in die Gläser füllen, mit dem gekochten Saft zugießen, die Gewürze darauf aufteilen und verschließen.
Die Gläser nun **25 Min. bei 85** °C sterilisieren.
Sie erhalten ca. 4 Liter.

Die Birnen waschen, schälen, entkernen und in kleine Würfel schneiden. $^1/_8$ l Wasser hinzufügen und die Birnen-Berberitzen-Mischung zum Kochen bringen. 5 Minuten kochen lassen.
Noch heiß in die vorbereiteten Gläser füllen und luftdicht verschließen. Nach dem Abkühlen kühl und dunkel lagern.
MEIN TIPP: Reife Berberitzen, die man noch vor dem Frost gepflückt hat, auf ein Backblech legen und für einige Stunden ins Tiefkühlfach geben.
Das ersetzt den natürlichen Frost und die Beeren werden genießbar.
VERSCHLUSS: Twist-off oder Cellophan

BIRNEN-VANILLE-MARMELADE fast ohne Zuckerzugabe

ZUTATEN: 2,5 kg reife Williams-Christ-Birnen, geriebene Schale und Saft einer Zitrone, 2 l ungesüßten Apfelsaft oder Traubensaft aus der Saftzentrifuge, 100 g Gelierzucker, 2 der Länge nach halbierte Vanilleschoten.

ZUBEREITUNG: Das reine Fruchtfleisch der Birnen in kleine Würfel schneiden und im Saft und der Schale der Zitrone wälzen.
In einer großen Kasserolle den Apfel- oder Traubensaft mit den Vanilleschoten zum Kochen bringen und auf die Hälfte einreduzieren lassen.
Nun den Gelierzucker und die Birnen mit dem Saft dazugeben, nochmals unter ständigem Rühren 15 Min. kochen lassen, sofort in die Gläser füllen und verschließen.
MEIN TIPP: Wenn die Wiliams-Christ-Birnen sehr reif und süß sind und auch die Säfte über einen beträchtlichen Zuckergehalt verfügen, dann können Sie den Gelierzucker bei dieser Marmelade vollkommen weglassen.

BIRNEN-MARACUJA-MARMELADE

ZUTATEN: 1 kg Williams-Christ-Birnen, 1 l Maracujasaft aus dem Reformhaus, 1 kg Gelierzucker 2 : 1, Saft einer Zitrone.

ZUBEREITUNG: Das reine Fruchtfleisch der Birnen in kleine Stücke schneiden und mit dem Zitronensaft, dem Gelierzucker und dem Maracujasaft mischen. Zugedeckt über Nacht ziehen lassen.

Am nächsten Tag die Masse zum Kochen bringen, 5 Min. sprudelnd kochen und sofort heiß in die Gläser füllen und verschließen.

BROMBEERMARMELADE pikant

ZUTATEN: Verwenden Sie vollreife Gartenbrombeeren, sie haben nicht so viele Kerne. Sie können die Marmelade aber auch nach der halben Kochzeit passieren. 1 kg Brombeeren, 600 g Gelierzucker, Saft von einer Zitrone, ein Gewürzsäckchen mit etwa 2 cm Ingwerwurzel, 5 Kardamomkapseln, 7 Koreanderkörner – fein zerstoßen.

ZUBEREITUNG: Die Beeren waschen und halbieren, das Gewürzsäckchen dazugeben und 6 Std. ziehen lassen. Mit dem Gelierzucker und dem Zitronensaft mischen, rasch zum Kochen bringen, das Gewürzsäckchen entfernen, 5 Min. sprudelnd weiter kochen und heiß in die Gläser füllen.

MEIN TIPP: Wer mag, kann diese sehr pikant, raffiniert gewürzte Marmelade noch mit 4 cl Himbeergeist abschmecken.

Sie können die Gewürze aber auch ohne weiteres weglassen.

TROCKENFRÜCHTEMARMELADE mit frischem Fruchtsaft

ZUTATEN: 500 g getrocknete Früchte (großer Anteil Aprikosen), 0,75 l frischer Fruchtsaft, 300 g Gelierzucker, Saft von 2 Zitronen und 2 Apfelsinen, 1 Msp. Pektin.

ZUBEREITUNG: Die Trockenfrüchte 1 Std. im Wasser quellen lassen, abtropfen und durch den Fleischwolf drehen, die Säfte dazugeben, den Gelierzucker einmischen und die Fruchtmasse ca. 10 Min. wallend kochen lassen.

Das Pektin mit wenig Puderzucker vermischen und dazugeben.

Noch einmal aufkochen und sofort in die sterilen Gläser füllen und verschließen.

ERDBEERMARMELADE fest mit Fruchtstücken

ZUTATEN: 1 kg gewaschene, entstielte, geviertelte Erdbeeren (sie müssen ganz frisch sein, denn Erdbeeren schimmeln sehr leicht), 500 g Gelierzucker, Saft von 1 Zitrone, 1 Msp. Pektin, 1 kl. Msp. Ascorbinsäure.

ZUBEREITUNG: Die Erdbeeren mit dem Gelierzucker mischen und rasch zum Kochen bringen, sprudelnd kochen, bis der Schaum zu vergehen beginnt, das mit wenig Puderzucker gemischte Pektin dazugeben, 5 Min. fertig kochen, vom Feuer nehmen, Ascorbinsäure dazugeben und sofort in die vorbereiteten Gläser füllen und verschließen.

MEIN TIPP: Wenn die Erdbeeren wirklich ganz frisch und einwandfrei sind, ist die Ascorbinsäure nicht notwendig. Wenn Sie Gelierzucker 2 : 1 verwenden, dann ist das Pektin nicht notwendig.

ERDBEERMARMELADE fest und fein

Zutaten wie vorher, Sie müssen die Marmelade in der halben Kochzeit mit dem Mixstab pürieren, dann fertig kochen.

ERDBEERMARMELADE wenig Zucker

ZUTATEN: 1 kg reife, einwandfreie, frische, geviertelte Früchte, 300 g Gelierzucker, 1 Msp. Pektin, 1 kl Msp. Ascorbinsäure.

ZUBEREITUNG: Genauso wie vorhergehend.

MEIN TIPP: Hängen Sie während dem Kochen 3 – 4 Holunderblüten in die Marmelade, das schmeckt, wenn man Holunderblüten mag, ausgezeichnet!

ERDBEER-RHABARBER-MARMELADE

ZUTATEN: 500 g Erdbeeren, 500 g Rhabarber, 700 g Gelierzucker 2 : 1, 6 cl Rum.

ZUBEREITUNG: Die Erdbeeren waschen, vierteln. Den Rhabarber entfasern und in 1 cm lange Stücke schneiden. Gemeinsam mit dem Gelierzucker und dem Zitronensaft 1 Std. ziehen lassen. Dann zum Kochen bringen, 10 Min. sprudelnd kochen lassen, den Rum dazugeben und sofort in die Gläser füllen.

VERSCHLUSS: Twist-off oder Cellophan.

PAMPELMUSE-ANANAS-MARMELADE

ZUTATEN: 500 g unbehandelte Pampelmuse, geschält und gewogen, 500 g Ananas, geschält, entstielt und gewogen, 700 g Gelierzucker.

ZUBEREITUNG: Die Pampelmuse und die Ananas in kleine Stücke schneiden und den Saft auffangen. Die Früchte mit dem Gelierzucker mischen, rasch zum Kochen bringen, 8 Min. sprudelnd kochen lassen, sofort in Gläser füllen.

MEIN TIPP: Sie müssen kein Pektin verwenden, denn Zitrusfrüchte gelieren sehr gut.

VERSCHLUSS: Twist-off

GRÜNE TOMATEN-MARMELADE

ZUTATEN: 500 g grüne Tomaten, 400 g Gelierzucker, 1 Msp. gemahlenen Ingwer, Saft von 1 Zitrone.

ZUBEREITUNG: Tomaten in kochendem Wasser kurz blanchieren, in kaltes Wasser legen, Stängelansatz herausschneiden und schälen. Nun das reine Fruchtfleisch in kleine Würfel schneiden, mit dem Gelierzucker, dem Zitronensaft und dem Ingwer mischen, die Masse zum Kochen bringen und 10 Min. sprudelnd kochen lassen. Die heiße Marmelade in Gläser füllen und sofort verschließen.

MEIN TIPP: Aus grünen Tomaten kann man auch ein sehr pikantes Chutney kochen. Außerdem schmecken sie als Tomatenkraut sehr gut. In diesem Buch finden Sie die Rezepte unter der jeweiligen Grundkonservierungsart.

VERSCHLUSS: Twist-off oder Cellophan

WEINGARTENPFIRSICH-MARMELADE

ZUTATEN: 3 kg kleine weiße Weingartenpfirsiche, 1 kg Gelierzucker, 0,25 l Weißwein, 1 Msp. Pektin.

ZUBEREITUNG: Die Weingartenpfirsiche kreuzweise einschneiden, in kochendem Wasser blanchieren, sofort in kaltes Wasser legen und schälen.

Die Pfirsiche vierteln und mit dem Gelierzucker mischen (auf 1 kg fertiges Pfirsichmus sollten 400 g Gelierzucker kommen) und so einige Stunden stehen lassen.

Den Weißwein zum Pfirsichmus geben und das Ganze rasch zum Kochen bringen, 5 Minuten vor Kochende, das mit einem Löffel Puderzucker gemischte Pektin dazugeben, sofort kochend heiß in die sterilen Gläser füllen und verschließen.

HAGEBUTTEN-PFIRSICH-MARMELADE

ZUTATEN: 1 kg große, am besten gezüchtete, Hagebutten, 1 Vanilleschote, 1 kg Spätpfirsiche, 1 kg Gelierzucker, Saft von 2 Zitronen.

ZUBEREITUNG: Die Hagebutten von den Stiel- und Blütenansätzen so befreien, dass Sie eine große Menge der pelzigen Kerne sofort mit herausziehen.

Die Früchte nun halbieren, nochmals pelzige Kerne herausputzen, und mehrmals waschen und mit Wasser bedecken. Die Vanilleschote aufschneiden, dazugeben und das Ganze ca. 25 Min. weichkochen. In ein Sieb schütten und abtropfen lassen.

Die Pfirsiche blanchieren, enthäuten und entsteinen, in grobe Würfel schneiden und mit 500 g Gelierzucker, dem Vanillemark und dem Zitronensaft mischen.

Inzwischen die Hagebutten durch den Fleischwolf drehen und anschließend durch ein Sieb streichen. Nun mit dem restlichen Gelierzucker mischen und die Hagebuttenmasse unter ständigem Rühren zum Kochen bringen.

Die Pfirsiche dazwischen auch zum Kochen bringen, und wenn sie musartig sind, unter die Hagebuttenmasse mischen. Nun lassen Sie die Marmelade nochmals 5 Min. sprudelnd kochen und füllen sie sofort in die Gläser.

MEIN TIPP: Wenn Sie keine Gartenhagebutten bekommen können, so sammeln Sie die Hagebutten im Herbst und mischen Sie nicht mit Pfirsichen, sondern mit den auch im Herbst reifen Quitten.

Beim Entfernen des Hagebuttenpelzes können dünne Handschuhe sehr behilflich sein!

BLAUBEERMARMELADE mit wenig Zucker

ZUTATEN: 1 kg frische oder gefrorene Blaubeeren gewaschen, 400 g Gelierzucker, $^1/_8$ l Rotwein, Saft von 3 Zitronen.

ZUBEREITUNG: Die Blaubeeren mit dem Gelierzucker und dem Zitronensaft zum Kochen bringen und 8 Min. sprudelnd kochen. Den Rotwein dazugeben, nochmals gut aufkochen lassen und sofort in die Gläser füllen.

MEIN TIPP: Sie können den Rotwein auch weglassen, aber er unterstützt den Blaubeergeschmack sehr.

VERSCHLUSS: Twist-off

HIMBEERMARMELADE mit Kernen, fest

ZUTATEN: 1 kg frische Himbeeren, 700 g Gelierzucker, Saft von 2 Zitronen.

ZUBEREITUNG: Die Himbeeren putzen, wenn möglich nicht waschen.

Himbeeren und Zucker rasch zum Kochen bringen, wenn der Schaum leicht zu vergehen beginnt, das ist ca. 5 Min. vor Kochende, den Zitronensaft dazugeben und die Marmelade fertig kochen. Sofort in Gläser füllen und verschließen.

MEIN TIPP: Wenn die Himbeeren überreif sind, dann kann eine Messerspitze Ascorbinsäure die Konservierung sehr unterstützen.

VERSCHLUSS: Twist-off oder Cellophan.

HIMBEERMARMELADE ohne Kerne, fest

Verwenden Sie pro kg Frucht nur 500 g Gelierzucker, bereiten Sie die Marmelade wie vorgehend zu, nur drücken Sie die Himbeeren durchs Sieb, in der halben Kochzeit, im feinsten Siebeinsatz der flotten Lotte.

HIMBEERMARMELADE mit wenig Zucker

ZUTATEN: 1 kg frische Himbeeren, 350 g Gelierzucker, Saft 1 Zitrone, 1 Msp. Pektin.

ZUBEREITUNG: Wie vorhergehend.
Das Pektin 5 Min. vor Kochende mit wenig Puderzucker vermischt dazugeben.
MEIN TIPP: Ohne Kerne genügen 300 g Zucker. Die Messerspitze Pektin kann das Gelieren sehr unterstützen.

HOLUNDER-PFLAUMEN-MARMELADE

ZUTATEN: 400 g ganz reife Holunderberen, 800 g Pflaumen, Gelierzucker nach Geschmack – aber ca.500 g – das kommt auf die Reife der Pflaumen an, 1 Msp. Pektin, 1 Zimtrinde, Zitronenschale, 5 Nelken, 4 cl Slibovitz.

ZUBEREITUNG: Die Holunderbeeren entstielen, waschen, 10 Min. bei geringer Hitze kochen lassen, durch ein feines Sieb streichen. Pflaumen waschen, in Viertel schneiden, mit dem Holundermus, den Gewürzen und Gelierzucker (normal nimmt man Fruchtmus und Gelierzucker im Verhältnis 2:1) mischen, zum Kochen bringen und 5 Min. sprudelnd kochen lassen, das mit einem Löffel Puderzucker vermischte Pektin dazugeben und 5 Min. weiterkochen. Vom Feuer nehmen und den Slibovitz einrühren.
MEIN TIPP: Lassen Sie keine Stängel am Holunder – sie sind giftig.
VERSCHLUSS: Twist-off oder Cellophan.

KASTANIENMARMELADE

ZUTATEN: 2 kg geschälte Edelkastanien, 3 Tassen braunen Zucker, 1 Tasse guten Honig, 2 Vanilleschoten, 4 cl Cointreau.

ZUBEREITUNG: Die Kastanien auf der flachen Seite kreuzförmig einschneiden, auf ein nasses Backblech geben und im Rohr bei 180 °C ca. 20 Min. rösten. Diese Zeit ist von Sorte zu Sorte verschieden, aber schauen Sie ständig darauf, und wenn sich der Einschnitt aufrollt, dann probieren Sie eine Kastanie zu schälen. Wenn dies gut funktioniert, dann geben Sie alle sofort aus dem Rohr. Heiß lassen sich die Kastanien am besten schälen. Den braunen Zucker in einer Kasserolle schmelzen lassen, mit 0,2 l Wasser aufgießen, den Honig und die Vanilleschote dazugeben und aufkochen lassen. Die Kastanien dazugeben und 20 Min. simmern lassen, bis die Kastanien auseinander brechen.
Zwei Drittel der Masse mit dem Pürierstab pürieren, den Rest unter die Masse mischen, mit dem Cointreau abschmecken.

Heiß in die Gläser füllen, dabei die Vanilleschoten auf alle Gläser aufteilen und sofort verschließen.

MEIN TIPP: Schmecken Sie Edelkastanienpüree nie mit Zitronensaft ab, die Masse schmeckt dann so, als ob sie sauer wäre!

KIRSCHENMARMELADE mit Sauerkirschen

ZUTATEN: 1,5 kg Kirschen, $^1/_2$ kg dunkle Sauerkirschen, 1 kg Gelierzucker 2:1, 1 Zimtstange, 1 Msp. Pektin.

ZUBEREITUNG: Kirschen und Sauerkirschen entsteinen, dabei aber den Saft auffangen. Nun die Früchte mit der Zimtstange und dem Saft in einer Kasserolle auf den Herd stellen und ca. $1^1/_2$ Std. unter dem Siedepunkt halten. Dadurch werden die Kirschen und Sauerkirschen musartig und verbinden sich. Es entsteht ein besonders pikanter Geschmack. Die Zimtstange entfernen, den Gelierzucker und das vermischte Pektin dazugeben, 5 Min. sprudelnd kochen lassen, sofort in die Gläser füllen.

MEIN TIPP: Sie können die lange Zeit auf dem Herd auch weglassen. Die Marmelade erhält aber einen anderen Geschmack.

VERSCHLUSS: Twist-off oder Cellophan.

KÜRBISMARMELADE

ZUTATEN: 500 g vorbereitet, gewogenes Kürbisfleisch, 500 g Gelierzucker, Saft von 1 Zitrone, frischen oder 1 Msp. gemahlenen Ingwer.

ZUBEREITUNG: Den Kürbis schälen, entkernen, den weichen Teil herausschaben, rein nur das feste Fruchtfleisch wiegen und in kleine Würfel schneiden. Alle Zutaten mischen und über Nacht stehen lassen. Am nächsten Tag, die Masse langsam ankochen, aber 5 Min. sprudelnd kochen lassen. Sofort abfüllen.

MEIN TIPP: Wenn Sie wenig Zeit haben, genügt es auch, wenn Sie die gemischten Kürbisse 3 Std. stehen lassen.

VERSCHLUSS: Cellophan oder Twist-off

APRIKOSENMARMELADE weich und wenig Zucker

Hier ist der echte Aprikosengeschmack gegeben!

Rezept siehe 2. Abbildung im Buch.

MEIN TIPP: Wenn Sie diese Marmelade mit wenig Zucker fest haben möchten, dann geben Sie noch eine Messerspitze Pektin dazu oder binden Sie die Gläser mit Cellophan zu, das dauert dann zwar auch einige Zeit, aber es nützt doch.

VERSCHLUSS: Twist-off oder Cellophan

APRIKOSENMARMELADE extra fein

ZUTATEN: 1 kg reife Aprikosen, 350 g Gelierzucker, 1 Msp. Pektin.

ZUBEREITUNG: Die Aprikosen in kochendem Wasser blanchieren. Sofort in kaltes Wasser legen, schälen und entsteinen. Danach vierteln und mit dem Gelierzucker mischen, so eine Nacht lange zugedeckt stehen lassen. Danach bei starker Hitze möglichst schnell zum Kochen bringen, 2 Minuten sprudelnd kochen, das Pektin mit einem Löffel Puderzucker mischen, dazugeben und einige Minuten fertig kochen bis der Schaum zu vergehen beginnt und sofort in die Gläser füllen.

Welchen Verschluss Sie verwenden ist nicht so wichtig, das liegt in Ihrer Entscheidung.

APRIKOSENMARMELADE fest, eher süß

Diese Marmelade eignet sich sehr gut zum Aprikotieren (= Einstreichen mit Aprikosenmarmelade vor dem Glasieren von Torten) von Torten, darum ist es am besten, wenn Sie die Früchte vor dem Kochen der Marmelade mit dem Mixstab pürieren und durch ein Sieb streichen.

ZUTATEN: 1 kg reife, gewaschene, geviertelte Aprikosen, 800 g Gelierzucker, 1 kl. Msp. Pektin.

ZUBEREITUNG: Wie Aprikosenmarmelade „weich und wenig Zucker“

MEIN TIPP: Sie können auch Gelierzucker 2:1 verwenden, dann wird die Marmelade noch fester, halten Sie sich aber an die Angaben auf der Packung.
VERSCHLUSS: Twist-off oder Cellophan.

APFELSINENMARMELADE zartbitter

ZUTATEN: 2 kg Apfelsinenfruchtfleisch, am besten man kauft die Apfelsinen um Weihnachten herum, 200 g Gelierzucker, wenn die Apfelsinen sehr süß sind, sonst müssen sie 400 g verwenden, Saft von 3 Zitronen, Fruchtfleisch von 3 Zitronen, 1/8 l Weißwein, 1 Msp. Pektin.

ZUBEREITUNG: Die Apfelsinen sehr heiß waschen und mit einem Tuch abreiben. Die Hälfte der Apfelsinen mit einem Spargelschäler schälen und die andere Hälfte etwas dicker schälen und mit der weißen Innenhaut in dünne Streifen schneiden. Die zweite Hälfte der Schalen von der weißen Innenhaut befreien und auch in dünne Streifen schneiden. Diese Streifen in Wein aufkochen und zur Seite stellen.

Nun die Apfelsinen in Würfel schneiden, dabei den Saft auffangen.

Diesen Saft mit dem Apfelsinen- und Zitronenfruchtfleisch, dem Zitronensaft sowie mit den Schalen, die mit der weißen Innenhaut geschnitten wurden, und mit dem Gelierzucker mischen und zum Kochen bringen.

10 Min. sprudelnd kochen, dann den Wein mit den Schalen dazugeben, das mit einem Löffel Puderzucker gemischte Pektin dazugeben, nochmals aufkochen und sofort in die vorbereiteten sterilen Gläser füllen.

MEIN TIPP: Die Menge des Gelierzuckers kommt immer auf die Apfelsinen an. Bei süßen Apfelsinen genügen 100 g Gelierzucker pro kg Fruchtfleisch.

Wenn Sie die Marmelade vor dem Abfüllen kosten und sie kommt Ihnen zu süß vor, so können Sie sich mit Zitronenfruchtfleisch helfen, aber die Marmelade unbedingt noch einmal kochen!

VERSCHLUSS: Twist-off oder Cellophan

PREISELBEERMARMELADE mit Rotwein

ZUTATEN: 1 kg Preiselbeeren, gewaschen und ausgerebelt, 800 g Gelierzucker, ½ l Rotwein, 2 Zimtrinden, 5 Nelken, 1 unbehandelte Zitrone, 2 Msp. Pektin.

ZUBEREITUNG: Die Preiselbeeren mit dem Gelierzucker, den Gewürzen und der zweimal eingeschnittenen Zitrone zum Kochen bringen. Nach 10 Min. Kochzeit den Rotwein und das mit etwas Puderzucker gemischte Pektin dazugeben, nochmals ordentlich aufkochen lassen und sofort in die Gläser füllen.

MEIN TIPP: Sie können die Gewürze ruhig in der Marmelade lassen, nur gleichmäßig auf alle Gläser aufteilen. Die Zitrone bitte entfernen.

PFLAUMENMUS (POWIDL)

Die große Menge der Pflaumen ist unbedingt notwendig, weil die Pflaumen sehr stark einreduzieren.

ZUTATEN: 5 kg Pflaumen, 2 Rippen Kochschokolade, 3 Msp. Zimt, 100 g Honig.

ZUBEREITUNG: Die Pflaumen waschen, entkernen und vierteln.

In einer großen Kasserolle zum Kochen bringen und den Honig dazugeben. Mit dem Pürierstab pürieren und ½ Std. kochen lassen, dann auf ein tiefes Backblech schütten.

Im Rohr bei 80–100 °C 12 Stunden langsam einreduzieren lassen. In der darauffolgenden Nacht auf 50 °C zurückdrehen und die ganze Nacht im Rohr lassen. Erschrecken Sie nicht am nächsten Tag, weil

das Pflaumenmus unansehnlich ist, putzen Sie es mit einer Teigspachtel aus der Wanne in die große Kasserolle, geben Sie die Kochschokolade dazu, verrühren Sie mit dem Kochlöffel noch einmal alles und lassen Sie das Pflaumenmus noch einmal ordentlich aufkochen.
Das Pflaumenmus muss noch heiß in die Gläser gefüllt werden und mit Twist-off-Deckel verschlossen werden.
Sie erhalten nur 2 Gläser à 420 g.

QUITTENMARMELADE

ZUTATEN: 2 kg Quitten, ca. 1 kg Zucker, 0,125 l frisch gepressten Zitronensaft, 1 l Wasser.

ZUBEREITUNG: Die Hälfte der Quitten mit Schale und Kernhaus grob haken, mit dem Wasser bedecken und ca. 45 Min. auf kleiner Flamme zerkochen lassen. Die heiße Fruchtmasse über Nacht über einem Topf in einem Etamin ablaufen lassen. Dann mit dem Zucker mischen, aufkochen lassen, dabei ständig umrühren. Die restlichen Quitten schälen, entkernen und in 1 cm große Würfel schneiden. Den Sirup nochmals aufkochen, die Quittenstücke und den Zitronensaft dazugeben und erneut ca. 30 Min. kochen. Die Quittenstücke müssen weich sein!
Den Schaum abschöpfen und nochmals weitere 10 Min. kochen lassen, bis der Gelierpunkt erreicht ist. Sofort in die Gläser füllen und verschließen.
MEIN TIPP: Wenn Sie Gelierzucker verwenden, dann können Sie die letzte Kochzeit auf einige Minuten reduzieren.

RHABARBERMARMELADE mit Walnüssen

ZUTATEN: 1 kg rotfleischigen Rhabarber, 1 unbehandelte Apfelsine, 1 unbehandelte Zitrone, 1 Vanilleschote, 1 Zimtstange, 2 Stück Sternanis, 1 kg Gelierzucker, 100 g Walnusskerne.

ZUBEREITUNG: Den gewaschenen, von der fasrigen Haut befreiten Rhabarber in 2 cm lang Stücke schneiden.
Die Apfelsine mit dem Zestenreißer schälen, die Zitrone abreiben und die Schalen zum Rhabarber geben. Auch den Saft beider, ohne Kerne, und den Gelierzucker dazugeben.
Die Vanilleschote in Stücke schneiden, den Sternanis und die zerschnittene Zimtrinde in ein Gewürzsäckchen binden, und auch zum Rhabarber geben. Die Marmelade nun zum Kochen bringen. In der Zwischenzeit die Walnusskerne nicht zu klein hacken. Die Marmelade ca. 8 Min. sprudelnd kochen, das Gewürzsäckchen entfernen und die Walnüsse dazugeben.

Nochmals 3 Min. aufkochen und noch heiß in die Gläser füllen.
MEIN TIPP: Mit Twist-off-Deckeln verschließen und die Gläser während des Auskühlens öfter umdrehen, damit sich die Nüsse und Apfelsinenschalen gleichmäßig verteilen.

ROTE JOHANNISBEEREN-MARMELADE

ZUTATEN: 1 kg Johannisbeeren geputzt und gewaschen, 500 g Gelierzucker, 6 cl Cointreau.

ZUBEREITUNG: Die Johannisbeeren aufkochen und durchs Sieb drücken, den Gelierzucker dazumischen und kochen bis der Schaum zu vergehen beginnt. Das ist etwa nach 10 Min. Kochzeit, nun vom Feuer nehmen, den Cointreau dazumischen und sofort in die Gläser füllen.
MEIN TIPP: Johannisbeeren gelieren normalerweise ausgezeichnet, können aber nach einer Regenperiode gepflückt sehr verwässert sein, dann brauchen auch Johannisbeeren entweder mehr Gelierzucker oder wenn man das nicht will, 1 Msp. Pektin!

SCHLEHENMARMELADE

ZUTATEN: 1 kg Schlehen, 3/8 l Wasser, 500 g Gelierzucker, Saft 1 Zitrone, 1/8 l Rotwein.

ZUBEREITUNG: Die Schlehen auslesen und waschen, dann mit dem Wasser aufkochen. Anschließend mit der flotten Lotte durch ein feines Sieb drücken. Das Fruchtmus mit dem Gelierzucker, dem Rotwein und dem Zitronensaft mischen und unter ständigem Rühren zum Kochen bringen. 8 Min. sprudelnd kochen und sofort in die Gläser füllen.
Verschließen Sie am besten mit Cellophan.

WEINTRAUBENMARMELADE braucht viel Zeit

ZUTATEN: 600 g blaue Weintrauben, 400 g kernlose helle Weintrauben (Muskat), 6 Zweige Zitronenmelisse, 1/4 l trockenen Weißwein, 400 g Gelierzucker 2:1, oder Sie verwenden zusätzlich Pektin, denn Weintrauben gelieren sehr schlecht!

ZUBEREITUNG: Die Weintrauben waschen, die blauen blanchieren, schälen und entkernen.
Die weißen Trauben mit einem Zahnstocher einige Male anstechen.
Die Trauben mit dem Gelierzucker und dem Wein mischen, von der Zitronenmelisse die schönen kleinen Blätter beiseite legen, die Stängel und die großen Blätter zu den Trauben geben und die ganze Fruchtmischung über Nacht in den Kühlschrank stellen.

Am nächsten Tag die Melisse entfernen und das Ganze zum Kochen bringen, in jedes Glas einige schöne Melisseblätter geben. Die Weintrauben Marmelade ca. 5 Minuten sprudelnd kochen und sofort heiß in die vorbereiteten sterilen Gläser füllen, dabei müssen die Blätter aber schon in den Gläsern sein.
Mit Twist-off-Verfahren oder Cellophan verschließen.
MEIN TIPP: Wenn die Marmelade zu süß ist, dann können Sie entweder mehr Wein verwenden oder mit Zitronensaft abschmecken. Eine kleine Geschmacksverbesserung erzielen Sie, wenn Sie vor dem Abfüllen etwas Weinbrand dazugeben.
VERSCHLUSS: Twist-off

VEILCHENMARMELADE

ZUTATEN: 200 g Veilchenblütenblätter, 150 g saure Äpfel, 300 g Gelierzucker, 1 Vanilleschote.

ZUBEREITUNG: Die Veilchen gut waschen, in Streifen schneiden und mit 0,25 l Wasser überbrühen. Die geschälten, geviertelten Äpfel kleinwürfelig schneiden. Die Blütenblätter gemeinsam mit dem Kochwasser, dem Gelierzucker, den Äpfeln und der ausgeschabten Vanilleschote zum Kochen bringen. Die Marmelade langsam ankochen und dann 10 Min. sprudelnd kochen lassen. Sofort in Gläser füllen und verschließen.
MEIN TIPP: Sie können statt den Veilchenblättern auch Rosenblätter verwenden!
VERSCHLUSS: Twist-off (Marmelade bleibt länger weich) oder Cellophan.

ZITRONENMARMELADE

ZUTATEN: 5 unbehandelte Zitronen, ½ l Wasser, 500 g Gelierzucker, 5 cl Zitronenlikör.

ZUBEREITUNG: Die Zitronen waschen und mit der Schale in dünne Streifen schneiden, Kerne entfernen. Nun mit dem Wasser übergießen und über Nacht stehen lassen.
Am nächsten Tag die Früchte mit dem Wasser aufkochen lassen und nochmals 10 Min. stehen lassen.
Dann den Gelierzucker dazugeben, aufkochen, 10 Min. sprudelnd kochen lassen, vom Herd nehmen, den Zitronenlikör dazugeben und sofort in die Gläser füllen.
MEIN TIPP: Wenn Sie gleich zu Beginn Apfelsinenzesten dazugeben, so wird die Marmelade noch pikanter.
VERSCHLUSS: Twist-off.

PLAUMENMARMELADE

ZUTATEN: 1 kg reife Pflaumen, 400 g Gelierzucker, Saft von 2 Zitronen, 1Msp. Pektin, etwas gemahlenen Zimt, 6 cl Slivowitz.

ZUBEREITUNG: Die Pflaumen waschen, entsteinen und vierteln. Mit dem Gelierzucker, dem Zimt und dem Zitronensaft zum Kochen bringen. Nach einigen Min. Kochzeit mit dem Pürierstab pürieren und weitere 5 Min. sprudelnd kochen lassen.
Vom Herd nehmen und den Slivowitz dazugeben. Sofort in die Gläser füllen.
MEIN TIPP: Wenn die Pflaumen noch nicht zu reif sind oder noch grüne dabei sind, dann können Sie das Pektin weglassen.
VERSCHLUSS: Twist-off oder Cellophan.

PFLAUMENMARMELADE extra fein

Verwenden Sie dasselbe Rezept wie vorhin aufgeschrieben, aber blanchieren Sie die Pflaumen vor der Weiterverarbeitung.
Allerdings hat diese Marmelade nicht eine so schöne blaue Farbe!

HOLUNDERKOCH

ZUTATEN: 2 kg reife Pflaumen, 1 kg Birnen, 1 kg Holunderbeeren, 5 Gewürznelken, 3 Zimtrinden, Saft einer Zitrone.

ZUBEREITUNG: Die Pflaumen halbieren, entkernen und in Stücke schneiden. Die Birnen schälen, entkernen und ebenfalls in Stücke schneiden.
Die Holunderbeeren abstreifen, es dürfen keine Stängel dabei sein, waschen und mit den anderen Früchten mischen. Die Gewürze dazugeben und alles gemeinsam so lange kochen, bis ein dicker Brei entsteht. Zum Schluss, wenn Ihnen das Holunderkoch zu wenig süß ist, können Sie mit etwas Honig süßen. Das Holunderkoch noch einmal aufkochen und sofort in sterile Gläser füllen. Verschließen Sie die Gläser am besten mit der Twist-off-Methode.

KALTGERÜHRTE MARMELADEN

Man kann Marmelade auch ohne zu kochen zubereiten.
Das Aroma und der Fruchtgeschmack sowie die Vitamine bleiben wesentlich besser erhalten. Als Zugabe zu einem Müsli im Winter kann es nichts Besseres geben.
Kalte Marmeladen sind für den baldigen Verbrauch bestimmt, man kann sie aber auch einfrieren und hat dann immer frische Marmeladen

zur Hand. Stellen Sie nur kleine Mengen her und verwenden Sie auch Gelierzucker, nur so bleibt die Farbe erhalten.

Grundrezept

Als Grundrezept verwendet man **1 kg Frucht und 1 kg Zucker.** Der hohe Zuckeranteil fördert die Haltbarkeit.

Wie stellt man kaltgerührte Marmeladen her?

Die Früchte waschen, mit dem Pürierstab pürieren und nach und nach den Gelierzucker oder Honig dazugeben, solange weiter rühren, bis sich der Zucker oder Honig vollständig aufgelöst hat. Das dauert ca. 10 Minuten und funktioniert sehr gut in der Rührmaschine. Lassen Sie die Fruchtmasse nun eine Viertelstunde stehen, damit die hineingemixte Luft entweichen kann. Füllen Sie die Marmelade in möglichst kleine Gläser. Allerdings sollten Sie auf die abgefüllte Marmelade ein paar Tropfen hochprozentigen Alkohol geben und die Gläser sofort luftdicht verschließen.
Bewahren Sie die Gläser im Kühlschrank auf.

KALTGERÜHRTE PREISELBEEREN

Preiselbeeren haben einen besonderen Eiweißstoff, der sie länger haltbar macht, darum sind Preiselbeeren sehr gut geeignet für eine kaltgerührte Marmelade. Außerdem schmecken kaltgerührte Preiselbeeren besonders fruchtig, der typisch herbe Preiselbeergeschmack bleibt erhalten und die Farbe ist leuchtend rot!

ZUTATEN: 1 kg Preiselbeeren, 500 g Gelierzucker.

ZUBEREITUNG: Geben Sie die gut ausgelesenen, gewaschenen Preiselbeeren in den Kessel der Rührmaschine und rühren Sie die Preiselbeeren auf kleiner Stufe, lassen Sie dabei den Gelierzucker langsam einrieseln. Wenn der gesamte Zucker bei den Früchten ist, muss die Masse noch ca. 15 Minuten weiter gerührt werden.
Füllen Sie die Preiselbeermarmelade in sterile Gläser, geben Sie oben einige Tropfen starken Alkohol darauf und verschließen Sie mit Twist-off-Deckeln.
Die Marmelade muss kühl aufbewahrt werden, am besten im Kühlschrank.
Wenn Sie die Preiselbeeren für die nächste „Wild Zeit“ verwenden wollen, dann füllen Sie die Marmelade am besten in Plastikbehälter und frieren sie ein. Die Preiselbeermarmelade verändert sich nach dem Auftauen kaum.

Kaltgerührte Marmeladen mit Honig

Es gibt aber auch die Möglichkeit, die Früchte mit Honig zu einer homogenen Masse zu rühren, diese Marmeladen müssen aber im Kühlschrank aufbewahrt werden und innerhalb von 2 Wochen verbraucht werden.

Gekochte Marmeladen mit Honig statt Zucker

Diese Marmeladen eignen sich sehr gut für Gläser mit Twist-off-Deckeln, da durch die Zugabe von Agar-Agar oder anderen Geliermitteln, die Gelierkraft vollkommen gegeben ist.
Bitte bedenken Sie, dass diese Marmeladen nicht so lange haltbar sind und am besten im Kühlschrank aufbewahrt werden sollten.

JOHANNISBEER-HIMBEER-MARMELADE mit Honig

ZUTATEN: ½ l schwarzen Johannisbeersaft, Saft von 2 Zitronen, 1½ TL Agar-Agar, 120 g Honig, 200 g frische, einwandfreie Himbeeren.

ZUBEREITUNG: ¼ l des Johannisbeersaftes mit dem Zitronensaft und dem Agar-Agar mischen, den restlichen Saft mit dem Honig verrühren, zum Kochen bringen, aber vor dem Aufkochen das verrührte Agar-Agar-Gemisch dazugeben.
Die Himbeeren dazurühren und die Marmelade nun ca. 4 Min. fertig kochen. Sofort noch heiß in die Gläser füllen und verschließen.
MEIN TIPP: Diese Marmelade hält im Kühlschrank ca. 2 Monate.
VERSCHLUSS: Twist-off
Sie können statt des Johannisbeersaftes auch pürierte Johannisbeeren verwenden, das schmeckt genauso gut.

FÜNFFRUCHT-MARMELADE mit Honig

ZUTATEN: 200 g Himbeeren, 100 g schwarze Johannisbeeren, 100 g rote Johannisbeeren, 300 g reife Stachelbeeren, 300 g Kirschen oder Sauerkirschen, 4 EL Honig, Saft einer Zitrone, 1 Msp. Pektin.

ZUBEREITUNG: Alle Früchte auslesen, waschen, Kirschen entkernen. Alles gemeinsam mit dem Zitronensaft in eine große Kasserolle geben und mit dem Pürierstab mixen, den Honig dazugeben und zum Kochen bringen. Das Pektin mit wenig Puderzucker (nur zum Mischen, dass es keine Klumpen bildet) dazugeben und die Marmelade 5 Min. fertig kochen. Sofort in die vorbereiteten Gläser füllen und verschließen.

MEIN TIPP: Diese Marmelade hält, wenn man sie im kühlen Keller oder im Kühlschrank aufbewahrt, und sorgsam und reinlich gearbeitet hat, fast so lange, wie mit Zucker gekochte Marmelade.

MARMELADE aus KIRSCHEN, SAUERKIRSCHEN und PFIRSICHEN mit Honig

ZUTATEN: 250 g Kirschen, 250 g Sauerkirschen, 600 g reife Pfirsiche, 130 g Honig, 1 Msp. Pektin.

ZUBEREITUNG: Die Pfirsiche waschen, blanchieren, schälen und würfelig schneiden. Die Kirschen und Sauerkirschen entsteinen und mit dem Pürierstab mixen, je nach Wunsch feiner oder gröber lassen. Das Obst nun zusammen mischen und den Honig dazu geben. Das Fruchtgemisch nun zum Kochen bringen, das mit wenig Puderzucker gemischte Pektin dazugeben und ca. 5 Min. kochen lassen. Sofort in die Gläser füllen und verschließen.

APRIKOSENMARMELADE mit Zitronenmelisse und Honig

ZUTATEN: 1 kg möglichst reife Aprikosen, 3 EL Ahornsirup, 3 EL Honig, 2 EL Agar-Agar, Saft von 3 Zitronen, 30 g Zitronenmelisseblätter.

ZUBEREITUNG: Die Aprikosen waschen, entkernen und mit dem Pürierstab zerkleinern. $^1/_4$ l vom Fruchtmus wegnehmen, mit dem Zitronensaft, dem Agar-Agar, den Zitronenmelisseblättern, dem Honig und dem Ahornsirup mischen. Den Rest des Fruchtmuses in einer großen Kasserolle aufkochen, das Fruchtgemisch mit den anderen Zutaten dazugeben und nochmals ca. 3 Min. kochen lassen. Sofort und heiß in die vorbereiteten Gläser füllen und verschließen.
MEIN TIPP: Diese Marmelade können Sie ganz genau mit demselben Rezept aus Nektarinen oder Pfirsichen herstellen. Sie hält im Kühlschrank mind. 3 Monate.

Diabetikermarmeladen

Für Diabetiker kann man alle hier im Buch angegebenen Marmeladen-, Chutney- und Relishrezepte herstellen.
Statt Gelierzucker verwenden Sie den im Reformhaus erhältlichen Diabetiker-Gelierzucker. Auf der Packung der jeweiligen Herstellungsfirma sind die Umwandlungsmengen von Zucker auf Diabetiker-Gelierzucker fast immer angegeben.

Kumquats in Weinbrandsirup
Rezept siehe Seite: 184
und **Edelkastanien in Vanillesirup mit Weinbrand**
im Schraubglas mit Twist-off-Deckel.

EDELKASTANIEN IN VANILLESIRUP MIT WEINBRAND

ZUTATEN: 1 kg Edelkastanien ohne Kapsel gewogen, 150 g braunen Zucker, 0,25 l Wasser, 2 Vanilleschoten.

ZUBEREITUNG: Sie können die Edelkastanien beim Edelkastanienbrater kaufen oder selbst zuerst die Kastanien kreuzweise einschneiden, dann auf ein nasses Backblech schütten und bei 200 °C im Rohr braten.
Dieser Vorgang dauert ca. 10 Minuten, das kann aber von Sorte zu Sorte sehr verschieden sein. Probieren Sie die Edelkastanien einige Male dazwischen, wenn sie sich schon leicht herauslösen lassen, sind sie fertig.
Die Edelkastanien aus dem Rohr nehmen und sofort schälen. Wenn die Edelkastanien in der Kapsel kalt werden, gehen sie sehr schwer zu schälen.
Zucker, Wasser und die Vanilleschoten aufkochen, die geschälten Edelkastanien dazugeben, einmal aufkochen und ca. 10 Min. ziehen lassen, die Edelkastanien dürfen dabei nicht zerfallen!
Nun legen Sie die Edelkastanien mit dem Schaumlöffel in die vorbereiteten Gläser mit Schraubdeckeln (Twist-off), lassen den Sirup noch einmal aufkochen und zerschneiden die Vanilleschoten in so viele Stücke, als Sie Gläser haben. Nun kommt in jedes Glas ein Stück Vanilleschote und die Gläser müssen bis zur Hälfte mit dem heißen Vanillesirup aufgefüllt werden.
Die 2. Hälfte des Glases müssen Sie nun mit dem Weinbrand auffüllen.
Verschließen Sie die Gläser kochend heiß mit dem Twist-off-Verfahren.
Lassen Sie die Edelkastanien einige Monate ruhen, ehe Sie diese Köstlichkeit verspeisen.

Wenn Sie keinen Diabetiker-Gelierzucker bekommen, dann gelingen Marmeladen genauso mit normalem Diabetiker Zucker, unter der Beigabe von Pektin, Gelatine oder Agar-Agar.
4 Blatt Gelatine entsprechen ca. 5 g Agar-Agar.
Wenn Sie einfach den normalen Fruchtzucker verwenden, dann verarbeiten Sie die Rezepte 1 : 1, unter der Zugabe von flüssigem Pektin, das in jeder Apotheke zu bekommen ist. Sie brauchen dazu noch Zitronensäure, die meistens dem Pektin beigepackt ist.
Gelierprobe und alle anderen Arbeitsvorgänge funktionieren ganz genauso, wie bei allen Rezepten mit Zucker.

ERDBEERMARMELADE für Diabetiker

ZUTATEN: 1 kg reife Erdbeeren, am geschmackvollsten sind Spätsorten, gewaschen, geputzt und geviertelt, 600 g Diabetiker-Einkochzucker, Saft 1 Zitrone, 7 Blatt Gelatine oder 8 g Agar-Agar.

ZUBEREITUNG: Die Erdbeeren mit dem Zucker pürieren, den Zitronensaft dazugeben, rasch zum Kochen bringen, 5 Min. sprudelnd kochen lassen, vom Herd nehmen, die ausgedrückte Gelatine dazugeben, gut verrühren und sofort in die vorbereiteten Gläser füllen.
MEIN TIPP: Sie können genauso gut Stücke lassen.

HIMBEERMARMELADE für Diabetiker

ZUTATEN: 1 kg Himbeeren, entstielt und geputzt, 500 g Diabetiker-Einkochzucker, Saft von 1 Zitrone, 6 Blatt Gelatine oder 7 g Agar-Agar.

ZUBEREITUNG: Die Gelatine in kaltem Wasser einweichen und quellen lassen. Die Himbeeren mit dem Zucker etwas zerdrücken oder mit dem Pürierstab pürieren – nicht zu lange, den die Kerne sollten nicht zerschlagen werden. Schnell zum Kochen bringen, den Zitronensaft dazugeben und 5 Min. sprudelnd kochen lassen. Nun vom Feuer nehmen, die ausgedrückte Gelatine einrühren und sofort in Gläser füllen.
MEIN TIPP: Wenn Sie Agar-Agar verwenden, dann lassen Sie es in wenig Wasser quellen und leeren Sie es mit der Flüssigkeit dazu. Das Verschließen mit Twist-off-Deckel ist auch hier von Vorteil.

FRUCHTMUS

Fruchtmus wird genauso wie Marmeladen aus Fruchtfleisch gemacht, nur mit dem Unterschied, dass beim Fruchtmus viel weniger Zucker verwendet wird, das heißt die Haltbarkeit wird durch längeres Kochen des Muses selbst oder durch nochmaliges Einwecken der Gläser erzielt.

Fruchtmus ist eine sehr gute Beilage zu Kaiserschmarrn oder anderen Süßspeisen im Winter. Auch als Dessert und in der Schonkost sind die verschiedensten Fruchtmuse geeignet.

APFELMUS

ZUTATEN: 5 kg Äpfel, 500 g Zucker, 0,5 l Wasser, 2 Zimtrinden, 5 Gewürznelken.

ZUBEREITUNG: Die Äpfel waschen, vierteln, das Kernhaus herausschneiden und mit dem Wasser und den Gewürzen weich kochen. Anschließend die Masse durch ein Sieb streichen und mit dem Zucker verrühren. Einkochgläser bis etwa 4 cm unter dem Rand befüllen, verschließen mit Gummi, Deckel und Spangen bei **80 °C 30 Min. sterilisieren**.
MEIN TIPP: Befüllen Sie die Gläser nicht höher, denn das Mus dehnt sich beim Erhitzen aus.

QUITTENMUS

ZUTATEN: 5 kg Quitten, 700 g Zucker, 1 l Wasser oder Weißwein.

ZUBEREITUNG: Die Quitten gut waschen, in Stücke schneiden, dabei das Kernhaus und die Schale entfernen, mit der Flüssigkeit, entweder Wasser oder Wein, zum Kochen bringen und kochen bis die Früchte weich sind.
Diese Masse nun durchs Sieb drücken, mit dem Zucker mischen, nochmals aufkochen und in die vorbereiteten sterilen Einkochgläser füllen.
Diese Gläser nur zu 3/4 befüllen, ordnungsgemäß verschließen und bei **80 °C 30 Minuten einwecken**.

FRUCHTGELEE

Gelee wird aus Fruchtsaft zubereitet und sollte klar und fest sein.
Damit sich aus dem Fruchtsaft Gelee bilden kann, muss in erster Linie im Fruchsaft viel Pektin vorhanden sein. Diese Pektine bewirken in Zusammenhang mit einem gewissen Wärmegrad in Verbindung mit Säure die Gelierkraft.

Wie stelle ich den Fruchtsaft für das Gelee her?

- **Das „heiß Entsaften über Nacht“**
  Für die Zubereitung von Gelees benötigen Sie ein Seihtuch, in der Fachsprache **Etamin**, um den Fruchtsaft vom Fruchtfleisch zu tren-

nen. Feuchten Sie das Tuch vor der Verwendung immer an, sonst saugt es den ganzen Fruchtsaft auf. Binden Sie das Tuch auf einen umgedrehten Hocker und stellen Sie eine Schüssel darunter.

Das heiße Fruchtgemisch, es wird meistens aus 2 kg Früchte und 1 Liter Wasser gekocht, wird nun in das Tuch geleert und über Nacht stehen gelassen.

Bitte pressen Sie das Tuch am nächsten Tag nicht aus, schon der geringste Fruchtfleisch Anteil kann Ihr Gelee trüben.

- **Das Entsaften mit dem Dampfentsafter** ist die einfachere Art, nur sollte man nicht zu lange entsaften, da der Fruchtsaft durch den Wasserdampf verwässert werden könnte.

  Halten Sie sich an die Gebrauchsanweisungen des jeweiligen Gerätes!

  Obst, das nicht so viel Pektin enthält, kann man auch kalt, das heißt
- **in einer Saftzentrifuge entsaften.**

  Dieser Saft ist aber trüb und sollte vor der Weiterverarbeitung eine Zeit stehen bleiben, damit sich die Trübstoffe absetzen können.

  Die Fruchtsäfte werden dann mit dem Gelierzucker oder anderen Geliermitteln, z. B. flüssigen Geliermitteln oder Agar-Agar usw. weiterverarbeitet. Diese Anleitungen richten sich nach der jeweiligen Rezeptur des Geliermittelherstellers. Halten Sie sich an die Anweisungen auf der Packung.

Man kann Gelees aber auch ohne gekaufte Geliermittel herstellen. Diese Methode ist zwar sehr aufwendig, aber die Freude an den Produkten ist umso größer.

Es gibt Rezepturen, in denen man sehr stark pektinhältige Früchte noch zusätzlich mit sauren Äpfeln mischt, das Ganze kocht und über Nacht in einem Etamin abtropfen lässt.

Diese Gelees sind eine geschmackliche Wucht!

Aber nicht alle Früchte haben einen hohen Pektingehalt!

Hier können Sie sich so helfen:

Kochen Sie sich selbst ein stark geliertes Apfelgelee, welches Sie einwecken und immer wieder zu den neuen Gelees mischen können. Hier ist die Rezeptur:

ZUTATEN: 6 kg Koch- oder Holzäpfel (z. B. Boskop), 3 l Wasser

ZUBEREITUNG: Die gewaschenen Äpfel einschließlich Kerne, Schale und Kernhaus grob hacken. Die Apfelstücke mit dem Wasser bedecken, einmal stark aufkochen und dann 30 Minuten simmern lassen, bis die Äpfel richtig weich sind. Die Apfelmasse auf ein feuchtes Safttuch (Etamin) gießen und 24 Std. abtropfen lassen. Nun die Apfel-

flüssigkeit nochmals kochen und auf die Hälfte eindicken lassen. Dieses Rezept ergibt ca. 2,5 lt. Gelee.
Füllen Sie diese Apfelgelee in kleine Gläser oder frieren Sie es in kleinen Behältern ein.

Rezepte für Gelees ohne gekaufte Gelierhilfe oder Gelierzucker

APFEL-HOLUNDER-GELEE

ZUTATEN: 1 kg saure Kochäpfel grob gehackt, 1 kg reife Holunderbeeren, ca. 3 Tassen Gelierzucker, Saft von 2 frisch gepressten Zitronen.

ZUBEREITUNG: In einer großen Kasserolle die Äpfel und die Beeren zum Kochen bringen und eine halbe Stunde simmern lassen.
Auf ein nasses Etamin gießen und über Nacht abtropfen lassen (siehe Geleezubereitungsanleitung).
Den Fruchtsaft mit einem Messbecher messen und auf $^1/_2$ l Fruchtsaft ca. $^1/_4$ l Zucker berechnen. In einer Kasserolle den Zucker mit dem Zitronensaft mischen und kurz aufkochen lassen. Nun den Fruchtsaft dazugeben und 20 Min. kochen lassen. Immer wieder den Schaum abschöpfen und vor dem Abfüllen unbedingt eine Gelierprobe machen.
Hier kommt die Gelierfähigkeit auf die Äpfel an!
MEIN TIPP: Wenn das Gelee nicht fest genug ist, dann mischen Sie 100 g Gelierzucker dazu. Sonst müssen Sie es weiterkochen, bis der Gelierpunkt erreicht ist.

FESTES BROMBEERGELEE

ZUTATEN: 1,5 kg Kochäpfel, geschält und entkernt, grob gehackt, 3 kg sehr reife Brombeeren, Saft von 2 Zitronen, ca. 5 Tassen Zucker.

ZUBEREITUNG: Die Äpfel mit einer Tasse Wasser unter ständigem Rühren 30 Min. kochen. Die Beeren dazu geben, aufkochen und nochmals 30 Min. simmern lassen, bis die Beeren und Äpfel sehr matschig sind (evt. noch etwas Wasser dazu geben).
Nun die Masse in ein Etamin gießen und über Nacht mindestens 12 Std. durchlaufen lassen. Die Fruchtflüssigkeit messen und für je 1 Tasse $^1/_2$ Tasse Zucker berechnen. In einer Kasserolle den Zucker mit dem Zitronensaft mischen und auf kleiner Flamme erhitzen, bis sich der Zucker auflöst. Nun den Fruchtsaft dazu mischen und nochmals 15 Min. kochen. Das Gelee noch heiß in die Gläser füllen und sofort verschließen.
MEIN TIPP: Man erhält eine relativ geringe Geleemenge für diese

Arbeit, aber probieren Sie einmal das Endergebnis, Sie werden staunen, wie fruchtig dieses Brombeergelee schmeckt.
Sie bekommen ca. 1 Liter Gelee.

STACHELBEERGELEE MIT HOLUNDERBLÜTEN

ZUTATEN: 3 kg Stachelbeeren (am besten sind rote), ca. 5 Tassen Gelierzucker, 1/2 Tasse frisch gepressten Zitronensaft, 10 Holunderblüten.

ZUBEREITUNG: Die Stachelbeeren in einer großen Kasserolle mit 2 Tassen Wasser so lange kochen lassen, bis sie sehr weich sind (ca. 45 Min.). Die heiße Fruchtmasse in ein Etamin gießen und über Nacht abtropfen lassen. Nun den Zucker mit dem Zitronensaft mischen und unter ständigem Rühren erhitzen, bis sich der Zucker aufgelöst hat, den Fruchtsaft dazugeben, die Holunderblüten an einer Schnur in das Gelee hängen und nochmals ca. 20 Min. kochen. Gelierprobe machen. Das Gelee sofort abfüllen und verschließen.
Sie bekommen ca. 2 Liter Gelee.

Mögliche Probleme bei der Geleeherstellung

Das Gelee ist nicht ganz klar oder überhaupt trüb

Vielleicht haben Sie vergessen, den Schaum ständig abzuschöpfen, er besteht zum Großteil aus Verunreinigungen.
Drücken Sie das Etamin nach dem Abtropfen des Saftes nie aus, schon eine kleine Menge Fruchtfleisch kann Ihr Gelee trüben.
Gelee wird nicht fest: Wenn bei der Gelierprobe das Gelee nicht fest wird, so geben Sie noch etwas Pektin dazu oder kochen Sie das Gelee noch einige Minuten länger. Wenn Sie noch Zucker dazugeben, so müssen Sie auch noch mind. 15 Minuten Kochzeit anhängen.
Bei Gelees, die Sie ohne Gelierhilfe gekocht haben, müssen Sie noch etwas Apfelgelee dazugeben. (Das Rezept dazu finden Sie einige Seiten vorher.)
Das Gelee kristallisiert: Dies deutet meist auf einen zu niedrigen Säuregehalt hin, den man durch nochmaliges Erhitzen der Fruchtmasse unter der Zugabe von etwas Zitronensaft meistens beheben kann. Rechnen Sie mit einem EL Zitronensaft auf 1 Tasse Fruchtmasse.
Das Gelee beginnt zu gären: Die Kochzeit war zu kurz oder Sie haben nicht sauber genug gearbeitet. Bitte schütten Sie das Gelee sofort weg!

Mit Cellophan verschlossene Gläser gelieren besser!

Stark pektinhältige Gelees gelieren auch in Gläsern mit Twist-off-Deckeln, aber doppeltes Cellophan ist bei der Geleeherstellung auf jeden Fall am besten! Diese Methode ist unter „Das Verschließen von Gläsern" bei den Marmeladen ganz genau beschrieben.

Geleerezepte mit Gelierzucker und kurzer Kochzeit

Wichtig ist:
Hier können Sie die eher großen Zuckermengen reduzieren, indem Sie das Gelee länger kochen. Bitte machen Sie aber in jedem Fall eine Gelierprobe, bevor Sie das Gelee einfüllen.
Man kann für Gelees nie genaue Rezepte erstellen, da die Früchte sehr verschieden im Pektingehalt sind und das nicht nur von Sorte zu Sorte, auch von Jahr zu Jahr!
Die angegebenen Kochzeiten von 15–20 Min. sind relativ, auf jeden Fall muss ein Gelee so lange kochen, bis es klar ist.

APFELGELEE

ZUTATEN: 2 kg sehr saure Äpfel, 2 Limetten, 2 kg Gelierzucker, 1/8 l trockener Weißwein, je nach Geschmack etwas Ingwer.

ZUBEREITUNG: Die Äpfel vierteln und ohne Kernhaus mit 300 g Gelierzucker im Dampfentsafter entsaften und durch ein Etamin abseihen. Die Limetten schälen, die Schale in ca. 3 mm dicke Streifen schneiden, den Saft auspressen.
Nun den Apfelsaft (1,5 l) mit dem Limettensaft, dem Wein und dem Ingwer mischen. Den restlichen Gelierzucker dazugeben, sofort unter ständigem Rühren zum Kochen bringen und immer wieder den Schaum abschöpfen. Das Gelee 15 Min. sprudelnd kochen lassen, die Limettenschalen dazugeben und die Gelierprobe machen. Das Gelee in Gläser füllen und sofort verschließen.
MEIN TIPP: Die beste Apfelsorte für Gelee ist der Boskop. Sollten Sie bei der Gelierprobe zu keinem guten Ergebnis kommen, so lassen Sie das Gelee noch einige Minuten kochen oder fügen noch 10% des vorher angegebenen Zuckers hinzu und lassen das Gelee nochmals aufkochen – oder Sie verwenden Flüssigpektin.
Mit Cellophan verschließen.

ASPERLGELEE

ZUTATEN: Asperl mit viel Zitronensaft kochen. Pro Liter Saft 300 g Gelierzucker.

ZUBEREITUNG: Die Asperl mit dem Zitronensaft kochen und über

Nacht in einem Leinensack abseihen lassen. Diesen Saft am nächsten Tag mit dem Zucker verrühren und so lange kochen, bis er klar wird. In die vorbereiteten Gläser füllen und mit Cellophan verschließen.

APFEL-QUITTEN-GELEE

ZUTATEN: 1 l Saft von Äpfel und Quitten, 500 g Gelierzucker 2 : 1, einige Pfefferminzblätter, Saft von 1 Zitrone.

ZUBEREITUNG: Äpfel und Quitten waschen, in Stücke schneiden, und im Dampfentsafter entsaften. Den abgekühlten Saft mit dem Gelierzucker und dem Zitronensaft mischen und unter ständigem Rühren aufkochen lassen.
Das Gelee ca. 15 Min. sprudelnd kochen lassen, immer wieder den Schaum abschöpfen und die Gelierprobe machen.
Die Gelierprobe wird besser, wenn Sie die Kochzeit verlängern. Die Pfefferminzblätter dazugeben und das Gelee sofort in kleine Gläser füllen. Mit Cellophan verschließen.
MEIN TIPP: Mit diesem Rezept können Sie auch reines Apfel- oder Quittengelee zubereiten.

QUITTENGELEE

Quitten sind stark pektinhältig und daher sehr gut zur Geleeherstellung geeignet.

ZUTATEN: Auf 1 Liter Quittensaft, 500 g Zucker.

ZUBEREITUNG: Die Quitten mit einem Tuch gut abwischen, mit dem Kernhaus und der Schale in kleine Stücke zerschneiden und mit wenig Wasser weich, aber nicht breiig, kochen.
Die weichen Quitten mit dem Saft nun über Nacht durch ein Etamin seihen (das ist in der Geleeherstellung am Anfang genau beschrieben).
Diesen klaren Saft kocht man mit dem Zucker in einer möglichst breiten Kasserolle. Dieses Kochen sollte sehr heftig sein und während dieser Zeit muss der Schaum ständig abgeschöpft werden.
Wenn das Gelee in großen Tropfen vom Kochlöffel fällt und die anschließende Gelierprobe auf einem Teller in Ordnung ist, dann ist das Gelee fertig und kann in die sterilen Gläser gefüllt werden.
Die Gläser müssen heiß mit Cellophan verschlossen werden.
Das ist unter „Das Verschließen von Gläsern“ bei den Marmeladen ganz genau beschrieben.

BERBERITZEN-APFEL-GELEE

ZUTATEN: 500 g einmal gefrostete Berberitzen, 500 g Äpfel, 500 g Gelierzucker, Saft 1 Zitrone.

ZUBEREITUNG: Die Berberitzen mit den Äpfeln heiß entsaften, das heißt gemeinsam aufkochen und wie in der Anleitung beschrieben auf ein Etamin leeren, und über Nacht langsam abtropfen lassen. Den ausgekühlten Saft mit dem Gelierzucker und dem Zitronensaft mischen und 15 Min. sprudelnd kochen lassen. Gelierprobe machen, heiß in kleine Gläser füllen und sofort mit Cellophan verschließen.

MEIN TIPP: Berberitzen, die noch keinen Frost erlebt haben, kann man in der Kühltruhe kurz überfrosten.

BROMBEERGELEE

ZUTATEN: 0,5 l Brombeersaft, 500 g Gelierzucker, 4 cl Brombeerlikör, Saft von 2 Zitronen.

ZUBEREITUNG: Die Brombeeren verlesen und heiß mit einem Drittel des Gelierzuckers im Dampfentsafter entsaften. Den ausgekühlten Saft mit dem restlichen Gelierzucker und dem Zitronensaft mischen, zum Kochen bringen und mindestens 15 Min. sprudelnd kochen lassen. Den Likör dazugeben, heiß in die Gläser füllen und sofort mit Cellophan verschließen.

BLUTORANGENGELEE

ZUTATEN: 1 kg Blutorangen, 2 Pampelmusen, 3 Zitronen, 1 kg Gelierzucker.

ZUBEREITUNG: Alle Früchte auspressen und den Saft mit dem Gelierzucker vermischen. Unter ständigem Rühren aufkochen, 15 Min. kochen lassen, Gelierprobe machen und sofort in die Gläser füllen. Mit Cellophan verschließen.

MEIN TIPP: Geben Sie kurz vor dem Kochende Schalen der Blutorangen und der Pampelmusen dazu, das verstärkt den Geschmack und das Gelee wird zart bitter!

GRANATAPFELGELEE

ZUTATEN: 8 Granatäpfel, 500 g Gelierzucker, Saft von 2 Zitronen.

ZUBEREITUNG: Die Granatäpfel auf einer harten Tischplatte fest rollen. Sie hören dann das Knacken im Inneren, wenn Sie das Gefühl haben, alle Saftkammern wären geknackt, dann machen Sie auf einer Seite ein Loch mit einem Messer und pressen den Saft heraus. Es sollte etwa ein halber Liter werden. Nun den Granatapfelsaft mit dem Zitronensaft und dem Gelierzucker ca. 15 Min. sprudelnd kochen und die Gelierprobe machen. Heiß in kleine Gläser füllen und sofort verschließen.

GRANATAPFEL-HIMBEER-GELEE

ZUTATEN: 2 kg Granatäpfel, 500 g Himbeeren – Sie können auch tiefgekühlte verwenden, 1,8 kg Gelierzucker, 1 Limette, 1 cm einer frischen Ingwerwurze, 6 cl Himbeergeist.

ZUBEREITUNG: Bei einer Backrohrtemperatur von 160 °C die Granatäpfel ca. 45 Minuten in das Rohr legen. Die Himbeeren mit 100 g des Gelierzuckers mischen, aufkochen lassen und in ein Sieb schütten, den Saft für das Gelee auffangen.

Die Granatäpfel aus dem Rohr nehmen, aufschneiden und den Saft auspressen, durch ein feines Sieb gießen und mit dem Himbeersaft mischen. Den Ingwer mit einer feinen Reibe reiben und in ein Mulltuch einbinden, die Limetten auspressen. Nun den Saft von Granatapfel und Himbeeren zum Kochen bringen, den Limettensaft dazugeben und den Ingwer durch das Mulltuch dazupressen. Nun das Gelee 1 Minute wallend kochen lassen, vom Herd nehmen, mit dem Himbeergeist abschmecken, die Gelierprobe machen, das Gelee sofort in die Gläser füllen und mit Cellophan verschließen.

HOLUNDERBEERGELEE mit Calvados

ZUTATEN: 1 kg Holunderbeeren im Entsafter entsaften – ergibt 0,8 l Holundersaft, 500 g Äpfel in der Saftzentrifuge entsaften – ergibt ca. 0,3 l Apfelsaft, 1 kg Gelierzucker, Saft von 2 Zitronen, 1/8 l Calvados.

ZUBEREITUNG: Den Apfelsaft über Nacht stehen lassen, sodass sich die Trübstoffe absetzen können. Die Säfte am nächsten Tag vermischen und unter Rühren aufkochen, 15 Min. sprudelnd kochen lassen und sofort in die Gläser füllen und verschließen.

JOHANNISBEER-ROTWEIN-GELEE

ZUTATEN: 2 kg Johannisbeeren, 1/4 l Wasser, 120 g Zucker, Saft von 2 Zitronen, 1 Zimtrinde, 3 Nelken, 1/4 l Rotwein, 800 g Gelierzucker.

ZUBEREITUNG: Die Johannisbeeren abstreifen, waschen und mit Wasser, Zimtrinde, Nelken und Zucker so lange kochen, bis sie aufplatzen. Den Saft auf einem Safttuch abrinnen lassen (siehe Erklärung in der Geleeanleitung). Am nächsten Tag den Saft, ca. 1 lt, mit dem Rotwein, dem Zironensaft und dem Gelierzucker mischen und unter ständigem Rühren und Schaumabschöpfen 15 Min. kochen. Sofort in die Gläser füllen und verschließen.

MEIN TIPP: Dieses Gelee schmeckt ausgezeichnet zu Gänseleberparfait.

JOHANNISBEERGELEE

ZUTATEN: 1 l Johannisbeersaft aus dem Dampfentsafter, 600 g Gelierzucker.

ZUBEREITUNG: Den abgekühlten Saft mit dem Gelierzucker mischen und unter ständigem Rühren 15 Min. sprudelnd kochen lassen.

Nicht auf die Gelierprobe vergessen! Heiß in Gläser füllen und sofort verschließen.

MEIN TIPP: Gelee aus weißen, roten und schwarzen Johannisbeeren gemischt, schmeckt besonders gut. Sie können alle drei gemeinsam im Dampfentsafter entsaften.

STACHELBEERGELEE mit Holunderblüten

ZUTATEN: 1 l Stachelbeersaft, entweder aus dem Dampfentsafter oder 1 kg Früchte mit $^1/_2$ l Wasser aufgekocht auf ein Etamin geschüttet und über Nacht abtropfen lassen (siehe Anleitung für Geleeherstellung), 1 Msp. Pektin, 1 kg Gelierzucker, Saft einer Zitrone, 2 Holunderblütendolden.

ZUBEREITUNG: Den ausgekühlten Saft mit dem Gelierzucker und dem Zitronensaft mischen, aufkochen lassen und die Holunderblütendolden mit einer Schnur in das Gelee hängen. 15 Min. sprudelnd kochen lassen, das mit Puderzucker vermischte Pektin dazugeben, nochmals aufkochen. Heiß in die Gläser füllen und in jedes Glas einige frische Holunderblüten (dabei muss das Gelee wegen der Haltbarkeit noch kochend heiß sein) dazu geben und sofort verschließen. Das sieht nicht nur schön aus, es schmeckt auch gut.

STACHELBEERGELEE mit Walderbeeren

ZUTATEN: 1 l Stachelbeersaft wie oben entsaftet, 800 g Gelierzucker, 250 g frisch gepflückte Walderdbeeren, Saft von 2 Zitronen, 1 Msp. Pektin.

ZUBEREITUNG: Den heiß entsafteten Stachelbeersaft abkühlen lassen und mit dem Zitronensaft und dem Gelierzucker mischen.

Dann die ungewaschenen (wegen Verwässerung) Walderbeeren dazugeben. Die Fruchtmasse unter ständigem Rühren 15 Min. sprudelnd kochen lassen und in die Gläser füllen. Sofort verschließen.

MEIN TIPP: Walderdbeeren verleihen dem Stachelbeergelee eine sehr schön rötliche Farbe und einen ganz feinen Duft!

VOGELBEERGELEE

ZUTATEN: 1/2 l Vogelbeersaft, 500 g Gelierzucker, Saft 1 Zitrone, 0,2 l Weißwein.

ZUBEREITUNG: Die Vogelbeeren (siehe oben in der Anleitung) heiß entsaften, den ausgekühlten Saft mit dem Gelierzucker und dem Zitronensaft mischen und aufkochen. 15 Min. sprudelnd kochen. Eine Gelierprobe können Sie sich sparen, den Vogelbeeren gelieren sehr gut. Den Weißwein dazugeben und sofort in die Gläser füllen und verschließen.
MEIN TIPP: Vogelbeeren schmecken sehr herb, das können Sie ändern, indem Sie den Vogelbeersaft mit einem anderen Fruchtsaft mischen. Sehr neutral wäre der Apfelsaft, er verändert den typischen Vogelbeergeschmack nicht so sehr.

SAUERKIRSCHENGELEE

ZUTATEN: 1 l Sauerkirschensaft aus der Saftzentrifuge, 1 kg Gelierzucker, 1 Msp. Pektin, 10 EL Zitronensaft, 5 EL Kirschwasser.

ZUBEREITUNG: Den Sauerkirschensaft 1 Std. im Kühlschrank stehen lassen und dann vorsichtig so abschütten, dass alle Trübstoffe unten liegen bleiben. Nun den Saft mit dem Gelierzucker und dem Zitronensaft zum Kochen bringen, unter ständigem Rühren 15 Min. sprudelnd kochen.
Das Pektin mit wenig Puderzucker mischen und zum Gelee geben, nochmals 5 Min. weiterkochen und zum Schluss, vor dem Abfüllen, mit Kirschwasser abschmecken.
Sofort in die Gläser füllen und verschließen.
MEIN TIPP: Dieses Gelee schmeckt auch aus schwarzen Kirschen sehr gut!

FRUCHTPASTEN UND QUITTENKÄSE

Die Fruchtpasten sind ein mit Zucker versüßtes und zu harter Masse eingedicktes Fruchtfleisch. Als Konservierungsmittel bei den Pasten ist in erster Linie Zucker verantwortlich, aber auch die feste Konsistenz, die ein Eindringen von Schimmelpilzen bei trockener Lagerung verhindert.
Fruchtpasten entstehen, wenn man Fruchtmus mit viel Zucker zu einem sehr dicken Brei kocht, diesen auf Blechen aufstreicht und bei stark pektinhältigen Früchten einfach 2–3 Tage an der Luft trocknen lässt. Andere Fruchtmuse muss man im Backrohr trocknen.

Anschließend wird der harte Brei in Rauten oder Würfel geschnitten, in Kristallzucker gewälzt und in Dosen aufbewahrt. Fruchtpasten sind das ideale Konfekt. Die erste Fruchtpaste überhaupt war der Quittenkäse. Der Quittenkäse und die Paste aus schwarzen Johannisbeeren sind auch heute noch die bevorzugtesten Fruchtpasten. Diese beiden sind aber auch die geschmackvollsten.

Grundrezept für Fruchtpasten

ZUTATEN: 1 kg Früchte, Gelierzucker nach Rezept, Zitronensaft und grober Kristallzucker.

ZUBEREITUNG:

1. Die Früchte mit sehr wenig Wasser weich kochen.
2. Das Fruchtmus durch ein Sieb streichen.
3. Das Fruchtmus wiegen und mit der selben Menge Gelierzucker vermischen.
4. Die Mischung unter ständigem Rühren so lange kochen, bis ein dicker Brei entsteht.
5. Auf ein Backblech ein mit Öl eingestrichenes Packpapier legen, den Fruchtbrei 2 cm dick darauf streichen.
6. Je nach Pektingehalt der Früchte die Paste 1–2 Tage an der Luft trocknen lassen oder im Backrohr bei 50 °C fertig trocknen.
7. Die Paste in beliebige Formen schneiden und in grobem Kristallzucker wälzen.
8. Diese Stückchen wieder auf das Blech legen und eine Woche nachtrocknen lassen.
9. Das Konfekt in Dosen oder Gläser mit Schraubdeckel füllen und immer gut verschlossen aufbewahren.

QUITTENKÄSE MIT HONIG

ZUTATEN: 1500 g Quitten, 0,25 l Wasser, 150 g Honig.

ZUBEREITUNG: Die Quitten gut vom Pelz befreien, vierteln und mit dem Wasser weich kochen. Dann drehen Sie diesen Brei durch die flotte Lotte mit dem feinen Sieb, das Steinige löst sich dadurch heraus. Nun rühren Sie den Honig dazu und kochen das Ganze unter ständigem Rühren so lange, bis es sehr dick und braun wird.
Diese Masse streichen Sie auf ein geöltes Pergament- oder Küchenpapier und schieben dieses Blech auf die mittlere Schiene ihres Herdes. Trocknen Sie diesen Quittenkäse bei **50 °C ca. 4 Std.**
Mit einem Tuch bedeckt, sollte dieser Quittenkäse noch mind. 2 Tage an einem warmen Ort weitertrocknen.

QUITTENKÄSE mit Zucker

ZUTATEN: 1 kg Quitten, wenig Wasser, 1 kg Gelierzucker.

ZUBEREITUNG: Die Quitten trocken abreiben, in Stücke schneiden und mit wenig Wasser unter ständigem Umrühren sehr weich kochen.

Die Masse durch ein Sieb streichen und wiegen, mit der gleichen Menge Gelierzucker vermischen und unter ständigem Rühren zu einer sehr dicken Masse einkochen. Das dicke Mus nun auf ein geöltes Papier streichen und einige Tage an der Luft trocknen lassen.

Nun schneiden Sie das Konfekt in beliebiger Form, wälzen es in grobem Kristallzucker und schlichten es in Dosen.

APFELKÄSE

ZUTATEN: 1 kg saure Äpfel, 0,25 l Apfelsaft, 800 g Gelierzucker, Saft von 3 Zitronen, 5 Gewürznelken, 3 Zimtrinden.

ZUBEREITUNG: Die Äpfel waschen, nicht schälen, vierteln, das Kernhaus herausschneiden und mit dem Zitronensaft und den Gewürzen weich kochen.

Nun drücken sie die Masse durch die flotte Lotte, mischen sie mit dem Zucker und kochen sie zu einem dicken Brei ein. Den dicken Brei nun auf ein geöltes Pergamentpapier streichen und bei Zimmertemperatur 2 Tage trocknen lassen. Anschließend wie die anderen Pasten weiterverarbeiten.

SCHWARZE JOHANNISBEEREN-PASTE

ZUTATEN: 1,5 kg schwarze Johannisbeeren, 4 EL Zitronensaft, ca. 500 g Gelierzucker.

ZUBEREITUNG: Die Beeren ablesen, in eine Schüssel geben und gemeinsam mit dem Zitronensaft mit der Rückseite des Kochlöffels zerdrücken, die Schüssel zudecken und über Nacht stehen lassen.

Am nächsten Tag die Beeren zum Kochen bringen und 20 Minuten kochen lassen. Die Fruchtmasse durch ein Haarsieb streichen und pro 2 Tassen Fruchtpüree 1 Tasse Gelierzucker dazumischen.

Diese Fruchtmasse noch einmal 30 Minuten kochen und anschließend auf ein mit Pergamentpapier ausgelegtes Blech streichen. Das Blech zudecken und über Nacht stehen lassen.

Eine Arbeitsfläche mit viel Kristallzucker ausstreuen, den Johannisbeerkäse darauf stürzen, das Papier abziehen und die Paste in kleine Rechtecke schneiden. Diese im Zucker walzen und in Dosen aufbewahren. Diese Paste schmeckt einfach köstlich!

CHUTNEYS
SÜSSSAURE UND SCHARFPIKANTE MARMELADEN

Woher kommen die „Chutneys"?

Das Wort CHUTNEY stammt ursprünglich aus dem Indischen, wurde aber von den Engländern abgeändert und ist eine aus Früchten, Zucker, Essig, Wein und Gewürzen hergestellte Würzpaste.
Diese süßsauren Fruchtpasten dienen bei uns zur Verfeinerung verschiedenster Speisen. In asiatischen Ländern sind Chutneys Beilagen, die in kleinen Schälchen gereicht, fast nie auf den Tischen fehlen. Ihre Schärfe und ihren pikanten Geschmack erhalten sie durch Gewürze wie:
Ingwer, Nelken, Chili, Zimt, Honig, Essig, Wein, Zucker, Zwiebel, Knoblauch, Salz und Pfeffer.
Es gibt ganz milde Varianten, wie z. B. das Mango-Chutney, oder ganz scharfe, wie z. B. das Chutney mit in Stücken geschnittenen Chilischoten. Für die Herstellung von Chutneys brauchen Sie dieselben Utensilien, wie für die Marmeladeherstellung.
Achten Sie auch auf dieselben Sauberkeitsregeln, wie bei allen selbst eingemachten Produkten.

Das Abfüllen von Chutneys

Für Chutneys eignet sich am besten das Abfüllen in Schraubgläser bzw. das Verschließen mit Twist-off-Deckeln! Siehe Abfüllen von Marmeladen.

APFEL-CHUTNEY

ZUTATEN: 150 g ungeschwefelte Rosinen, 1/8 l Obstessig, 1 kg Äpfel, 200 g Zwiebeln, nochmals ca. 1/4 l Obstessig, 1/2 TL Salz, 1 TL Koreander, 1 EL Senfkörner, 2 TL gemahlener Ingwer.

ZUBEREITUNG: Die Äpfel schälen und in Spalten schneiden.
Die Rosinen mit Essig bedecken und so stehen lassen.
Die Zwiebel fein schneiden.
Nun die Apfelspalten zusammen mit dem Zwiebel und dem 1/4 l Essig weich dünsten.
Dann die Rosinen dazugeben und alles unter ständigem Umrühren so lange kochen, bis es eindickt.
Sofort heiß in die Gläser füllen und verschließen.

ANANAS-CHUTNEY

ZUTATEN: 1 große, nicht zu reife Ananas, 150 g Zwiebel, Saft und Schale von 2 unbehandelten Zitronen, 0,2 l Apfelessig, 3 TL Rum, 100 g braunen Zucker, 1 TL geschroteten Pfeffer, 1 Msp. gemahlenen Zimt.

ZUBEREITUNG: Die Ananas schälen, den Strunk entfernen und in kleine Stücke schneiden. Die Zwiebel fein schneiden, die Schale der Zitrone abreiben, den Saft auspressen.

Alle Zutaten vermischen und unter ständigem Rühren aufkochen.

30 Min. kochen lassen, die Masse muss eindicken, sofort in die Gläser füllen und mit Twist-off-Deckel verschließen.

APFEL-BANANEN-CHUTNEY

ZUTATEN: 500 g Kochäpfel, 0,25 l Wasser, 2 große Zwiebeln, 220 g Rosinen, 80 g kandierter Ingwer, 5 Bananen, 30 g Salz, 1 TL Cayennepfeffer, 1 l Apfelessig.

ZUBEREITUNG: Die Äpfel klein würfelig schneiden, das Wasser, die würfelig geschnittenen Zwiebeln, den Ingwer und den Zucker dazugeben und so lange kochen lassen, bis alles weich ist. Dann die geschnittenen Bananen, die Gewürze und den Essig dazugeben und offen so lange langsam und unter ständigem Rühren kochen, bis die Masse um $^1/_3$ eingedickt ist. Heiß abfüllen und sofort verschließen.

APFEL-BIRNEN-CHUTNEY

ZUTATEN: 6 geschmackvolle große Birnen, 4 Äpfel, 1 Apfelsine, 2 Zitronen, 150 g Gelierzucker, 0,25 l Wasser, 0,2 l Apfelessig, 100 g Rosinen, etwas Salz.

ZUBEREITUNG: Äpfel und Birnen schälen, entkernen und mit Zitrone einreiben, sodass sie nicht braun werden.

Apfelsine und Zitronen schälen und das reine Fruchtfleisch in Stücke schneiden. 2 Äpfel und 2 Birnen gemeinsam mit dem Fleisch der Zitrusfrüchte im Mixer pürieren. Diese Fruchtmasse gemeinsam mit dem Gelierzucker und dem Essig so lange unter ständigem Rühren kochen, bis sie eingedickt ist.

Die restlichen Äpfel und Birnen blättrig oder würfelig schneiden und gemeinsam mit den Rosinen zur eingedickten Masse geben.

Nochmals 5 Min. kochen und sofort heiß in die Gläser füllen.

APFEL-PFEFFERMINZ-CHUTNEY

ZUTATEN: 500 g saure Äpfel, 500 g Tomaten, 500 g Zwiebel, 350 g

Rosinen, 2 Bund frische Minze, 0,75 l Weißwein, 3 TL Salz, 2 TL Senf, 500 g Zucker.

ZUBEREITUNG: Die Äpfel schälen, entkernen und grob hacken. Die Zwiebel schälen und würfelig schneiden. Die Tomaten waschen und in Achtel schneiden. Die Minze in Streifen schneiden. Sie können alle Zutaten so verarbeiten oder auch durch die grobe Scheibe des Fleischwolfes drehen.

Alle Zutaten, ohne Zucker und der Hälfte des Essigs, zum Kochen bringen und unter ständigem Rühren ca. 30 Min. kochen lassen. Dann den Zucker und die zweite Hälfte des Essigs dazugeben und das Ganze unter Rühren nochmals 10 Min. kochen lassen.

Das Chutney heiß in die vorbereiteten Gläser füllen und sofort verschließen. Am besten verwenden Sie Schraubgläser mit Twist-off-Deckeln.

GRÜNE TOMATEN ALS CHUTNEY

ZUTATEN: 3 kg grüne Tomaten, 4 EL Salz, 2 kg Kochäpfel, 500 g rote Zwiebel, 3 Knoblauchzehen, 2 TL frisch geriebener Ingwer, 2 Tassen Weinessig, 3 getrocknete Chilischoten, 2 EL Senfmehl, 1 TL Kreuzkümmelkörner, 3 Gewürznelken, 2 Tassen Gelierzucker, 1 Tasse getrocknete Johannisbeeren.

ZUBEREITUNG: Die Tomaten waschen, Kelche herausschneiden, kreuzweise einschneiden, blanchieren, kalt abschrecken, schälen, kleinwürfelig schneiden, mit 2 EL Salz bestreuen und ca. 2 Std. im Sieb abtropfen lassen. Dann die Tomaten in eine große Kasserolle geben, mit den in dünne Scheiben geschnittenen Zwiebeln, den geschält, entkernt und grob gehackten Äpfeln, dem geriebenen Knoblauch, dem Ingwer, 2 EL Salz und einer Tasse Essig mischen und zum Kochen bringen.

Nun unter ständigem Rühren ca. 30 Min. simmern lassen.

Während diese Mischung nun kocht, mahlen Sie alle Gewürze in einer Kaffeemühle zu einem feinen Pulver. Dieses Pulver mischen Sie in einer Schüssel mit dem Senfmehl und dem Gelierzucker. 1 Tasse Essig, das Gewürzpulver und die Johannisbeeren in die Mischung geben und nochmals unter ständigem Rühren 30 Min. kochen lassen. Nun ist die Masse etwas eingedickt und so sollten Sie das Chutney in die Gläser füllen.

MEIN TIPP: Lassen Sie dieses Chutney mindestens 2 Monate an einem kühlen, dunklen Ort stehen, so entwickelt es seinen vollen Geschmack.

Eingelegtes in Olivenöl
Schafkäse in Olivenöl, Oliven, Knoblauchcreme mit Olivenöl
Rezepte siehe Seite: 131, 129, 140
und im Vordergrund ist

DAS PESTO

ZUTATEN: 5 große Bund Basilikum, 6 Zehen Knoblauch, 150 g Pinienkerne (Sie können auch geschälte Mandeln verwenden, dann aber nur 100 g), 60 g geriebenen Parmesan, 150 ml kaltgepresstes Olivenöl, Salz, noch besser ist Meersalz.

ZUBEREITUNG: Das Basilikum waschen, trocknen lassen, die groben Stiele entfernen.
Den Knoblauch schälen und genauso wie die Pinienkerne grob hacken.
Das Basilikum in einem Kutter oder Mörser gemeinsam mit dem Knoblauch und den Pinienkernen zerkleinern, zuerst den Parmesan, dann das Öl langsam einlaufen lassen.
Das Pesto soll schön sämig werden. Dann das Salz dazugeben und das Pesto in saubere Gläser füllen, mit einer Schicht Olivenöl bedecken, verschließen und im Kühlschrank aufbewahren.
MEIN TIPP: Sie können im Sommer, wenn Sie ein großes Beet Basilikum im Garten haben, eine große Menge herstellen. Füllen Sie das Pesto in ganz kleine Gefrierbeutel und frieren Sie es ein. Wenn Sie es im Winter aus der Kühltruhe nehmen, schmeckt es wie frisch gemacht!

HAGEBUTTEN-CHUTNEY

ZUTATEN: 1 kg Hagebutten, 200 g Zwiebel würfelig geschnitten, 120 g Rosinen, 300 g Gelierzucker, 0,2 l Apfelessig, 1/8 l Wasser, Ingwer, Zimt und Nelken gemahlen, 1 cm einer Chilischote, etwas zerstoßenen Koreander nach Geschmack.

ZUBEREITUNG: Die Hagebutten so putzen und auf der Blütenseite abschneiden, sodass Sie die meisten Kerne durch Drehen herausziehen können. Danach halbieren, die restlichen Kerne mit einem Löffel herausputzen und gut auswaschen.

Nun alle Zutaten gemeinsam zum Kochen bringen, die Gewürze dazugeben und das Chutney bei geringer Hitze ca. 2 Std. unter ständigem Rühren kochen lassen. Heiß in die Gläser füllen.

MEIN TIPP: Verwenden Sie zum Putzen der Hagebutten Einweghandschuhe. Wenn Sie meinen, die Hagebutten wären noch zu wenig gekocht, das Chutney sei aber schon sehr eingedickt, so können Sie noch Wasser oder Weißwein dazugeben!

MANGO-CHUTNEY 1 aus getrockneten Mangos

ZUTATEN: 200 g getrocknete Mangos, 300 g geschälte und gewürfelte Äpfel, 1/4 lWeißwein, 1/8 l Apfelessig, 1 Zimtstange, 5 Pimentkörner, 3 Nelken, 1 getr. Rote Chilischote halbiert, 5 Koreanderkörner, 1/2 TL Salz, 300 g Zucker.

ZUBEREITUNG: Die getrockneten Mangostücke mit Wasser bedeckt 2 Std. quellen lassen. Danach 300 ml der Flüssigkeit abmessen, den Rest wegschütten. Die Flüssigkeit mit den übrigen Zutaten in einer Kasserolle zum Kochen bringen und unter ständigem Rühren ca. 30 Min. einkochen. Das Chutney nochmals abschmecken, evt. mit etwas Wein, Essig oder Salz, sofort in die Gläser füllen und verschließen.

MEIN TIPP: Lassen Sie das Chutney mind. 2 Wochen an einem kühlen Ort stehen, bevor Sie es verwenden.

MANGO-CHUTNEY 2 aus frischen Mangos

ZUTATEN: 1 reife Mango, 50 g Zwiebelwürfel, 80 g Gelierzucker, Schale und Saft von 2 unbehandelten Zitronen, 1 Apfelsine, gemahlenen Ingwer, 1 Chilischote.

ZUBEREITUNG: Das Fruchtfleisch der Mango in kleine Stücke schneiden, mit den anderen Zutaten zum Kochen bringen und sirupartig einkochen lassen. Heiß in die Gläser füllen und sofort verschließen.

MEIN TIPP: Mir persönlich schmeckt die erste Version besser; aus allen getrockneten Früchten kann man Chutneys kochen. Dieses lässt sich besonders gut mit Jogurt gemischt als Beilage geben.

APRIKOSEN-CHUTNEY

ZUTATEN: 2,5 kg reife Aprikosen, 500 g Zwiebel fein geschnitten, 350 g braunen Zucker, 0,5 l Weißwein, 4 EL Öl, 0,2 l Kräuteressig, 1/2 EL gem. Ingwer, Thymian und Rosmarin nach Geschmack – je etwa 1 Msp, Salz, 1 cm einer Chilischote.

ZUBEREITUNG: Die Aprikosen waschen, halbieren, Kerne herausgeben und würfelig schneiden. Zwiebel in Öl glasig anrösten, die Aprikosen und alle anderen Zutaten dazugeben. Die Masse etwa 1 Std. bei schwacher Hitze kochen lassen, bis sie eingedickt ist, und sofort heiß in die Gläser füllen.
Sofort verschließen.

NEKTARINEN-CHUTNEY

ZUTATEN: 1,5 kg Nektarinen, 3 grüne Äpfel, 0,2 l Apfelessig, 0,2 l Wasser, 100 g brauner Zucker, 50 g Gelierzucker, 3 Zitronen, 1 EL gehackten, frischen Ingwer, 1 TL Senfkörner, 1 cm von einer Chilischote, 2 mit der Meerrettichreibe geriebene Knoblauchzehen, 150 g feinst gehackte, geschälte Mandeln.

ZUBEREITUNG: Das reine Fruchtfleisch der Nektarinen in kleine Stücke schneiden, Äpfel ebenso, die Zitronenschale zu den Früchten reiben, den Zitronensaft dazu pressen.
Alle anderen Zutaten dazumischen und etwa 40 Min. kochen lassen.
Sofort heiß in die Gläser füllen.

PAPAYA-PFLAUMEN-CHUTNEY

ZUTATEN: 3 große Papayas, 1,3 kg große Pflaumen, 100 g Rosinen, 0,4 l Apfelessig, 200 g Gelierzucker, 3 Zehen Knoblauch, 2 TL gem. Ingwer, 1 Msp. Zimt, Salz, 1/2 cm einer Chilischote.

ZUBEREITUNG: Das reine feste Fruchtfleisch der Papayas in Stücke schneiden, die Pflaumen vierteln, die Knoblauchzehen mit der Meerrettichreibe reiben.
Alle anderen Zutaten auch dazugeben, alles gemeinsam unter ständigem Rühren etwa eine halbe Stunde kochen lassen und das Chutney in die Gläser füllen und sofort verschließen.

PAPRIKA-CHUTNEY

ZUTATEN: 600 g rote frische Paprika, 500 g reife Tomaten, 400 g Zwiebel, 8 Zehen Knoblauch, 200 g Zucker, 0,3 l Wein, 100 g Rosinen, 3 EL Olivenöl, 3 EL Paprikapulver edelsüß, 2 EL Senf scharf, 2 TL Salz, 1 TL Ingwer, 1 TL geschroteten Pfeffer.

ZUBEREITUNG: Die Paprika putzen, waschen und halbieren, die Kerne entfernen und das Fruchtfleisch in kleine Würfel schneiden.
Die Tomaten kreuzweise einschneiden, blanchieren, kalt abschrecken, schälen und zu kleinen Würfeln schneiden. Zwiebel und Knoblauch schälen und fein schneiden. Die Rosinen fein hacken. Das ganze Gemüse mit Zucker und Essig aufkochen lassen. Das Öl mit dem Paprikapulver verrühren und in die Gemüsemasse rühren. Die restlichen Gewürze untermischen und die Soße unter ständigem Rühren ca. 45 Min. kochen lassen. Das Chutney nochmals mit Salz, Zucker und Essig abschmecken und sofort kochend heiß in die vorbereiteten Schraubgläser füllen. Mit Twist-off-Deckeln verschließen und kühl aufbewahren.

TOMATEN-CHUTNEY pikant

ZUTATEN: 1,5 kg grüne Tomaten, 1 kg rote reife Tomaten, 500 g Kraut, 2 Stangensellerie, 3 grüne Paprika, 3 grüne Chilischoten, 3 süße rote Chilischoten, 300 g Zwiebel, 5 EL Salz, 1 l Weißweinessig, 300 g Gelierzucker, 100 g Zucker, 2 TL Senfkörner, 1 Zimtstange, 1 EL Nelken.

ZUBEREITUNG: Die Tomaten blanchieren, kalt abschrecken und schälen. Kraut, Sellerie, Paprika und Chilischoten waschen und fein hacken. Das Gemüse in einer Schüssel mit dem Salz vermischen und ca. 12 Std. ziehen lassen. Nun den Essig und den Zucker unter das Gemüse rühren, die Gewürze in ein Gewürzsäckchen binden und alles gemeinsam unter ständigem Rühren ca. 90 Min. kochen lassen.
Wenn Sie das Chutney ganz fein haben wollen, dann können Sie es jetzt durch die flotte Lotte drücken, oder nur die Hälfte durchs Sieb drücken und nochmals zurück in die Kasserolle geben, und nochmals aufkochen lassen.
Das Chutney noch kochend heiß in die vorbereiteten Schraubgläser füllen und mit den Twist-off-Deckeln verschließen.

RHABARBER-CHUTNEY mit Pfefferminz-Ingwer

ZUTATEN: 500 g Rhabarber, 1 frische Ingwerwurzel, 200 g fein geschnittenen Zwiebel, 150 g Gelierzucker, 0,2 l Apfelessig, 1 cm von einer Chilischote, 1 Msp. Senfpulver, Salz, Pfefferminzblätter.

ZUBEREITUNG: Den Rhabarber waschen, die Fäden ziehen und in Würfel schneiden. Den Ingwer fein hacken.
Alle Zutaten, bis auf die Pfefferminze unter ständigem Rühren kochen, bis es wie ein Sirup aussieht. Die Pfefferminzblätter in Streifen schneiden, dazugeben, noch einmal aufkochen und das Chutney heiß in die Gläser füllen und sofort verschließen.

PFIRSICH-CHUTNEY

ZUTATEN: 800 g Pfirsiche, 3 säuerliche Äpfel, 2 Birnen, 150 g Jungzwiebel, 3 Zehen Knoblauch, 0,5 l Weinessig, 200 g Gelierzucker, 1 TL Salz, 1/2 TL Pfeffer, 1 cm von einer Chilischote, 1 TL Senfkörner, 1 Msp. Zimt, Saft einer Zitrone.

ZUBEREITUNG: Pfirsiche blanchieren, schälen, halbieren und die Kerne herausnehmen. Die Äpfel und Birnen schälen, Kerne herausnehmen und würfelig schneiden. Die Zwiebel fein, den Jungzwiebel in Ringe schneiden.
Die Früchte nun mit allen anderen Zutaten und Gewürzen mischen und unter ständigem Rühren ca. 1 Std. leicht kochen lassen.
Die Masse muss eingedickt sein, dann können Sie sie sofort in die Gläser füllen und verschließen.

PREISELBEER-CHUTNEY mit Kumquats

ZUTATEN: 500 g frische Preiselbeeren, 500 g Kumquats, 3 saure Äpfel, 3 Nelken, 1 Zimtstange, 0,2 l Wasser, 0,2 l Apfelessig, 100 g Gelierzucker, 100 g Zucker,

ZUBEREITUNG: Die Preiselbeeren in ein Sieb schütten, auslesen und waschen. Die Kumquats mit der Schale in feine Scheiben schneiden, die Äpfel schälen und würfelig schneiden.
Alle Zutaten vermischen und unter ständigem Rühren 20 Min. kochen lassen. Sofort heiß in die Gläser füllen und verschließen.
MEIN TIPP: Sie können statt den Kumquats auch geschälte Apfelsinen verwenden. Mit Pampelmusen habe ich dieses Chutney auch schon probiert, aber die Pampelmusen unterstützen die Herbe der Preiselbeeren zu stark.

PREISELBEER-SCHALOTTEN-JOHANNISBEER-CHUTNEY

ZUTATEN: 2 Tassen frische Schalotten in Scheiben geschnitten, 2 EL Öl, 2 Tassen Zucker, 1 EL geriebene Zitronenschale, 2 EL geriebene

Apfelsinenschale, 1 EL frischer gehackter Ingwer, 2 Tassen frische schwarze Johannisbeeren, 2 Tassen frisch gepressten Apfelsinensaft, $^{1}/_{2}$ Tasse Rotweinessig, 5 Tassen Preiselbeeren.

ZUBEREITUNG: Öl in einer großen Kasserolle erhitzen, die Schalotten darin glasig werden lassen, alle anderen Zutaten dazugeben und ca. 30 Min. kochen lassen, bis die Mischung dicklich wird und die Flüssigkeit aufgesogen hat.

Kochend heiß in die Gläser füllen und sofort verschließen.

MEIN TIPP: Wenn Sie getrocknete Johannisbeeren haben, dann schmeckt dieses Chutney noch besser.

SCHALOTTEN-CHUTNEY

ZUTATEN: 1,5 kg rote Schalotten in Scheiben geschnitten, 5 EL reines Olivenöl, 1 EL Salz, 100 g Zucker, $^{1}/_{8}$ l Rotwein, $^{1}/_{8}$ l Rotweinessig, 1 Msp. gemahlenes Piment, etwas guten Honig.

ZUBEREITUNG: Die Schalotten im Öl glasig werden lassen, dann Salz und Zucker dazugeben und die Mischung unter ständigem Rühren ca. 15 Min. kochen lassen.

Wein, Essig und Honig dazugeben und weitere 40 Min. simmern lassen, bis die Masse eingedickt ist. Das Piment einrühren und das Chutney sofort in die Gläser füllen und verschließen.

MEIN TIPP: Ein Löffel von diesem Chutney in den Saft von gebratenem Geflügel, ergibt eine wunderbar pikante Soße.

PFLAUMEN-CHUTNEY

ZUTATEN: 80 g getrocknete Birnen, 40 g getrocknete Äpfel, 220 g getrocknete Pflaumen, $^{1}/_{4}$ l Obstessig, 180 g Zwiebeln, 5 EL Honig, 50 g ungeschwefelte Rosinen, $^{1}/_{2}$ TL Salz, 1 TL Piment, 1 EL Ingwer, 1 Msp. Cayennepfeffer.

ZUBEREITUNG: Äpfel, Birnen und Pflaumen sehr fein schneiden und am besten über Nacht im Obstessig quellen lassen.

Alles in eine Kasserolle geben und zusammen mit dem vorher glasig gedünsteten Zwiebel, dem Honig und den Rosinen aufkochen und unter ständigem Rühren zu einem Mus kochen.

Dann die Gewürze dazugeben, nochmals aufkochen und sofort heiß in Gläser füllen und verschließen.

RELISHES

Relishes werden zum Unterschied von Chutneys nicht ganz so dick eingekocht und bestehen hauptsächlich aus Gemüse. Abgeschmeckt wird süßsauer, Relishes werden hauptsächlich als Beilage gegeben, aber auch als Brotaufstrich verwendet.

Das Abfüllen und Verschließen von Relishes

Verschließen sie Relishes mit Schraubdeckeln, also Twist-off.
Wenn Sie eine besonders lange Haltbarkeit wünschen, dann können Sie die verschlossenen Gläser auch noch 10 Minuten im kochend heißen Wasserbad einwecken.
Bei Weckeinmachgläsern die Klammern erst nach dem Erkalten der Gläser entfernen und die Verschlüsse kontrollieren!

GEMÜSERELISH 1

ZUTATEN: 1 kg Gemüse (Zwiebel, Zucchini, Möhren, Sellerie), 3 Zehen Knoblauch, 150 g brauner Zucker, 1 Msp. Senfpulver, 5 zerstoßene Koreanderkörner, Salz, Schale von 2 unbehandelten Zitronen, 0,3 l Apfelessig.

ZUBEREITUNG: Das geschälte und in 1 cm große Würfel geschnittene Gemüse zusammen mit den anderen Zutaten vermischen und aufkochen. 50 Min. kochen lassen, natürlich unter ständigem Umrühren, heiß in die Gläser füllen und verschließen.

GURKENRELISH

ZUTATEN: 2 große Gurken, 400 g rote Zwiebeln, 300 g Gelierzucker, 3/8 l Weinessig, 1/2 EL grüner Pfeffer, 3 EL engl. Senfpulver, 1 EL Dillsamen.

ZUBEREITUNG: Die Gurken schälen und der Länge nach halbieren. Die Kerne mit einem kleinen Löffel herausschaben und das reine Fleisch ganz klein würfelig schneiden. Die Zwiebel ganz fein schneiden und mit der Gurke und den anderen Zutaten zum Kochen bringen. Das Relish bei nicht zu großer Hitze ca. 1 Std. kochen lassen, bis die Zwiebel breiig wird und die Masse sich leicht bindet. Heiß in die vorbereiteten Gläser füllen.
MEIN TIPP: Schmecken Sie vor dem Abfüllen noch einmal mit Salz und Senfpulver ab.

PAPRIKA-TOMATEN-RELISH

ZUTATEN: 2 rote, 2 grüne, 2 gelbe dickfleischige Paprika, 250 g

Tomaten, 250 g Zwiebel, 3 Zehen Knoblauch, 100 g braunen Zucker, 1 Msp. Senfpulver, 1 EL Paprikapulver scharf oder Edelsüß – je nach Geschmack, Pfeffer, Salz, 0,3 l Weinessig.

ZUBEREITUNG: Die Paprika in möglichst flache Seitenflächen schneiden und im Rohr bei 250 °C braun braten. Danach sofort in kaltes Wasser legen, schälen und anschließend in Würfel schneiden. Ebenso die Tomaten blanchieren, schälen und in Würfel schneiden.

Zwiebel fein schneiden, Knoblauch blättrig schneiden.

Die gemischten Gemüse mit den restlichen Zutaten aufkochen, unter ständigem Rühren 45 Min. kochen lassen und heiß in die Gläser füllen. Sofort verschließen.

ZWIEBELRELISH scharf

ZUTATEN: 500 g 1 cm große Zwiebelwürfel, 1 grünen und 1 roten Paprika, Salz, Olivenöl, 30 g braunen Zucker, 0,2 l Sherry Essig 2 EL eingelegte grüne Pfefferkörner.

ZUBEREITUNG: Die Paprika waschen, entkernen und in kleine Würfel schneiden. Die Zwiebeln in Olivenöl glasig anschwitzen. Die übrigen Zutaten dazu mischen, bei geringer Hitze 1 Std. kochen lassen, heiß in die Gläser füllen und verschließen.

MEIN TIPP: Sie können entweder die Pfefferkörner fein hacken und zum Schluss dazugeben, oder Sie geben gleich von Anfang an die ganzen Körner dazu.

1 EL edelsüßer oder scharfer Paprika macht das Relish noch pikanter.

ZWIEBEL-PAPRIKA-RELISH

ZUTATEN: 1,2 kg Zwiebel, 200 g grüne Paprika, 400 g rote Paprika, 4 EL Olivenöl, $^1/_8$ l Weinessig, 2 TL Salz, 1 TL Paprikapulver, $^1/_2$ TL Piment, frisch gemahlener Pfeffer.

ZUBEREITUNG: Die Zwiebel würfelig schneiden.

Die Paprika in möglichst große, flache Stücke schneiden und im Rohr bei 250 °C stark braun werden lassen. Sofort in kaltes Wasser legen und schälen. Nun die Paprika in feine Streifen schneiden und gemeinsam mit dem Zwiebel im Olivenöl in einer großen Kasserolle bei mittlerer Hitze glasig werden lassen.

Das Paprikapulver dazugeben und mit dem Weinessig ablöschen. Die Gewürze dazugeben und das Relish unter ständigem Rühren dicklich einkochen lassen. Sofort in die Gläser füllen und verschließen.

KÜRBIS-PORREE-RELISH

ZUTATEN: 2 kg Kürbiswürfel (geputzt gewogen), 300 g Porree, 500 g Tomaten, 150 g getrocknete Aprikosen, 1 Chilischote, 1 EL Koreander, 170 g braunen Zucker, 150 ml Weißweinessig, Meersalz.

ZUBEREITUNG: Die Tomaten einschneiden, blanchieren und enthäuten, nun das reine Fruchtfleisch ohne den Kernen in kleine Würfel schneiden. Den Porree waschen, putzen und in feine Ringe schneiden. Die getrockneten Aprikosen in ganz feine Würfel schneiden. Das Kürbisfruchtfleisch auch in kleine Würfel schneiden. Die Chilischote ohne die Kerne ganz fein hacken.
Alle Zutaten mit den Gewürzen auf kleiner Flamme zum Kochen bringen und langsam dicklich einkochen lassen. Rühren Sie bitte ständig um! Zum Schluss das Salz dazugeben und evt. noch mit wenig Essig abschmecken. Sofort in die Gläser füllen und verschließen.

ZUCCHINIRELISH mit Äpfeln

ZUATEN: 2 kg junge Zucchini, 1 kg saure Äpfel, 100 g getrocknete Äpfel, 2 cl Weißen Rum, 20 g frischen Ingwer, 5 Gewürznelken, 1 Zimtstange, 5 Lorbeerblätter, frische Minze nach Geschmack, 200 g Gelierzucker, 200 ml Weinessig, Meersalz.

ZUBEREITUNG: Die Zucchini waschen und in kleine Würfel schneiden. Die Äpfel schälen, vierteln und blättrig schneiden. Die getrockneten Äpfel in ganz kleine Würfel schneiden und im Rum einweichen. Den Ingwer mit der Meerrettichreibe ganz fein reiben.
Alle Zutaten gemeinsam bei schwacher Hitze zum Kochen bringen und langsam (ca. $1\frac{1}{2}$ Std.) kochen lassen, bis die Masse eindickt.
Sofort und noch ganz heiß in die Gläser füllen und verschließen.
MEIN TIPP: Eventuell noch einmal mit Salz, Zucker oder Weinessig abschmecken. Sie können auch ein wenig Chili dazugeben.
Diese Relish passt sehr gut zu schnellen Pfannen- oder Reisgerichten.

GEMÜSERELISH 2

ZUTATEN: 500 g Tomaten, 500 g Zwiebel, 500 g grüne Bohnen, 800 g bunte Paprika, 10 Zehen Knoblauch, 300 g Gelierzucker, 0,3 l Weinessig, 2 Lorbeerblätter, 2 TL gem. Koreander, 1 TL Fenchel, 1 Chilischote, Meersalz.

ZUBEREITUNG: Die Paprika waschen, in möglichst flache Stücke schneiden und im Rohr bei 250 °C dunkelbraun braten. Sofort in kaltes Wasser legen und schälen. Nun in kleine Würfel schneiden.
Die grünen Bohnen waschen, von den Fäden befreien und in $\frac{1}{2}$ cm kleine Stücke schneiden. Die Zwiebel fein schneiden und die Tomaten

blanchieren, schälen und auch in kleine Würfel schneiden. Den Knoblauch schälen und ganz fein hacken oder mit der Meerrettichreibe in die halbfertige Masse reiben.
Alle Zutaten gemeinsam zum Kochen bringen und etwa 1,5 Std. schwach kochen lassen, bis die Masse eingedickt ist.
Abschmecken und sofort in die vorbereiteten Gläser füllen und verschließen.

RELISH „PROVENCE“

ZUTATEN: 300 g Tomaten, 300 g Melanzane, 200 g Zucchini, 2 rote Paprika, 2 gelbe Paprika, 7 Zehen Knoblauch, 2 EL Tomatenmark, 150 ml Weißwein, 125 ml Essig, 150 ml Wasser, 1 EL Kräuter der Provence (frisch oder als Fertigprodukt), Salz, schwarzen Pfeffer, 100 g Gelierzucker, 1 Chilischote.

ZUBEREITUNG: Die Tomaten kreuzweise einschneiden und blanchieren, kalt abschrecken und schälen. Alle Gemüsesorten putzen, waschen und würfelig schneiden. Den Knoblauch schälen, fein hacken und gemeinsam mit dem Tomatenmark und dem Wein, dem Essig, dem Wasser, Kräuter, Salz, Pfeffer und Chili zum Gemüse geben und ca. 30 Min. unter ständigem Rühren kochen lassen. Dann den Gelierzucker dazugeben und das Ganze noch einmal 15 Min. kochen.
Das Relish noch einmal mit Essig, Salz, Pfeffer und Knoblauch abschmecken und sofort in die vorbereiteten Schraubgläser füllen, mit den Twist-off-Deckeln verschließen und kühl lagern.

ZWIEBELRELISH mit Johannisbeeren

ZUTATEN: 1 kg Zwiebel, 2 EL Erdnussöl, 700 g rote Johannisbeeren, 500 g Gelierzucker, 1/2 l frisch gepresster Apfelsinensaft, 250 ml Rotweinessig, Meersalz.

ZUBEREITUNG: Die Johannisbeeren waschen und abstreifen. Die Zwiebel schälen und fein schneiden.
Das Öl in einer Kasserolle erhitzen, den Zwiebel darin kurz anrösten, die anderen Zutaten dazugeben, das Relish bei schwacher Hitze ca. 1 Std. bei zugedecktem Deckel kochen lassen, bis es dickflüssig ist.
Sofort in die vorbereiteten Gläser füllen und verschließen.

DAS KETSCHUP

Beim Ketschup muss die Grundmasse nicht unbedingt immer aus Tomaten, Zucker, Gewürzen und Essig bestehen, es gibt z. B. auch Paprika oder Champignon-Ketschup.

TOMATEN-KETSCHUP 1 mit Honig

ZUTATEN: 500 g fein geschnittenen Zwiebel, 2,5 kg reife Tomaten, 0,25 l Essig, 2 TL Tymian, 2 Stängel Liebstöckl (Maggikraut), 1 Bund fein geschnittene Petersilie, 6 EL Honig oder 200 g Gelierzucker, 1 TL Paprikapulver edelsüß, Muskatnuss, 3 Lorbeerblätter, 1 TL Pfefferkörner, 1 TL Koreander, 1 TL Gewürznelken.

ZUBEREITUNG: Die Tomaten waschen und vierteln.

Die vorbereiteten Zwiebeln mit den Tomaten, dem Essig, den fein gehackten Kräutern und Gewürzen in eine breite Kasserolle geben. Die festen Gewürze in ein Leinensäckchen binden, so kann man sie nach dem Kochen leichter entfernen. Das Ganze nun ca. 30 Min. kochen. Das Leinensäckchen herausnehmen und die Tomatenmasse durch ein Sieb streichen, nochmals zu einer dicken Masse einkochen.
Sofort in Gläser mit Twist-off-Deckel leeren und verschließen.

TOMATEN-KETSCHUP 2

ZUTATEN: 5 kg reife Tomaten blanchiert, geschält, entkernt und würfelig geschnitten, 3 rote Paprika im Rohr bei 250 °C gebraten und geschält, 4 große rote Zwiebeln geschnitten, 10 geschälte Knoblauchzehen, 2 Tassen Rotweinessig, 1 Tasse Zucker, 2 TL grobes Salz, 1 EL Selleriesamen, 1 Scheibe frischen Ingwer, 1 EL Senfkörner, 1 EL schwarze Pfefferkörner.

ZUBEREITUNG: In einer großen Kasserolle Tomaten, Paprika, Zwiebel, Knoblauch und 1 Tasse Essig zum Kochen bringen und eine halbe Std. kochen lassen, bis das ganze Gemüse weich ist.

Die ganze Masse mit dem Pürierstab mixen und nochmals in die Kasserolle zurückleeren. Die restliche Tasse Essig, die in ein Leinensäckchen gebundenen Gewürze, das Salz und den Zucker dazugeben.

Nun die Mischung aufkochen und unter ständigem Rühren so lange kochen, bis die Mischung stark einreduziert und nach ihrem Geschmack ist. Heiß in die Gläser füllen und sofort verschließen.

PASTEURISIEREN, STERILISIEREN, EINMACHEN, EINWECKEN

Pasteurisieren erfolgt durch Erhitzen zwischen 70 °C und 100 °C. Durch Pasteurisieren werden fast alle Mikroorganismen, aber nicht die Sporen abgetötet. Pasteurisieren ist ein nährstoff- und aromaschonender Prozess, nur der Vitamingehalt gegenüber frischem Obst wird vermindert.

Dieser Vorgang passiert bei allen heiß in Gläser gefüllten und im Wecktopf gegarten Lebensmitteln.

Grundsätzlich sind aber zwei verschiedene Arten Einzuwecken zu unterscheiden. Entweder werden die Früchte mit dem Zucker in die Gläser gefüllt oder es werden die Früchte in die Gläser geschlichtet und mit einer gekochten Zuckerlösung übergossen.

Anders ist das beim Gemüse. Gemüse, das zur Weiterverarbeitung als Beilage im Winter gedacht ist, wird in Salzwasser gekocht und in leichtem Salzwasser eingelegt. Diese Gläser werden dann noch im Wasserbad sterilisiert.

Im Haushalt werden diese Konservierungsarten als **„Einmachen“** oder **„Einwecken“** bezeichnet.

Kompott eignet sich pur als Nachtisch oder Zwischenmahlzeit.

Für Menschen die auf Fruchtsäure empfindlich reagieren, kann das Kompott als Frischobst-Ersatz dienen. Ebenso kann es als Tortenfülle, für Cremen oder als Dessert zum Eis verwendet werden.

Dann gibt es noch die modernere Methode im Haushalt, Kompotte und eingelegtes Gemüse haltbar zu machen.

Es ist die Methode mit Schraubgläsern und **Twist-off-Deckeln die Gläser zu verschließen.** Diese Art kommt später noch zur Sprache.

Das Einwecken im Wecktopf

Beeren lassen sich am besten im Weckglas sterilisieren. Sie sondern sehr viel Wasser ab, man braucht deshalb kein Wasser in die Gläser geben; man füllt die Beeren einfach mit der angegebenen Zuckermenge in die Gläser.

Arbeitsvorgang, mit und ohne Wasser in den Gläsern:

Die gefüllten, geschlossenen Gläser werden auf Drahtgitter ohne sich zu berühren in den Topf gestellt.

Dann füllt man so viel Wasser ein, dass die Gläser zu $4/5$ im Wasser stehen. Wurde das Einmachgut kalt eingefüllt, so verwendet man kaltes Wasser, wurde es heiß eingefüllt, so verwendet man heißes Wasser.

Nun gibt es Töpfe mit elektrischer Temperaturregelung, aber wenn Sie so ein tolles Stück nicht besitzen, so müssen Sie ein Thermometer durch die dafür vorgesehene Öffnung im Deckel stecken.
Nun erhitzen Sie den befüllten Topf und achten ständig auf die Temperatur. Ist die Temperatur erreicht, dann beginnt die tatsächliche Einkochzeit. Nach der vorgeschriebenen Einkochzeit nimmt man die Gläser aus dem Topf und lässt sie bei Zimmertemperatur auskühlen.

Das Einmachen im Backrohr

Es ist aber nicht unbedingt notwendig einen teuren Einkochtopf oder „Wecktopf" zu kaufen, man kann auch im ganz normalen Backrohr sterilisieren. Dabei stellt man die Einmachgläser so nebeneinander in das mit Wasser gefüllte, tiefe Backblech, dass sie sich nicht berühren. Wenn der Herd auf dem Temperaturregler die Bezeichnung „Sterilisieren" nicht trägt, dann kocht man bei 175 °C ein. In Heißluftherden können Sie zwei Lagen übereinander in das Rohr stellen.
Hier genügen 160 °C Backrohrtemperatur.
Die eigentliche Einkochzeit beginnt im Backrohr dann, wenn der Saft in den Gläsern zu perlen anfängt.
Einwecken kann man alles, Gemüse, Obst, Pilze usw.
Auch für Diabetiker sind keine Grenzen gesetzt. Sie können die angegebenen Zuckermengen mit der entsprechenden Diabetikerzuckermenge (Umwandlung steht auf den Packungen der Hersteller) ersetzen.
Besonders gut schmecken süßsaure Fruchtkompotte, die mit Essig oder Wein hergestellt werden.

Fruchtkompotte mit Twist-off-Deckeln

Twist-off-Deckeln verwende ich am häufigsten. Sie funktionieren hier genauso gut wie bei Marmeladen. Dabei werden die Früchte (diese sollten auf keinen Fall zu reif sein) in der Zuckerlösung gegart und sofort in die Gläser gefüllt.
Auf den dazugehörenden Schraubdeckel wird starker Alkohol, am besten Weingeist, geleert und anschließend wird angezündet, der Deckel brennend auf die Gläser gedreht.
Man muss dabei in erster Linie die Methode gut beherrschen, was Sie bei einiger Übung ganz bestimmt schaffen, aber man muss auch bedenken, dass zur Garzeit auch noch die Zeit, in der die Früchte in der kochend heißen Zuckerlösung im bereits verschlossenen Glas sind, dazugerechnet werden muss, sonst werden die Früchte matschig.

Und dazu braucht man Gefühl und Erfahrung.
Diese Methode hat außerdem noch den Vorteil, dass Sie jederzeit auch nur ein einziges Glas verschließen können und der Zeitaufwand sehr gering ist.

Grundrezept, wenn man Kompotte mit Schraubgläsern und Twist-off-Deckeln einkochen möchte:

2 kg Früchte
1 l Wasser
600 g Zucker gemischt mit Gelierzucker
oder
auf 1 l Wasser 100 g Honig
Gewürze nach Geschmack, Vanille, Zitrone usw.
Wobei man Beeren am besten im Weckglas ohne Wasserzugabe sterilisiert. Man schlichtet die Beeren mit dem Zucker in die Gläser, verschließt sie und stellt sie in den Einkochtopf. Halten Sie sich an die Zeit- und Temperaturangaben des Topfherstellers.

Zuckermengentabelle für verschiedene Obstsorten

Apfel	1 l Wasser 300 g Zucker
Birne	1 l Wasser 400 g Zucker
Brombeere	ohne Wasser 250 g Zucker
Erdbeere	bis 200 g Zucker
Blaubeere	bis 300 g Zucker
Himbeere	bis 200 g Zucker
Johannisbeere	bis 300 g Zucker
Sauerkirschen	bis 300 g Zucker
Kirsche	bis 150 g Zucker
Aprikose	1 l Wasser 400 g Zucker
Pfirsich	1 l Wasser 400 g Zucker
Pflaume	ohne Wasser 300 g Zucker
Preiselbeeren	1 l Wasser 400 g Zucker
Quitte	1 l Wasser 500 g Zucker
Rhabarber	ohne Wasser 300 g Zucker
Stachelbeere	1 l Wasser 450 g Zucker

Diese Angaben sind Grundwerte, Sie können den Zucker vermindern oder durch Diabetikerzucker ersetzen, außerdem kommt es immer auf die Reife, Fruchtsüße und Fruchtsäure an.
Wenn Sie den Saft des Kompottes etwas dicker haben möchten, dann können Sie fast bei jedem Obst mit Gelierzucker mischen.

SÜSSE FRUCHTKOMPOTTE

Wichtige Tipps für das Einwecken

- Wenn Sie **gebrauchte Gläser** verwenden, so waschen Sie sie sorgfältigst mit einem Spülmittel und einem neuen Schwamm, spülen die Gläser mit heißem Wasser aus und stürzen sie auf ein ausgekochtes Tuch. Bitte nicht abtrocknen!
- Halten Sie sich beim Einwecken im Einkochtopf immer genau an die Angaben des Herstellers.
- Alle Gläser sollten dieselbe Höhe und denselben Durchmesser haben.
- Die Angaben der Einkochzeit beziehen sich immer auf den Zeitpunkt des Erreichens der vorgeschriebenen Hitze.
- Kontrollieren Sie Gläser, Gummiring und Deckel vor dem Waschen.
- Kochen Sie die Gummiringe in Essigwasser aus!
- Füllen Sie die Einmachgläser nur bis 2 cm unter dem Rand.
- Gläser mit Schraubdeckel sollten nach dem Erkalten in der Mitte eine kleine Mulde aufweisen.
- Geben Sie die Spangen von Weckgläsern erst nach dem Erkalten herunter und kontrollieren Sie die Deckel.
- Bewahren Sie die vollen Gläser kühl, trocken und lichtgeschützt auf.
- Falls der Inhalt eines Glases unangenehm riecht, sollten Sie das Einmachgut sofort wegschütten und auf keinen Fall kosten!

APFELKOMPOTT mit Honig und Ingwer

Dieses Rezept ist für die Twist-off-Methode.

ZUTATEN: 1 kg säuerliche Äpfel geschält und in Spalten geschnitten, 0,5 l Apfelsaft, 50 g Honig, 2 dicke Scheiben einer Ingwerwurzel, Saft und Schale von 2 Zitronen, 2 Zimtstangen, Rosinen, Rum nach Geschmack.

ZUBEREITUNG: Den Apfelsaft mit dem Honig und den Gewürzen aufkochen. Die Apfelspalten dazugeben und 2–3 Min. kochen lassen. Die Äpfel mit dem Schaumlöffel in die Gläser schlichten, Zitronenschale aus der Flüssigkeit nehmen, den Saft noch einmal aufkochen, den Rum dazugeben und kochend heiß zu den Apfelspalten in die Gläser füllen.
Wie vorhin für die Twist-off-Methode beschrieben, verschließen.

APFELKOMPOTT

ZUTATEN: 200 g Rosinen, $^3/_4$ l trockenen Weißwein, 4 kg säuerliche Äpfel, 1 Vanilleschote, 1 Zimtstange, 300 g Gelierzucker, 8 cl weißen Rum und 1 Zitrone; 2 l Wasser.

ZUBEREITUNG: Die Zitrone gut waschen und dünn schälen. Die Schale in 2 mm dünne Streifen schneiden, den Saft auspressen und zum Wasser geben. Die Äpfel waschen, schälen und vierteln. Sofort in das Zitronenwasser legen, damit sie nicht braun werden. Die Rosinen im Wein einweichen.

$^1/_2$ l des Zitronenwassers zum Kochen bringen und die aufgeschlitzte Vanilleschote, die in Stücke gebrochene Zimtrinde und den Gelierzucker dazugeben. Alles gemeinsam etwa 5 Min. kochen und den Rum mit dem Wein und den Rosinen dazugeben.

Nun die Apfelstücke mit den Zitronenschalen in die Gläser schlichten und mit dem Weinsud zugießen.

Die Gläser nun verschließen und bei **80 °C 20 Min.** einkochen.

MEIN TIPP: Sie können genauso Fallobst verwenden, wenn keine Fäulnisstellen vorhanden sind. Druckstellen großflächig herausschneiden.

Sie erhalten bei 0,5 l Gläsern ca. 5 Stück.

BEERENKOMPOTT

ZUTATEN: 800 g rote Johannisbeeren, 750 g Himbeeren, 1 kg Kirschen, 300 g Walderdbeeren, Saft 1 Zitrone, 1 Zimtstange, 0,7 l Johannisbeersaft aus dem Entsafter, 400 g Gelierzucker.

ZUBEREITUNG: Die Kirschen waschen und entsteinen, den Saft auffangen. Die Johannisbeeren abstreifen, waschen und auf einem Küchenkrepp abtropfen lassen. Die Himbeeren auslesen und vorsichtig waschen. Die Walderdbeeren nicht waschen, nur verlesen.

Alle Früchte ganz vorsichtig durcheinander mischen und in die Gläser schlichten. Den Johannisbeersaft aufkochen und alle anderen Zutaten dazugeben, heiß auf die Früchte in den Gläsern gießen, dabei müssen die Beeren bedeckt sein. Verschließen und bei **75 °C ca. 30 Min.** einkochen lassen.

Sie erhalten ca. 3,5 Liter.

BIRNEN IN AHORNSIRUP

ZUTATEN: 200 g braunen Zucker, Saft von 2 Zitronen, 100 g Ahornsirup, 2 kg kleine Birnen, $^1/_2$ l Wasser.

ZUBEREITUNG: In einer großen Kasserolle das Wasser mit dem Zucker und dem Zitronensaft unter ständigem Rühren aufkochen, bis sich der Zucker gelöst hat. Den Ahornsirup dazugeben und beiseite

stellen. Die Birnen schälen, im Ganzen lassen, dabei die Stiele nicht weggeben. Wenn Sie die Birnen halbieren möchten, dann nehmen Sie das Kernhaus mit einem runden Ausstecher heraus.
Nun die Flüssigkeit zum Kochen bringen und die Birnen darin 5 Min. ziehen lassen. Die Birnen in die Gläser schlichten, den Sirup um ein Drittel einkochen lassen und heiß über die Birnen gießen.
Die Gläser sofort verschließen und bei **85 °C 20 Min.** einkochen.
Sie erhalten ca. 2 Liter.

BIRNENKOMPOTT mit Weißwein

Rezept siehe 3. Abbildung im Buch.

BROMBEERKOMPOTT einfach

ZUTATEN: 1 kg Brombeeren, 250 g Gelierzucker, Saft einer Zitrone.

ZUBEREITUNG: Die Brombeeren waschen und auf einem Küchentuch oder Papier gut abtropfen lassen.
Die Beeren nun schichtweise mit dem Gelierzucker in die Gläser geben und gut verschließen, **30 Min. bei 75 °C** sterilisieren.

CLEMENTINEN IN BLUTORANGENSAFT

ZUTATEN: Saft von 7 Blutorangen, 0,5 l Wasser, 300 g Gelierzucker, 200 g Zucker, 1 große Zimtstange, 5 Gewürznelken, 3 kg Clementinen geschält und gewogen, Saft von 2 Zitronen, 0,25 l Cointreau oder anderen Apfelsinenlikör.

ZUBEREITUNG: Blutorangensaft mit Zucker, Gelierzucker, Zitronensaft und Wasser aufkochen, der Zucker muss sich lösen.
Die Gewürze dazugeben, 5 Min. kochen lassen und beiseite stellen.
Nun die vollkommen geschälten Clementinen dazugeben, 8 Min. simmern lassen, vom Herd nehmen und über Nacht ziehen lassen.
Die Clementinen mit einem Schaumlöffel aus dem Sirup nehmen und in die vorbereiteten Gläser füllen.
Den Sirup langsam wieder aufkochen lassen, die Gewürze herausnehmen, 10 Min. eindicken, den Apfelsinenlikör dazugeben, verrühren, und die Gläser damit füllen.
Die Gläser sofort verschließen und bei **87 °C 15 Min.** einkochen.
Sie erhalten 3 Liter.

BLAUBEERKOMPOTT

ZUTATEN: 3 kg Waldblaubeeren (Zuchtblaubeeren können zu wässrig sein), 300 g Gelierzucker, 300 g Zucker, 1,2 l Wasser, $^1/_2$ TL Zimt gem., Saft einer Zitrone.

ZUBEREITUNG: Die Blaubeeren waschen, indem Sie sie in reichlich Wasser legen und oben schwimmende Blättchen entfernen, anschließend gut abtropfen lassen und in die vorbereiteten Gläser füllen.
Die beiden Zucker mit dem Wasser, dem Zitronensaft und dem Zimt aufkochen, anschließend über die Blaubeeren gießen. Die Beeren müssen bedeckt sein. Die Gläser verschließen und bei **80 °C etwa 30 Min.** einkochen.
Sie erhalten ca. 4,5 Liter.

BLAUBEERKOMPOTT einfach

ZUTATEN: 1 kg Blaubeeren (nehmen Sie hier unbedingt die geschmackvolleren Waldblaubeeren), 200 g Zucker, 100 g Gelierzucker.

ZUBEREITUNG: Die gewaschenen Blaubeeren in einer Schüssel mit dem Zucker mischen und dicht in die Gläser schlichten.
Verschließen Sie die Gläser und sterilisieren Sie bei **80 °C 30Min.**

HIMBEEREN in Sirup

Dieses Rezept ist ausschließlich für Schraubgläser mit Twist-off-Deckel geeignet.

ZUTATEN: 2 kg Himbeeren, 1 l Wasser, 300 g Gelierzucker, 200 g Zucker, 1 Msp. Ascorbinsäure.

ZUBEREITUNG: Die Himbeeren auslesen, wenn möglich nicht waschen, aber wenn das Waschen notwendig ist, so trocknen Sie die Beeren auf einem Küchenpapier.
Das Wasser mit dem Zucker aufkochen und die Himbeeren, je nach Reife und Festigkeit 3–5 Min. leicht kochen lassen.
Die Ascorbinsäure (reines Vitamin C) dazugeben und sofort kochend heiß in die Gläser füllen und luftdicht verschließen.
Das heißt, wie vorhin beschrieben, vorgehen.
Sie erhalten 3 Liter.

KÜRBISKOMPOTT

ZUTATEN: 2 kg reines Kürbisfleisch, 800 g Zucker, 400 g Gelierzucker, 2 Zimtstangen, ca. 3 cm einer Ingwerwurzel, 10 Gewürznelken, 5 Sternanis, 0,5 l Weinessig, 1,5 l Wasser.

ZUBEREITUNG: Das feste Kürbisfruchtfleisch in 3 cm große Würfel schneiden, das Ingwer julienne (feine Streifen) schneiden, Wasser mit Zucker und den Gewürzen aufkochen und die Kürbiswürfel darin blanchieren und dann gemeinsam mit dem Ingwer in die Gläser schlichten. Den Essig zum Kochsud gießen und das Ganze um ein Drittel einkochen lassen.

Den kochend heißen Sud auf die Kürbiswürfel gießen, dabei die Gewürze gut aufteilen und sofort verschließen.
Die Gläser nun bei **90 °C ca. 30 Min.** einkochen lassen.
Sie erhalten ca. 5 Liter.

KASTANIEN in Vanillesirup

ZUTATEN: 2 kg Kastanien ohne Kapsel gewogen, 240 g braunen Zucker, 0,6 l Wasser, 2 Vanilleschoten, 3/8 l Weinbrand.

ZUBEREITUNG: Die Kastanien auf der flachen Seite kreuzförmig einschneiden und auf ein nasses Backblech schütten. Bei 220 °C ca. 10 Min. rösten, bis die Schale aufplatzt und die Kastanien weich sind (Dieser Vorgang kann zeitmäßig von Sorte zu Sorte verschieden sein). Die Kastanien noch heiß schälen und so gut es geht, die braune Haut entfernen. Zucker, Wasser und die Vanilleschote aufkochen, die Kastanien hineinlegen, noch einmal aufkochen und zugedeckt über Nacht ziehen lassen. Nun die Mischung noch einmal aufkochen und die Kastanien mit einem Schaumlöffel in die vorbereiteten Gläser schlichten.
Den Weinbrand auf alle Gläser aufteilen und mit dem Sirup auffüllen.
Die Gläser verschließen und bei **85 °C ca. 20 Min.** einkochen.
Sie erhalten ca. 2,5 Liter.
MEIN TIPP: Wenn die Kastanien beim Rösten schon länger als 10 Min. brauchen, so müssen Sie die Einkochzeit auch dementsprechend verlängern! Das liegt dann an der Sorte.

KIWIKOMPOTT

ZUTATEN: 15 feste Kiwis, 300 g Gelierzucker, 0,4 l Apfelsaft, 1 Zitrone, 15 Gewürznelken, 3 Sternanis, 20 schwarze Pfefferkörner, 10 cl weißen Rum.

ZUBEREITUNG: Den Apfelsaft und den Gelierzucker aufkochen;
Die Kiwis schälen, den Stängelansatz herausdrehen und der Länge nach halbieren. Die Zitrone dünn schälen und in Streifen schneiden.
Die Kiwi gemeinsam mit den Gewürzen in die Gläser schlichten.
Den Zitronensaft zum Kochsud geben und die Kiwis damit bedecken.
Den Rum danach auf alle Gläser aufteilen.
Die Gläser sofort verschließen und bei**75 °C 30 Min.** einkochen.
Sie erhalten ca. 2,5 Liter. Stellen Sie die Gläser dunkel, nur so erhalten die Kiwi die Farbe.

KIRSCHENKOMPOTT

ZUTATEN: 2,5 kg Kirschen, ca. 2 cm einer Ingwerwurzel, 400 g Ge-

lierzucker, 200 g Zucker, 0,75 l Wasser, 0,25 l Kirschbrand, 12 Gewürznelken, 2 Zimtstangen.

ZUBEREITUNG: Die Kirschen waschen und entkernen, dabei den Saft unbedingt auffangen.

Die Früchte nun mit dem Kirschbrand übergießen und über Nacht ziehen lassen. Wasser Zucker und in Scheiben geschnittenen Ingwer zum Kochen bringen. Den abgetropften Kirschensaft dazugeben, 5 Min. ziehen lassen, dann den Ingwer entfernen. Die Zimtstangen in Stücke schneiden, sodass in jedem Glas ein Stück ist, genauso die Nelken aufteilen. Die Kirschen nun mit einem Schaumlöffel in die Gläser geben. Die Abtropfflüssigkeit mit der gekochten Zuckerlösung mischen und die Früchte in allen Gläsern damit bedecken. Die Gläser verschließen und bei **80 °C 30 Min.** einwecken.

Sie erhalten ca. 3 Liter.

KIRSCHEN in Mandelsirup

ZUTATEN: 2 kg Kirschen, 2 Liter Wasser, 500 g Gelierzucker, 250 g Kristallzucker, Saft einer Zitrone.

ZUBEREITUNG: Die Kirschen vorsichtig entkernen. 10 Kerne mit einem Hammer zerschlagen und in ein Tuch binden.

Wasser, Zucker und Zitronensaft aufkochen, das Säckchen mit den Kernen dazugeben und 5 Min. mitkochen, das verleiht den feinen Mandelgeschmack. Die Kirschen in den kochenden Sirup geben und ca. 5 Min. kochen lassen.

Anschließend mit einem Schaumlöffel in die vorbereiteten Gläser füllen. Den Sirup erneut 5 Min. einkochen, das Säckchen entfernen und über die Kirschen in den Gläsern gießen.

Die Gläser sofort verschließen und bei **90 °C 15 Min.** einkochen.

MEIN TIPP: Wenn Sie die Kirschen im Sirup etwas länger kochen lassen, statt 5 Min. etwa 10 Min, dann brauchen Sie die luftdicht verschlossenen Gläser (Schraubgläser mit den Twist-off-Deckeln) nicht mehr einzukochen.

LITSCHIS in Weinbrandsirup

ZUTATEN: 1 kg Litschis, geschält und entkernt, 80 g Gelierzucker, Saft von 1 Zitrone, 60 g Zucker, 1 Vanilleschote, 3/8 l Weinbrand, 3/8 l Wasser.

ZUBEREITUNG: Das Wasser mit dem Zucker, der Vanilleschote, dem Zitronensaft zum Kochen bringen, die Litschis dazugeben und 5 Min. simmern lassen. Legen Sie die Litschis nun mit einem Schaumlöffel in die vorbereiteten Gläser, den Sirup lassen Sie ca. auf die Menge von einer großen Tasse einkochen. Mischen Sie den Sirup nun mit dem Weinbrand und übergießen Sie die Litschis. Die Vanilleschote können Sie in Stücke zerteilt auf alle Gläser aufteilen. Nun verschließen Sie die Gläser, am besten mit Schraubdeckeln.

MEIN TIPP: Lassen Sie die Gläser an einem kühlen, dunklen Ort einige Monate ziehen. Die Früchte schmecken dann besonders gut.

Sie erhalten ca. 2 Liter.

APRIKOSENKOMPOTT

ZUTATEN: 2,5 kg Aprikosen, nicht zu reif, 1 l Wasser, Saft einer Zitrone, 300 g Gelierzucker, 200 g Zucker.

ZUBEREITUNG: Die Aprikosen waschen, halbieren, entsteinen und den Stängelansatz herausschneiden.

Das Wasser mit dem Zucker und dem Zitronensaft aufkochen und auf die in die Gläser geschlichteten Aprikosen gießen.

Die Gläser sofort verschließen und bei **80 °C 30 Min.** einwecken.

APRIKOSEN ganz in Vanillesirup

ZUTATEN: 2,5 kg feste noch nicht ganz reife Aprikosen, 400 g Gelierzucker, 350 g Zucker, Saft von 3 Zitronen, 0,3 l Wasser, 3 Vanilleschoten,

ZUBEREITUNG: Die Aprikosen leicht oben einschneiden, in kochendes Wasser legen, blanchieren, in kaltes Wasser legen und schälen.

In einer Kasserolle Wasser, Zitronensaft, Zucker und die der Länge nach halbierten Vanilleschoten unter ständigem Rühren aufkochen.

Die geschälten Aprikosen in den kochenden Sirup legen, 5 Min. simmern lassen, Hautreste, die sich evt. erst jetzt gelöst haben aus dem Sirup nehmen.

Die Aprikosen nun mit einem Schaumlöffel in die Gläser legen. Den Sirup noch einmal aufkochen lassen und die Gläser damit befüllen, dabei darauf achten, dass in jedem Glas eine Vanilleschote ist und der Sirup 1 cm über den Aprikosen ist.

Die Gläser verschließen und **15 Min. bei 90 °C** einkochen.

Sie erhalten ca. 3 Liter

MEIN TIPP: Wenn Sie die Aprikosen in der Kasserolle etwas länger kochen lassen, statt 5 Min. etwa 10 Min. (die Aprikosen dürfen nur nicht sprudelnd kochen), dann genügt es, wenn die Aprikosen in Schraubgläsern abgefüllt und mit Twist-off-Deckeln vakuumverschlossen werden, sie müssen nicht mehr anschließend eingekocht werden!

MELONENKOMPOTT

ZUTATEN: 2–3 Zuckermelonen, à ca. 1 kg, 2 kg Gelierzucker, 150 g Honig, 0,5 l weißen Traubensaft, 0,5 l süßen Weißwein, Saft einer Zitrone, 1/2 TL Zimt, 1/2 TL Ingwerpulver.

ZUBEREITUNG: Das feste Fruchtfleisch der Melonen mit einem Kugelausstecher (Parisienneausstecher) ausstechen. Das restliche Fruchfleisch gut auspressen und den Saft zum Traubensaft geben.
Die Melonenkugeln mit dem Zucker und dem Gewürzpulver vermischen und 2 Std. ziehen lassen. Nun die Kugeln in die Gläser schlichten und den Weißwein darauf verteilen.
Den Traubensaft mit dem Melonensaft und dem Zitronensaft mischen, den Honig dazugeben, gemeinsam nur so lange erhitzen, bis sich der Honig gelöst hat. Diese Flüssigkeit nun auch auf die Gläser aufteilen und sofort verschließen.
Die Gläser bei **85 °C ca. 30 Min.** einkochen.
Sie erhalten ca. 5 Liter.

LITSCHI IN LIMONENSIRUP

ZUTATEN: 2 kg frische Litschis geschält und entkernt, 200 g Gelierzucker, 100 g Zucker, 500 g Limonen, 0,5 l Wasser.

ZUBEREITUNG: Die Limonen kurz blanchieren, gut abreiben und in hauchdünne Scheiben schneiden.
Das Wasser zusammen mit dem ganzen Zucker zum Kochen bringen und die Litschis mit den Limonenscheiben darin einmal aufkochen lassen.
Die Früchte mit einem Schaumlöffel in die vorbereiteten Gläser füllen und mit dem nochmals aufgekochten Sirup bedecken.
Die Gläser sofort verschließen und bei **80 °C 20 Min.** einkochen.
Sie erhalten 3 Liter.
MEIN TIPP: Dieses Kompott schmeckt viel besser als alle anderen Kompott-Litschi, die ich aus Konserven kenne.

PFIRSICHE IN MANDELSAFT

ZUTATEN: 3 kg kleine feste Pfirsiche, 500 g Gelierzucker, 300 g Zucker, Saft einer Zitrone, 0,25 l Amaretto (Mandellikör), 2 l Wasser.

ZUBEREITUNG: Die Pfirsiche einschneiden, blanchieren, die Haut ablösen und bei 8 Pfirsichen die Steine herausnehmen, aufschlagen und die Innenkerne herausnehmen.
In einer großen Kasserolle das Wasser mit dem Zucker, den Kernen und dem Zitronensaft aufkochen und so lange rühren bis sich der Zucker aufgelöst hat. Die Pfirsiche nacheinander, immer 10 Stück

gemeinsam, im Kochsud 5 Min. simmern lassen und mit einem Schaumlöffel in die Gläser schlichten.
Den Sirup nochmals 10 Min. kochen, den Likör dazurühren, die Kerne entfernen und den so entstandenen Mandelsirup auf die Pfirsiche in den Gläsern aufteilen.
Die Gläser verschließen und bei **85 °C 20 Min.** einkochen.
Sie erhalten ca. 6 Liter.

PFIRSICHE IN WEIN

ZUTATEN: 3 kg Pfirsiche eher fest, sehr gut geeignet sind die kleinen, geschmackvollen Weingartenpfirsiche, die man aber leider selten bekommt, 250 g Zucker, 150 g Gelierzucker, 1 l Wasser-Wein-Gemisch nach Geschmack.

ZUBEREITUNG: Die Pfirsiche blanchieren, sofort kalt abschrecken und schälen. Halbieren, entsteinen und die Hälften evt. noch einmal durchschneiden. Das kommt auf die Größe der Pfirsiche an.
Das Wasser-Wein-Gemisch mit dem Zucker verrühren und ganz kurz aufkochen. Schlichten Sie die Pfirsiche nun in die Einmachgläser und gießen Sie das Gemisch so darüber, dass die Pfirsiche bedeckt sind.
Nun müssen Sie die Gläser verschließen und bei **75 °C 30 Min.** sterilisieren.

QUITTENKOMPOTT

ZUTATEN: 2 kg Quitten, 1 l Wasser, 300 g Gelierzucker, 200 g Zucker, Saft einer Zitrone, evt. Ingwer.

ZUBEREITUNG: Die sehr harten Quitten schälen und mit einem großen Küchenmesser in schmale Spalten schneiden. Das Kernhaus entfernen und in das mit Zitronensaft versetzte Wasser legen.
Nun das Wasser mit dem Zucker aufkochen und die Quitten 5 Min. darin ziehen lassen. Mit dem Schaumlöffel in die vorbereiteten Gläser füllen und mit der Zuckerlösung bedecken. Sie können evt. in jedes Glas eine Scheibe Ingwer legen, das ist aber Geschmacksache.
Nun bei **85 °C 30 Min.** einwecken.

STACHELBEERKOMPOTT mit Holunderblüten

ZUTATEN: 300 g Gelierzucker, Saft von 2 Zitronen, 2 große Holunderblüten, 2,5 kg Stachelbeeren, 0,6 l Wasser.

ZUBEREITUNG: Wasser, Zucker, Zitronensaft und Holunderblüten erhitzen, ca. 10 Min. simmern lassen und abkühlen.
In der Zwischenzeit die Stachelbeeren waschen, die Stiele entfernen,

und die Haut mit einem Messer leicht einritzen, dadurch platzen die Beeren weder auf, noch schrumpeln sie.

Die Beeren in die vorbereiteten Gläser füllen und mit dem kalten Sirup übergießen. Stellen Sie die Gläser zum Einwecken in kaltes Wasser.

Das Einwecken dauert **15 Min. bei 85 °C.**

Sie erhalten etwa 2 Liter.

STACHELBEER-ZITRONEN-KOMPOTT

ZUTATEN: 2 kg reife, feste Stachelbeeren, 3 Zitronen, 5 Sternanis, 8 Gewürznelken, 500 g Gelierzucker, 0,3 l Weißwein, 0,3 l Traubensaft

ZUBEREITUNG: Die Stachelbeeren, jede einzeln, mit einem spitzen Zahnstocher oder einer Stopfnadel anstechen. Die Zitrone heiß waschen, die Schalen in feine Streifen schneiden und das Fruchtfleisch filetieren.

Die Gläser mit den Stachelbeeren, den Zitronenfilets und den fein geschnittenen Schalen anfüllen. Pro Glas 1 – 2 Sternanis und 2 Nelken darauf legen. Zucker mit dem Wein, dem Traubensaft und dem Zitronensaft aufkochen und über die Stachelbeeren gießen.

Die Gläser verschließen und bei **80 °C ca. 30 Min.** einkochen.

Sie erhalten ca. 2,5 Liter.

WALNÜSSE grün eingelegt

ZUTATEN: 1 kg grüne Walnüsse vor Sonnenwende gepflückt, 1,2 l Wasser, 500 g Gelierzucker, 600 g Zucker, 2 Zimtstangen, 10 Nelken, abgeriebene Schale einer Zitrone und Apfelsine, ca. 20 Fenchel- und 20 Kümmelsamen.

ZUBEREITUNG: Jede der Walnüsse mit einer Stricknadel 3-mal anstechen und mit Wasser bedeckt, bei täglichem Wasserwechsel 2 Wochen ziehen lassen.

Die Walnüsse 10 Min. in kochendem Wasser ziehen lassen, kalt abschrecken und in ein Sieb schütten. In der Zwischenzeit das Wasser mit dem Zucker und den Gewürzen aufkochen, die Walnüsse noch einmal dazugeben und wieder 5 Min. kochen lassen.

Nun die Walnüsse gemeinsam mit dem Zuckersirup in die vorbereiteten Gläser füllen und bei **90 °C 25 Min.** einkochen.

MEIN TIPP: Grüne Walnüsse immer vor Sonnenwende ernten, das ist der 21. Juni, nachher werden die Nüsse innen holzig und Sie können die Nüsse weder durchschneiden noch anstechen!

WEINTRAUBENKOMPOTT mit Spätlese

ZUTATEN: 3 kg feste Muskatellertrauben, 1,5 l Spätlese, 150 g Gelierzucker, 100 g Zucker, 1 Apfelsine, $^1/_8$ l Apfelsinenlikör.

ZUBEREITUNG: Die Trauben waschen, vorsichtig von den Stängeln lösen und auf einem gekochten Tuch oder Küchenpapier trocknen.
Wein, Zucker und die feinen Streifen der halben Apfelsinenschale aufkochen, die Trauben dazugeben und unter ganz vorsichtigem Umrühren ca. 5 Min. wirklich nur „simmern“ lassen.
Die Trauben mit einem Schaumlöffel in die vorbereiteten Gläser füllen.
Den Sirup noch einmal aufkochen, 5 Min. eindicken lassen und den Apfelsinenlikör dazugeben. Diese Mischung über die Trauben gießen, die Gläser sofort verschließen und bei **85 °C 15 Min.** einkochen.

WEINTRAUBEN im Traubensaft

ZUTATEN: 4 kg kernlose Tafeltrauben, 200 g Zucker, 200 g Gelierzucker, Saft von 2 Zitronen, 0,5 l Wasser.

ZUBEREITUNG: 2 kg der Trauben in einem Mixbecher so lange pürrieren, bis sie fast flüssig sind; über Nacht in einem Etamin abtropfen lassen.
Wasser, Zucker, Traubensaft und Zitronensaft am nächsten Tag aufkochen, 5 Min. kochen lassen und abkühlen.
In der Zwischenzeit die restlichen Trauben in die Gläser schlichten und den kalten Sirup darauf gießen.
Die Gläser zum Einwecken in das kalte Wasserbad stellen und bei **85 °C 15 Min.** einkochen.

SAUERKIRSCHENKOMPOTT

ZUTATEN: 3 kg Sauerkirschen, 1 Vanilleschote, 5 Nelken, 300 g Gelierzucker, 200 g Zucker, $^3/_8$ l Kirschbrand, Saft einer Zitrone, $^1/_2$ l Wasser.

ZUBEREITUNG: Die Sauerkirschen waschen, entkernen, dabei den Saft auffangen.
Den Kirschbrand über die Sauerkirschen leeren, Sauerkirschen- und Zitronensaft auch dazugeben, über Nacht zugedeckt stehen lassen.
Das Wasser mit dem Gelierzucker und dem Zucker zum Kochen bringen, die aufgeschlitzte Vanilleschote und die Gewürznelken dazugeben. Diese Flüssigkeit ca. 5 Min. kochen lassen.
Die Sauerkirschen abtropfen lassen, den Saft zum Zuckerwasser geben, dann die Sauerkirschen in die vorbereiteten Gläser schlichten. Die Vanilleschote und die Nelken auf alle Gläser aufteilen.

D[illegible]inmal aufkochen und heiß auf alle Gläser aufteilen. D[illegible] verschließen und bei etwa **80 °C 30 Min.** einkochen. **Si[illegible],5 Liter.**

SAUERKIRSCHENKOMPOTT mit Honig

Dieses Rezept ist für Schraubgläser mit Twist-off-Deckeln.

ZUTATEN: 1 kg Sauerkirschen, 0,5 l Wasser, 80 g Honig, 3 Nelken, 1 Zimtrinde.

ZUBEREITUNG: Die Sauerkirschen entsteinen.
Das Wasser mit dem Honig und den Gewürzen zum Kochen bringen, die Sauerkirschen dazugeben und etwa 2 Min. kochen lassen.
Die Früchte nun mit einem Schaumlöffel bis 2 cm unter dem Rand in die Gläser füllen und in der Zwischenzeit die Wasser-Honig-Lösung noch einmal zum Kochen bringen. Die Gläser mit der Flüssigkeit ganz auffüllen und sofort, wie für die Twist-off-Methode beschrieben, verschließen.

PFLAUMENKOMPOTT einfach

ZUTATEN: 3 kg Pflaumen, 400 g Zucker, 200 g Gelierzucker, 2 Stangen Zimt, 10 Nelken, 1 unbehandelte Zitrone.

ZUBEREITUNG: Die Pflaumen waschen, entsteinen und mit allen anderen Zutaten mischen. Die Schale der Zitrone in 1 cm breite und 2 mm starke Streifen abschneiden und zu den Früchten geben. Das Ganze einige Stunden stehen lassen, dann mit dem Saft in die Gläser schlichten und diese verschließen.
Bei **90 °C 30 Min.** sterilisieren.

PFLAUMENKOMPOTT mit Rotwein

ZUTATEN: 2 kg Pflaumen, 1 l Rotwein, 300 g Gelierzucker, 100 g Zucker, 5 Nelken, 2 Zimtrinden.

ZUBEREITUNG: Die Pflaumen waschen, halbieren und entsteinen.
Den Rotwein mit dem Zucker und den Gewürzen aufkochen und abkühlen lassen.
Die Früchte nun bis 2 cm unter dem Rand in die Gläser schlichten, mit dem abgekühlten Zucker-Wein-Sirup bedecken und die Gläser verschließen.
Bei **90 °C 25 Min.** einkochen.

EINGELEGTES GEMÜSE

Auch das eingelegte Gemüse bedrohen sehr viele Mikroorganismen, ähnlich wie beim Obst, nur beim Gemüse ist die Sterilisierung etwas schwerer, denn der Zuckergehalt fällt völlig weg.
Die Sporen einzelner Verderbniserreger sind derart widerstandsfähig, dass sie selbst längeres Kochen ohne Schaden überleben.
Zum sicheren Abtöten der Sporen ist also Erhitzen auf über 100 °C nötig oder wiederholtes Aufkochen notwendig.
Zuhause können Sie aber nur die zweite Methode anwenden, in Konservenfabriken wird eher mit der ersten Methode gearbeitet.
Die Vorbereitungen des Gemüses sind die gleichen wie beim Obst, nur ist die Sauberkeit hier von noch größerer Bedeutung.
Das Gemüse muss fast immer in leichtem Salzwasser vorgekocht und anschließend in einer frischen Salzlösung eingelegt werden.
Dabei verwendet man pro Liter Wasser einen Kaffeelöffel Salz.

SPARGEL EINGELEGT

Den Spargel schälen, in gleiche Länge schneiden und in Salzwasser 4 Minuten kochen. Anschließend mit den Spitzen nach unten in hohe Einmachgläser schlichten. Eine Salzlösung von 1 Teelöffel Salz pro Liter Wasser kochen und den Spargel damit übergießen. Dabei darf der Spargel auf keinen Fall aus dem Wasser stehen und das Glas muss bis 2 cm unter dem Rand befüllt sein. Die Gläser mit den Gummiringen und den Spangen verschließen und **bei schwachem Kochen im Wasserbad 90 Min. einwecken.**
Nach 4 Tagen ist der Vorgang für eine halbe Stunde zu wiederholen.

ERBSEN EINGELEGT

Die Erbsen dürfen nicht ganz reif sein und müssen zuerst aus den Schoten genommen werden. Dabei ist darauf zu achten, dass beschädigte und zu kleine Kerne entfernt werden müssen. Nun ist es bei Erbsen am besten, wenn man sie in das Etamin bindet und so für 5 Min. in kochendes Salzwasser legt, mit dem Etamin anschließend in kaltes Wasser taucht und anschließend sofort in die Gläser füllt.
Nun kocht man die schwache Salzlösung von einem Kaffeelöffel Salz pro Liter Wasser, gibt in jedes Glas einen kleinen Löffel Zucker und füllt die Gläser mit der Salzlösung auf.
Die Gläser werden mit Gummiringen und Spangen verschlossen und dann **im kochenden Wasserbad für 90 Minuten sterilisiert**. Diesen Vorgang wiederholt man am 2. Tag für eine halbe Stunde.

GRÜNE BOHNEN EINGELEGT

Zum Einlegen eignen sich am besten fadenlose, feine Sorten, bei denen die Kerne noch nicht ausgebildet sind.

Die grünen Bohnen müssen vorbereitet werden, indem man die Enden abschneidet und die grüne Bohnen gut wäscht.

Auch bei den grünen Bohnen ist es am besten, sie in ein Leinentuch einzubinden und darin 10 Min. in Salzwasser zu kochen.

Anschließend werden sie mit dem Tuch kurz in kaltes Wasser gelegt und sofort in die vorbereiteten sterilen Gläser gefüllt.

Diese werden dann mit Salzwasser aus einem Kaffeelöffel Salz pro Liter Wasser aufgefüllt und anschließend im kochenden Wasserbad **90 Minuten eingeweckt**.

Dieser Vorgang muss nach 5 Tagen für 20 Minuten wiederholt werden.

So eingelegte grüne Bohnen eignen sich zu jeder Verwendung, sowohl als warmes Gemüse, als auch für Salat mit den üblichen anderen Zutaten.

BLUMENKOHL EINGELEGT

Blumenkohl kann im Ganzen, aber auch als Röschen eingelegt werden, was auf jeden Fall die bessere Methode ist.

Die Blumenkohlrose muss in einzelne Röschen zerteilt werden und der Strunk kreuzweise eingeschnitten sein. Dann müssen die Röschen 3 Stunden im kalten Wasser liegen, dadurch kommt das Ungeziefer heraus. Danach werden die Röschen 3 Minuten in Salzwasser gekocht und anschließend in die sterilen Gläser gefüllt.

Nach Übergießen mit dem schwachen Salzwasser von 1 Kaffeelöffel pro Liter Wasser wird der Blumenkohl **1 Stunde im kochenden Wasserbad eingeweckt**.

Dieser Vorgang wird nach 5 Tagen wiederholt.

SPINAT EINGELEGT

Die sorgfältigst gereinigten, weder zu großen, noch zu kleinen Spinatblätter werden in gesalzenem Wasser vorgekocht, anschließend in kaltes Wasser gelegt, gut ausgedrückt und anschließend im Mixglas püriert oder mit dem Wiegemesser zerkleinert.

Das Mus wird dann in die sterilen Gläser gefüllt und im **kochenden Wasserbad 70 Min. eingeweckt.**

Dieser Vorgang wird nach 4 Tagen wiederholt.

MÖHREN EINGELEGT

Die jungen Möhren schälen, in kochendem Salzwasser 5 Minuten kochen, kalt abschrecken und in die Gläser füllen.

Salzwasser aus einem Kaffeelöffel Salz pro Liter Wasser kochen und die Gläser damit auffüllen. Die Gläser verschließen und **im kochenden Wasserbad 90 Minuten sterilisieren.**

Diesen Vorgang nach 4 Tagen für 20 Minuten wiederholen.

RHABARBER EINGELEGT

Die Blattstiele werden vor Sonnenwende gepflückt, gewaschen, die Fäden abgezogen und in Würfel geschnitten. Die Würfel werden auf 1 kg Blattstiele mit einem halben kg Zucker bestreut.

Nach ca. 1 Std. sollen die Blattstiele gekocht werden. Dabei lässt man den Rhabarber einige Male aufwallen, dann erkalten, füllt ihn in die sterilen Gläser, verschließt mit Gummiringen und Spangen und **sterilisiert bei 100 °C. 30 Minuten.**

PILZE EINGELEGT

Fast alle Arten von Pilzen lassen sich in Weckgläsern sterilisieren.

Die Pilze müssen, nachdem sie gereinigt und geputzt sind, in gleichmäßig große Stücke geschnitten werden. Danach werden sie gut eingesalzen und so zum Kochen gebracht.

Die Pilze enthalten sehr viel Wasser und es entsteht beim Kochen eine braune Brühe. Nun müssen Sie die Pilze mit einem Schaumlöffel in die vorbereiteten sterilen Gläser füllen. Der braune Sud muss durch ein Etamin geseiht werden und im klaren Zustand so über die Pilze geleert werden, dass die Pilze bedeckt sind.

Sie können, um die Verdaulichkeit der Pilze zu fördern, eine Messerspitze voll Natron zu den Pilzen geben.

Das Sterilisieren geschieht bei 100 °C, für 75 Minuten und muss nach 5 Tagen wiederholt werden.

PILZE EINGELEGT IN BUTTER

Kleine feste Champignons oder Steinpilze werden geputzt, gewaschen und in Butter mit wenig Wasser, etwas Salz, Pfeffer und Zitronensaft gekocht.

Danach müssen die Pilze in sterile Gläser gefüllt werden, mit ihrer eigenen Brühe übergossen und bei 100 °C, 80 Minuten eingeweckt werden.

DIE ESSIGHERSTELLUNG

Essig entsteht, wenn man ein alkoholisches Getränk längere Zeit offen stehen lässt. Mit Hilfe von Sauerstoff aus der Luft bauen Essigsäurebakterien den Alkohol in Essigsäure ab.
Um Essig selbst herzustellen, bräuchten Sie nur eine offene Flasche Wein an einen warmen, möglichst sonnigen Platz zu stellen. Bis der Wein durch Bakterien aus der Luft sauer wird, können allerdings schon einige Monate vergehen.
Dabei können aber auch einige weniger gute Bakterien entstehen.
Man kann Essig aber auch einfach selbst herstellen, indem man Wein oder Apfelmost mit einer Essigmutter aus der Apotheke vermischt und das Gemisch an einem warmen Ort ca. 5 Wochen gären lässt. Es gibt noch eine Möglichkeit, wenn man sich einen Essigtopf, das ist ein Topf aus glasiertem Ton, mit einem praktischen Ausgusshahn, anschafft. Dieser ist meist im Fachhandel gemeinsam mit einer guten Essigmutter erhältlich. Und das Essigmachen ist kein Problem mehr. Allerdings müssen Sie die Essigmutter trotzdem immer wieder gut ernähren und nicht zu lange im alten Essig lassen, sie frisst sich sonst selbst auf.

DIE ESSIGMUTTER

Auch eine Essigmutter kann man selbst herstellen.
Wein oder vergorenen Apfelsaft in ein möglichst großes Gefäß füllen, es soll viel Sauerstoff dazukommen. Es kann aber sehr schnell Ungeziefer dazukommen, deswegen müssen Sie das Gefäß mit einem Gazetuch oder dünnem Papier abdecken, keinen festen Deckel verwenden, das Gefäß kann durch die Gärung kaputt werden.
Ein Stück Sauerteig vom Bäcker holen und dem Wein ein paar Esslöffel fertigen Essig beigeben. Die genaue Menge ist dabei nicht wesentlich, da sich Essigsäurebakterien sehr rasch selbst vermehren. Dabei bildet sich dann auf der Oberfläche eine Haut, die sich immer mehr verdickt – die Essigmutter.
Die Essigmutter besteht aus einer Unmenge von Essigsäurebakterien.
Es kann aber auch zu Problemen kommen und der angesetzte Essig bekommt plötzlich einen weißen Film an der Oberfläche.
Das können Sie mit der Beigabe von ganz wenig Obstbrand lösen.
Sollte das nicht funktionieren, dann entfernen Sie die Essigmutter noch rechtzeitig, kontrollieren Sie, ob sie nicht schon zu alt ist. Die Essigmutter kann richtig matschig werden und sich selbst auffressen, wenn sie nicht richtig behandelt wird.
Ab und zu sollte man den dunklen Teil der Essigmutter ablösen und

nur den hellen Teil weiterverwenden. Mit der Hilfe der Essigmutter können Sie dann immer wieder neuen Essig ansetzen. Dabei geben Sie immer ein Stück der Essigmutter in den nächsten Wein und wenn sich nach ca. 5 Wochen der Alkohol zu Essig umgewandelt hat, dann brauchen Sie den Essig nur noch durch ein Tuch abseihen. Die im Tuch bleibende Essigmutter brauchen Sie dann nur wieder in eine Flasche füllen, mit Wein begießen und schon geht das Essigleben weiter.
Im diesem Essig kann man dann die verschiedensten Kräuter und Gewürze ansetzen. Dabei kann man der Phantasie freien Lauf lassen.
Nach 3–4 Wochen hat der Essig dann den Geschmack der Zutaten angenommen. Man lässt die eingelegten Kräuter und Gewürze, mit Ausnahme von Beeren, Chilischoten und Zitronenschalen im Essig, solange sie bedeckt sind.

BASILIKUMESSIG

ZUTATEN: 80 g frische Basilikumblätter, 1 lWeinessig,

ZUBEREITUNG: Die Basilikumblätter am besten so ernten, dass Sie sie nicht waschen müssen.
Die Blätter in eine breite Flasche geben und mit dem Essig auffüllen. Den Essig an einem kühlen Ort etwa 3 Wochen ziehen lassen, dann durch ein ausgekochtes Tuch gießen, in sterile Flaschen füllen, der Essig hält 1–2 Jahre. Es sieht sehr schön aus, wenn Sie nach dem Abfüllen, noch einige frische, gewaschene, gut abgetrocknete Blätter in die Flasche geben.

BLÜTENESSIG

Für diesen Essig sollten Sie die Blüten, die sie verwenden, schon am Vortag pflücken, gut abschütteln und auf einem Gitter in der Sonne einige Stunden trocknen lassen. Sehr gut eignen sich folgende Blüten: Veilchen, Rosenblütenblätter, Hollunderblüten, Lavendel und Kapuzinerkresse.

ZUTATEN: 1 große Hand voll in der Sonne getrocknete Blüten, 4 Zehen Knoblauch, 7 Gewürznelken, 1 feinst geschnittene Schalotte, 1 l Rotweinessig.

ZUBEREITUNG: Die Blüten, Schalotte und Knoblauch in eine große Glasflasche oder in ein Gefäß aus glasiertem Steingut füllen, den Essig abkochen und noch heiß auf die Blüten usw. leeren.
Erst wenn der Essig völlig abgekühlt ist, die Flasche verschließen und mindestens 2 Monate stehen lassen.
Dann das Ganze durch ein doppeltes Tuch seihen, in Flaschen füllen und gut verschließen.

BROMBEERESSIG

ZUTATEN: 500 g Brombeeren, 0,75 l Weißweinessig.

ZUBEREITUNG: Die Brombeeren auslesen, nicht waschen und in eine Flasche füllen. Mit dem Essig auffüllen und an einem kühlen Platz ca. 3 Wochen stehen lassen, bis sich der Essig violett gefärbt hat.

Den Essig durch ein Tuch abseihen, die Flaschen gut verschließen und kühl und dunkel lagern.

DILLESSIG

ZUTATEN: 0,75 l Weinessig oder Apfelessig, 5 große Zweige Dill, 10 Pfefferkörner.

ZUBEREITUNG: Dill waschen, trocknen lassen und in eine Flasche geben. Den Essig darüber gießen und 3 Wochen in der Sonne auf der Fensterbank stehen lassen. Den Essig durch ein Tuch seihen und in eine schöne Flasche füllen.

Sie können das Gewürz aber auch länger im Essig lassen, aber spätestens, wenn bei Verwendung Dill nicht mehr im Essig liegt, dann sollten Sie sie herausfischen.

HIMBEERESSIG

ZUTATEN: 500 g reife, einwandfreie Himbeeren, 0,5 l Weinessig.

ZUBEREITUNG: Die Himbeeren auslesen, wirklich nur einwandfreie Beeren verwenden und nicht waschen.

Die Beeren in eine klare Flasche füllen, den Essig darauf leeren, das Gefäß verschließen, auf eine sonnige Fensterbank stellen, dabei täglich einmal schütteln.

Die Beeren etwa 3 Wochen im Essig lassen, dann den Essig durch ein sauberes Tuch seihen, in eine neue Flasche füllen und dunkel und kühl lagern.

JOHANNISBEERESSIG

ZUTATEN: 400 g reife Johannisbeeren (schwarze Johannisbeeren), 0,5 l Weinessig.

ZUBEREITUNG: Genauso wie den Himbeeressig weiterverarbeiten.

KRÄUTERESSIG

Rezept siehe 8. Abbildung im Buch.

ZITRONENTHYMIANESSIG

ZUTATEN: 2 unbehandelte Zitronen, eine Hand voll Zweige vom Zitronenthymian (die Blättchen haben einen weißen Rand und riechen, wenn man sie reibt nach Zitrone), 1 l Weinessig.

ZUBEREITUNG: Wenn Sie keinen Zitronenthymian bekommen können, dann können Sie den Essig auch aus Thymian und Melisse herstellen. Die Zitronenschale heiß waschen und dünn schälen, den Thymian, wenn es möglich ist, nicht waschen.
Alles gemeinsam, die Zitronen, den Thymian und den Essig in eine Flasche geben und 4 Wochen ziehen lassen.

KONSERVIEREN MIT ESSIG

Essig bewirkt, dass Lebensmittel, die darin eingelegt sind, nicht schimmlig werden. Das heißt, Essig verhindert die Bakterienbildung und die Lebensmittel werden lange haltbar.
Die Qualität des Essigs ist dabei aber sehr wesentlich, weil Essig auch den Geschmack und das Aroma abgibt.
Außerdem sollte der Essig eine Mindestsäure von 5% haben.
Verwenden Sie zum Konservieren mit Essig auf keinen Fall Geschirr aus Aluminium, Kupfer oder Messing. Durch die Essigsäure kann das Geschirr angegriffen oder sogar das Einkochgut mit Schwermetallen versetzt werden. Das kann dann sogar Gesundheitsgefährdungen mit sich bringen und das ist nun wieder nicht der Sinn der Sache von Selbsteingelegtem.
Verwenden Sie immer genau so viel Essig, als in den Rezepten angegeben ist, nur so hält sich das Einlegegut auch wirklich.
Am besten verwenden Sie Schraubgläser mit Twist-off-Deckeln.
Sie können aber auch die alte, herkömmliche Art mit Weckgläsern, Gummiringen und Metallspangen verwenden, auch dafür finden Sie einige Rezepte in diesem Buch.

SÜSSSAUER EINGELEGTE FRÜCHTE

Essigfrüchte

Süßsauer eingelegte Früchte werden meist mit einer gekochten Essig-Zucker-Lösung übergossen und die Gläser luftdicht verschlossen. Im sauren Milieu, wie es hier durch den Essigzusatz gegeben ist, können Mikroorganismen nicht leben.

Zucchini eingelegt
Rezept siehe Seite: 122
Im Vordergrund ist

DIE PEPERONATA

ZUTATEN: 2 kg bunte, fleischige Paprika, 0,25 l Balsamico (ein Essig der aus Modena kommt und lange gelagert ist), Salz und Zucker nach Geschmack, 15 Zehen Knoblauch, 1 EL Senfkörner, 1 EL Pfefferkörner, 3 Lorbeerblätter, 2 Zweige Thymian, 1 l kaltgepresstes Olivenöl.

ZUBEREITUNG: Die Paprikaschoten auf einem Brett in möglichst große, flache Stücke schneiden, den Stängel weggeben und die Kerne wegputzen.
Nun legen Sie die Paprikastücke auf ein nasses Backblech und braten sie im Rohr bei 230 °C so lange, bis sie braune Blasen schlagen. Keine Angst, sie dürfen ruhig verbrannt aussehen!
Diese braunen Paprika müssen Sie jetzt in eiskaltes Wasser legen und sofort schälen, die Haut lässt sich leicht abziehen und übrig bleibt das gebratene Fruchtfleisch.
Dieses Fruchtfleisch marinieren Sie nun mit den Gewürzen Salz, Pfeffer und dem Balsamico, geben Sie aber kein Wasser dazu! Lassen Sie die Paprikaschoten so zugedeckt im Kühlschrank über Nacht stehen.
Am nächsten Tag mischen Sie das Ganze noch gut mit dem Olivenöl durch, füllen es in Gläser, schließen noch zusätzlich mit 2 cm Olivenöl ab und klopfen die Gläser einige Male leicht auf den Tisch, dass Luftblasen noch entweichen können.
Dann verschließen Sie mit dem „Twist-off-Verfahren“ und lassen die Gläser zur Aufbewahrung unbedingt im Kühlschrank oder einem kalten, dunklen Kellerraum stehen.

Der hohe Zuckergehalt trägt wesentlich zur Konservierung bei. Auch wenn die Zuckerlösung alleine die Früchte konservieren kann, so wird die konservierende Wirkung durch die im Essig befindliche Essigsäure wesentlich unterstützt. Sterilisiert man die Gläser zusätzlich, was nicht immer notwendig ist, so können sich solche Gläser einige Jahre halten. Verwenden Sie keine aromatisierten Essige, sie haben zu viel Eigengeschmack. Für die Haltbarkeit von Essigfrüchten hat in erster Linie die Essig-Zucker-Lösung die größte Bedeutung:
Grundrezept für den Sud ist **0,5 l Essig, 0,25 l Wasser, 300 g–500 g Zucker, 1 kg Obst.**
Essigfrüchte sind in letzter Zeit in Vergessenheit geraten, was sehr schade ist, denn sie passen gut zu allen Fleischgerichten. Besonders beim Wild sind Essigfrüchte beliebt, allerdings haben sie auch einen Nachteil, durch den Essiggeschmack, der immer bleiben wird, wird der eigentliche Fruchtgeschmack wesentlich zerstört.

Essiggemüse

Süßsauer kann man genauso wie Obst, Gemüse einlegen. Nur der Zuckergehalt gegenüber dem Obst wird vermindert.
Man verwendet bei gleichen Essig und Wassermengen, 80 g–100 g Zucker.

Tipps, wenn Sie Schraubgläser verwenden

1. Das Obst gründlich waschen, putzen und evt. zerteilen.
2. Essig, Wasser, Zucker und Gewürze zu einem Sud kochen.
3. Das Obst im Sud garen.
4. Das Obst mit einem Sieblöffel in die Gläser schlichten.
5. Den Gewürzsud nochmals aufkochen und abschmecken.
6. Die Gläser mit dem Sud auffüllen, 2 cm über das Obst.
7. Auf den Deckel Alkohol leeren, anzünden, dann den Deckel sofort und brennend auf die Gläser drehen. Vorsicht!

ÄPFEL süßsauer

ZUTATEN: 2 kg saure Äpfel, 500 g Zucker, 10 Gewürznelken, 2 Zimtrinden, 0,75 l Apfelessig, 0,25 l Wasser, 2 cm einer Ingwerwurzel, Schale einer Zitrone, 1 TL Koreander, Salz.

ZUBEREITUNG: Essig, Wasser und Gewürze vermischen.
Die Äpfel waschen, schälen, das Kernhaus herausstechen, in 1 cm dicke Ringe schneiden, und um das „Braunwerden" zu verhindern, bis Sie fertig sind mit dem Schälen, in das Essiggemisch legen.

Nun nur so viel Essig bei den Äpfeln lassen, dass sie bedeckt sind, den anderen Teil zum Kochen bringen, und den Zucker dazu geben.
Die Äpfel mit dem restlichen Essiggemisch dazugeben und 5 Min. darin leicht kochen lassen. Die Äpfel müssen noch kernig sein, wenn Sie sie mit einem Schaumlöffel in die Gläser füllen. Den Sud noch ca. 20 Min. einkochen lassen, dann abschmecken.
Heiß in die Gläser zu den Äpfeln leeren, dabei müssen die Äpfel mind. 2 cm bedeckt sein.
Die Gläser sofort wie oben beschrieben verschließen, anschließend dunkel und kühl lagern.

ÄPFEL in pikantem Apfelsaft

ZUTATEN: 1 l süßsaurer Apfelsaft, Saft von 1 Zitrone, 0,5 l Apfelessig, 1 cm einer frischen Ingwerwurzel, 5 Stück Pimentkörner, 500 g Zucker, 2 kg kleine Kochäpfel mit Stiel, 5 Zimtstangen.

ZUBEREITUNG: In einer großen Kasserolle Apfelsaft, Essig, Zucker, Zitronensaft und die Gewürze aufkochen. Diesen Sirup ca. 10 Min. kochen lassen, die gut gewaschenen Äpfel in den Sirup legen, und darin 10 Min. simmern lassen. Nun legen Sie die Äpfel mit einem Schaumlöffel in die vorbereiteten Gläser und geben in jedes Glas eine Zimtstange. Den Sirup durchseihen und noch einmal aufkochen, sofort über die Äpfel in den Gläsern geben, die Gläser verschließen und bei **90 °C 15 Min.** einkochen.
Sie erhalten ca. 3,5 Liter.
MEIN TIPP: Essen Sie diese Äpfel zu kaltem Braten oder verwenden Sie diese pikanten Äpfel als Soßengrundlage.

POCHIERTE BIRNEN in Johannisbeer-Essig

ZUTATEN: 8 feste noch nicht ganz reife Williams Birnen, 1 l Wasser, 500 g Zucker, 5 Pimentkörner, 2 Zimtstangen, 5 Gewürznelken, Schale von einer Zitrone, 1/8 l schwarzen Johannisbeeressig (dieses Rezept finden Sie im Buch), 5 Lorbeerblätter.

ZUBEREITUNG: In einer großen Kasserolle Wasser und Zucker unter Rühren aufkochen. Die Birnen schälen und der Länge nach mit dem Stiel halbieren, das Kernhaus rund herausschneiden. Wenn Sie keine Williams-Christ-Birnen haben, dann legen Sie die Birnen sofort in den Sirup, viele andere Sorten werden nämlich braun.
Die Gewürze in ein Stoffsäckchen binden und zusammen mit der Zitronenschale zum Sirup geben. Nun die Birnen im Sirup ca. 15 Min. simmern, aber nicht zu weich werden lassen! Die Birnen nun mit dem

Schaumlöffel in die Gläser füllen und in jedes Glas 1 Lorbeerblatt und 2 große Esslöffel Essig geben.

Den Sirup auf großer Flamme auf ca. 0,75 l eindicken (das Gewürzsäckchen entfernen) und sofort auf die Birnen in den Gläsern leeren.

Die Gläser sofort verschließen und bei **90 °C 30 Min** einkochen.

MEIN TIPP: Wenn Sie die Birnen im Sirup in der Kasserolle fertig garen und mit der Twist-off-Methode verschließen, dann brauchen Sie die Gläser nicht noch einmal einkochen.

Diese Essigbirnen schmecken sehr gut zu Wildgerichten oder Ente!

ESSIGBIRNEN und QUITTEN mit Wacholder

ZUTATEN: je 500 g Birnen und Quitten, 0,75 l Obstessig, 0,3 l Wasser, Salz, 250 g Zucker, 2 Zimtstangen, 8 Gewürznelken, abgeriebene Schale einer Zitrone, 10 Wacholderbeeren, Salz.

ZUBEREITUNG: Die Birnen und Quitten schälen, beide in etwa gleich große Stücke schneiden. Aus allen anderen Zutaten den Essigsud herstellen. Die Quitten ca. 25 Min. darin garen, dann die Birnen dazu geben.

Nach ca. 10 Min., wenn die Birnen auch glasig werden, die Früchte gemeinsam mit einem Schaumlöffel in die Gläser schlichten.

Den Sud noch einmal aufkochen, abschmecken und die Früchte damit mind. 1 cm bedecken. Die Gläser wie oben beschrieben zudrehen, anschließend dunkel und kühl aufbewahren.

Sie erhalten ca. 2 Liter.

ESSIGBROMBEEREN

ZUTATEN: 2 kg Brombeeren, 1,8 kg Zucker, 0,5 l Weinessig, für jedes Glas eine Nelke, 1 cm einer Zimtrinde und ein kleines Stück Zitronenschale.

ZUBEREITUNG: Die Brombeeren auslesen und waschen. Anschließend auf einem Küchentuch trocknen lassen.

Aus allen anderen Zutaten einen Essigsud kochen, die Brombeeren darin einmal aufwallen lassen und mit einem Schaumlöffel in die Gläser schlichten. Die Gewürze dazugeben. Den Sud noch einmal aufkochen lassen und über die Brombeeren in den Gläsern leeren. Die Gläser sofort wie beschrieben verschließen, dann kühl aufbewahren.

MEIN TIPP: Probieren Sie diese Brombeeren doch einmal anstatt Preiselbeeren zu Fleischgerichten. Sie werden begeistert sein!

ESSIGPFLAUMEN einfach

ZUTATEN: 2 kg Pflaumen, 0,5 l Essig, 0,25 l Wasser, 500 g Zucker, 2 Zimtstangen, 1 Streifen Zitronenschale, 1 cm breit mit dem Messer abgeschnitten, 10 Gewürznelken, Salz.

ZUBEREITUNG: Die Pflaumen waschen, oben und unten kreuzweise mit einem gut schneidenden Gemüsemesser ca. 2 mm tief einschneiden. Ein paar Pflaumenkerne aufschlagen und den mandelartigen Innenteil aufheben. Aus den anderen Zutaten den Essigsud kochen. Die Pflaumen darin ca. 15 Min. kochen lassen und anschließend mit einem Schaumlöffel in die Gläser schlichten.
Den Essigsud noch einmal aufkochen und abschmecken, er muss sehr pikant schmecken. Evt. noch etwas Essig, Zucker und Salz dazugeben.
In die mit Pflaumen befüllten Gläser je einen aufgeschlagenen Pflaumenkern geben und mit dem Essigsud 2 cm über die Früchte anfüllen. Die Gläser sofort wie beschrieben verschließen und mind. 3 Monate kühl und dunkel aufbewahren.
Sie erhalten ca. 2 Liter.

ESSIGPFLAUMEN aus geschälten Pflaumen

ZUTATEN: 2 kg Pflaumen, 0,5 l Essig, 0,25 l Wasser, 500 g Zucker, 2 Zimtstangen, Zitronenschale, 8 Nelken, etwas Salz.

ZUBEREITUNG: Die Pflaumen waschen und oben und unten kreuzweise mit einem scharfen Gemüsemesser ca. 2 mm tief einschneiden.
Anschließend in kochendem Wasser blanchieren, kalt abschrecken und sofort schälen. Aus den anderen Zutaten den Sud herstellen und die Pflaumen darin ziehen lassen. Die Dauer kommt auf den Reifegrad der Pflaumen an, aber ca. 10 Min. Die Pflaumen dürfen nicht weich werden, denn man muss bedenken, dass sie keine Schale mehr haben und im kochenden Essigsud zusätzlich noch nachziehen.
Die Pflaumen mit einem Schaumlöffel in die Gläser schlichten, den Sud noch einmal aufkochen und abschmecken. Anschließend über die Pflaumen leeren, sodass die Pflaumen 2 cm bedeckt sind.
Sofort verschließen und kühl lagern.
MEIN TIPP: Diese Pflaumen müssen nicht so lange lagern, sie ziehen viel schneller durch und auch der Saft im Glas ist viel geschmackvoller!

ESSIGPFLAUMEN mit Rotwein

ZUTATEN: 2,5 kg Pflaumen, 400 g Zucker, 0,5 l Rotwein, 0,25 l Essig, 1 Zimtstange, 5 Gewürznelken, Zitronenschale, etwas Salz.

ZUBEREITUNG: Die Pflaumen waschen und wie bei allen anderen Rezepten mit einem kleinen Messer einschneiden.
Aus allen anderen Zutaten, außer dem Wein, einen Sud kochen, den Wein zum Schluss dazugeben, die Pflaumen darin 10 Min. ziehen lassen, mit dem Schaumlöffel in die Gläser füllen.
Den Sud noch einmal aufkochen, abschmecken und die Pflaumen in den Gläsern damit 2 cm bedecken. Die Gläser sofort verschließen, anschließend kühl und dunkel lagern.

GEMISCHTE ESSIGFRÜCHTE

ZUTATEN: 250 g Sauerkirschen, 250 g Kirschen, 500 g Pflaumen, 500 g Pfirsiche, 500 g Birnen, 1 l Weinessig, 0,5 l Wasser, 1,2 kg Zucker, für jedes Glas eine Nelke und 1 cm einer Zimtrinde, etwas Salz.

ZUBEREITUNG: Die Früchte waschen und anschließend trocknen.
Kirschen, Sauerkirschen und Pflaumen entkernen. Die Pfirsiche einschneiden blanchieren, schälen und in Spalten schneiden.
Die Birnen schälen, halbieren, das Kernhaus herausschneiden und in Spalten schneiden. Den Essig mit dem Wasser, dem Zucker und den Gewürzen aufkochen, die Früchte darin abwechselnd aufkochen lassen, die Birnen zuletzt, sie brauchen etwas länger bis sie glasig werden. Mit einem Schaumlöffel alle Früchte nacheinander in die Gläser schlichten, die Gewürze darauf aufteilen. Den Sud noch einmal aufkochen lassen und sofort über die Früchte geben.
Die Gläser verschließen und dunkel lagern.
MEIN TIPP: Achten Sie unbedingt darauf, dass alle Früchte eine andere Garungszeit haben.

APRIKOSEN süßsauer, geschält

ZUTATEN: 1 kg feste Aprikosen, 0,5 l Obstessig, 0,5 l Wasser, 500 g Zucker, 1 Zimtrinde, 2 cm einer Ingwerwurzel, 1 TL Senfkörner, 5 Nelken, Zitronenschale, etwas Salz.

ZUBEREITUNG: Die Aprikosen blanchieren, kalt abschrecken und sofort schälen. Aus allen anderen Zutaten einen Sud kochen. Die Aprikosen im kochenden Sud 5 Min. ziehen lassen und mit einem Schaumlöffel in die Gläser schlichten. Den Sud noch weiterkochen, bis er dicklich wird, die Gewürze entfernen und anschließend über die Aprikosen gießen.
Die Gläser sofort verschließen, kühl und dunkel lagern.

SAUERKIRSCHEN süßsauer

ZUTATEN: 2 kg Sauerkirschen, 0,5 l Essig, 0,25 l Wasser, 650 g Zucker, 2 Zimtstangen, Salz, 5 Nelken.

ZUBEREITUNG: Die Sauerkirschen gut waschen, wenn sie sehr wurmig sind, kann man sie einige Stunden in kaltes Wasser legen, die Würmer kommen dann heraus. Aus den anderen Zutaten einen Sud kochen. Die Sauerkirschen darin ca. 10 Min. ziehen lassen und mit einem Schaumlöffel in die Gläser füllen. Den Sud noch einmal aufkochen und abschmecken, in die Gläser füllen und die Gläser wie oben beschrieben verschließen.

Kühl und dunkel lagern.

Sie erhalten ca. 2 Liter.

SENFFRÜCHTE

Senffrüchte nennt man jene Früchte, welchen bei der Konservierung in starken Essig-Zucker-Lösungen auch noch Senfmehl beigegeben wird.

SENFFRÜCHTE süßsauer

ZUTATEN: 250 g Pfirsiche, 250 g Aprikosen, 300 g dunkle Kirschen, 1 reife Honigmelone, 200 g Pflaumen, 1 Zitrone, 500 g Zucker, 0,25 l Rotweinessig, 70 g Senfpulver.

ZUBEREITUNG: Alle Früchte unter rinnendem Wasser waschen und in einem Sieb gut abtropfen lassen.

Pfirsiche, Aprikosen und Pflaumen halbieren, entsteinen und die Hälften vierteln. Die Kirschen entsteinen. Die Melone halbieren, die Kerne herausnehmen, die Frucht in Spalten schneiden, schälen und in Würfel schneiden. Die Zitrone dünn schälen und auspressen. Die Schale in ganz feine Würfel schneiden.

$^2/_3$ des Zuckers mit 0,25 l Wasser aufkochen, die Früchte der Reihe nach jeweils 10 Minuten darin kochen und in die Gläser schlichten.

Den restlichen Zucker und den Essig in den Kochsud mischen und 10 Minuten lang unter ständigem Rühren einkochen lassen.

Nun das Senfpulver einrühren und die Zitronenschale und den Saft dazugeben. Den Sirup über die Früchte in den Gläsern gießen und die Gläser luftdicht mit dem Twist-off-Verfahren verschließen.

Wenn Sie die Gläser kühl und dunkel lagern, dann halten sie einige Monate.

ESSIGGEMÜSE

Essiggemüse ohne Öl eingelegt

Alle hier angegebenen Rezepte beziehen sich auf einen Essig mit 0,5% Säure.

Zum Einlegen in Essig eignen sich alle ganz besonders feinen Gemüsesorten und junges Gemüse.

Sie können aber auch noch kleine geschlossene Pilze oder Kräuter einlegen. Gemüse und Pilze werden meistens geputzt und einen Tag in Salz eingelegt. Anschließend wäscht man sie gut, schlichtet sie in die Gläser und füllt diese mit dem heißen Essigsud auf.

Dabei muss das Gemüse mindestens 2 cm mit Essigsud bedeckt sein.

Am nächsten Tag wird das Ganze bei manchen Rezepten wiederholt, um die Haltbarkeit zu verlängern.

Man kann das Einlegegut aber auch in der Essiglösung mit den Gewürzen und Kräutern garen und dann in die Gläser füllen.

Die Gläser müssen, wie bei allen anderen Konservierungsmethoden, sofort verschlossen werden, außer es steht ausdrücklich in der Rezeptur, dass die Gläser zuerst überkühlt werden müssen.

Es gelten die Einkochregeln bezüglich Sauberkeit usw. genauso wie bei allen anderen Konservierungsarten vorher.

Wie man Schraubgläser mit Twist-off-Deckeln verschließt, finden Sie einige Seiten vorher bei den Essigfrüchten.

Eingelegtes Gemüse bedarf in der Regel keiner zusätzlichen Sterilisierung, wenn Sie aber eine längere Haltbarkeit wünschen, so wäre es gut, wenn Sie Weckgläser verwenden und diese bei 80 °C 30 Min. einkochen. Bei Schraubgläsern mit Twist-off-Deckeln können Sie auf diese Deckeln einige Tropfen Weingeist leeren, anzünden und brennend auf die Schraubgläser drehen. Diese Methode wurde bei den Marmeladerezepten genau beschrieben. Durch das Anzünden verbrennt die Luft im Glas und es entsteht ein Vakuum.

GEWÜRZGURKEN

ZUTATEN: 2 kg kleine Einlegegurkerl, 5 Scheiben einer Meerrettichwurze, 500 g kleine rote Schalotten, 3 EL Senfkörner, 1 EL Pimentkörner, 5 Lorbeerblätter, für jedes Glas eine Dillblüte, 1,5 l Weinessig, 0,75 l Wasser, Zucker und Salz nach Geschmack.

ZUBEREITUNG: Die Gurken unter fließendem Wasser mit einer neuen Nagelbürste gründlich abbürsten.

Den Meerrettich schälen und in dünne Scheiben schneiden.

Die Zwiebel schälen und in Ringe schneiden. Die Gurken gemeinsam mit den Meerrettichscheiben, dem Zwiebel, den Gewürzen und den

Kräutern in die sorgfältig gereinigten Gläser füllen. Den Essig mit dem Wasser, dem Salz und dem Zucker aufkochen, denn der Sud sollte stark überwürzt schmecken. Diesen heißen Sud nun über die Gurken in den Gläsern leeren und damit bedecken.

Am nächsten Tag seihen Sie den Sud noch einmal ab, kochen ihn nochmals auf, schmecken ihn erneut stark überwürzt ab und füllen ihn wieder in die Gläser. Dabei sollte der Essigsud mind. 2 cm über den Gurken stehen. Die Gläser müssen sofort mit der Twist-off-Methode verschlossen werden und sollten 4 Wochen kühl und dunkel stehen.

GEWÜRZGURKEN im Weckglas

ZUTATEN: 1,5 kg kleine Einlegegurken, 1 l Einlegeessig, 2 l Wasser, Meerrettichscheiben, Möhrenscheiben, Schalottenzwiebeln, für jedes Glas eine Dillblüte, 2 EL Senfkörner, 5 Pimentkörner, 2 EL Pfefferkörner, 10 EL Zucker, 4 EL Salz.

ZUBEREITUNG: Die Gurken mit einer Bürste unter fließendem Wasser gut sauber bürsten, den Essig mit den Gewürzen, Salz und Zucker aufkochen. Nun schlichten Sie die Gurken und das andere Gemüse in die Gläser, gießen den Essigsud darauf, 2 cm über das Gemüse und 2 cm unter dem Rand der Gläser, wischen die Gläser sorgfältig mit einem sauberen Tuch ab, geben den sterilen, trockenen Gummiring darauf, legen den sauberen Deckel darauf und verschließen mit den Spangen.

Die Gläser müssen bei 80 °C 20 Min. eingekocht werden. Halten Sie sich dabei genau an die Vorschriften Ihres Einkochtopfes.

SENFGURKEN

ZUTATEN: 3 kg große Salatgurken schälen, der Länge nach halbieren, die Kerne mit einem Löffel herausputzen, in fingerbreite Streifen schneiden, 3 EL Salz, 1/2 l Essig, 1/8 l Wasser, 8 Würfel Zucker, 1 P Einsiedehilfe (ist nicht unbedingt notwendig, aber in diesem Fall von Vorteil), 500 g Schalotten, 10 Meerrettichscheiben, 5 EL Senfkörner, 3 EL Pfefferkörner, 5 Dillblüten.

ZUBEREITUNG: Die Gurken mit dem Salz einreiben, in eine Schüssel legen und 20 Min. stehen lassen.

In der Zwischenzeit kocht man den Essig mit dem Wasser, den Gewürzen und dem Zucker auf und gießt ihn über die eingesalzenen Gurken. Nun müssen Sie einen kleinen Deckel, der in die Schüssel passt darauf legen, damit die Gurken beschwert sind und nicht aus dem Gurkenwasser ragen. Darauf noch einen Deckel, der auf die Schüssel passt, legen. Die Gurken, die herausstehen, werden sonst schwarz.

Das Ganze muss nun 1,5 Std. stehen bleiben, anschließend werden die Gurken, die Meerrettichscheiben, die Dillblüten und die geschälten Schalotten mit einem Schaumlöffel in die vorbereiteten Gläser geschlichtet. Der Essig muss nun noch einmal abgesiehen und aufgekocht werden. Die Einsiedehilfe in den Essig geben und die Gurken noch einmal übergießen. Die Gläser zuerst auskühlen lassen und dann verschließen.

Sie können Schraubdeckel verwenden, es reicht aber auch Cellophan. Die Gläser kühl aufbewahren.

GEWÜRZZUCCHINI

ZUTATEN: 1 kg möglichst kleine Zucchini (höchstens 2 cm Durchmesser), 200 g Schalotten, 200 g Möhren, 100 g Sellerie, 5 Zehen Knoblauch, 1 l Einlegeessig, 0,5 l Wasser, 1 TL Pfefferkörner, 1 TL Senfkörner, 3 Pimentkörner, Salz und Zucker nach Geschmack.

ZUBEREITUNG: Die Zucchini und die Möhren waschen und in etwa 0,5 cm dicke Scheiben schneiden. Die Schalotten schälen und vierteln, den Sellerie schälen und in Blättchen in derselben Größe wie die Möhren schneiden.

Die Knoblauchzehen halbieren. Nun den Einlegeessig mit den Gewürzen, Salz, Zucker und dem Wasser aufkochen, der Sud sollte stark überwürzt schmecken, Sellerie, Möhren, Zwiebeln und Knoblauch 2 Min. darin kochen lassen, die Zucchini dazugeben, kurz ziehen lassen, nicht stark kochen und sofort mit einem Schaumlöffel in die vorbereiteten Gläser füllen. Den Essig mit dem Gemüse noch einmal aufkochen und heiß in die Gläser füllen.

Die Gläser sofort mit der Twist-off-Methode verschließen und an einem kühlen Ort stellen, einige Wochen durchziehen lassen.

CHAMPIGNONS EINGELEGT

ZUTATEN: 1 kg Champignons, 2 EL Salz, 10 rote Schalotten, 0,5 l Obstessig, 0,5 l Weißwein, 100 g Sellerie, 100 g Möhren, 500 g Zucker, 3 EL Pfefferkörner, 3 EL Senfkörner, 1 Stamm vom Liebstöckl und wenig Estragon.

ZUBEREITUNG: Das Gemüse schälen und in ganz kleine Würfel schneiden, die Champignons waschen, putzen und in einem Liter Wasser mit dem Salz 5 Min. leicht kochen. Die Pilze zum Abtropfen herausnehmen, aber das Wasser nicht wegschütten!

Die Zwiebel schälen und in Ringe schneiden.

Den Wein mit dem Essig und dem Kochsud mischen, alle Gewürze und die Zwiebeln dazugeben und das Ganze ca. 15 Min. kochen lassen. Die Champignons in die vorbereiteten Schraubgläser aufteilen, in jedes Glas einige Blätter vom Liebstöckl und Estragon geben, den heißen Sud darauf leeren und die Gläser sofort mit der Twist-off-Methode verschließen.

Sie können genauso gut Weck- oder andere Einkochgläser mit Klammern verwenden, dann dürfen Sie allerdings die Pilze nur 3 Min. blanchieren und die verschlossenen Gläser 30 Min. bei 90 °C einkochen.

ZUCCHINI EINGELEGT

ZUTATEN: 1 kg Zucchini (möglichst junge mit einer Länge von ca. 10 cm), 200 g Zwiebel, 4 Knoblauch Zehen, je 1 Zweig Rosmarin, Thymian und Dill, 1 l Weinessig, 0,5 l Wasser, 1 EL Salz, etwa 100 g Honig, je 1 TL Koreander, Pfefferkörner, Pimentkörner, Fenchel.

ZUBEREITUNG: Die Zucchini waschen und in 0,5 cm dicke Scheiben schneiden. Die Zwiebel schälen und in Ringe schneiden.

Die Knoblauchzehen schälen und in Scheiben schneiden.

Dann alles zusammen mit den Kräutern in die sauberen Gläser schlichten. Den Essig mit dem Wasser, dem Salz, dem Honig und den übrigen Gewürzen aufkochen und über die Zucchini in den Gläsern leeren. Mit einem Tuch abdecken. Am nächsten Tag die Flüssigkeit erneut abgießen, aufkochen und abschmecken und wieder über die Zucchini gießen.

Die Gläser sofort verschließen, dann dunkel und kühl lagern.

ROTKOHL EINGELEGT

ZUTATEN: 5 Köpfe Rotkohl, 150 g grobes Meersalz, 200 g braunen Zucker, 1 große rote Zwiebel in Ringe geschnitten, 3 EL Kümmel, 2 EL geschroteten Pfeffer, 4 Lorbeerblätter, ca. 0,75 l Rotwein Essig.

ZUBEREITUNG: Den Rotkohl vierteln, den Strunk herausschneiden und fein schneiden. Dann das Kraut auf Backblechen auflegen, mit dem Meersalz und dem braunen Zucker bestreuen und 2 Std. stehen lassen.

Den Rotkohl auspressen, sodass die überschüssige Flüssigkeit entfernt wird. Danach den Rotkohl und die Zwiebelringe abwechselnd mit den Gewürzen in die sterilen Gläser füllen.

In jedes Glas so viel Essig geben, dass das Kraut bedeckt ist, die Gläser verschließen und mind. 4 Tage an einem kühlen, dunklen Ort ruhen lassen.

ROTE ZWIEBELN EINGELEGT

ZUTATEN: 2 kg weiße oder rote Schalottenzwiebeln, 150 g grobes Meersalz, 2 l Rotweinessig, 1/2 Tasse frische Pfefferminzeblätter.

ZUBEREITUNG: Die Zwiebeln etwa 1 Minute in kochendem Wasser blanchieren, abkühlen lassen und schälen.
Schalotten und Salz in einer Schüssel gut verrühren und 3 Std. stehen lassen. Danach die Zwiebeln kurz unter fließendem Wasser abspülen, abtropfen lassen und trockentupfen.
Den Essig in einer Edelstahlkasserolle so lange kochen, bis er um die Hälfte einreduziert ist. Danach abkühlen lassen.
Nun die Zwiebeln und die blanchierten Pfefferminzblätter in die sterilen Schraubgläser füllen, mit dem Essigsud auffüllen und die Gläser sofort mit den Twist-off-Deckeln verschließen. An einem kühlen, dunklen Ort ca. 5 Wochen ruhen lassen.

MIXED PICKLES

ZUTATEN: 250 g grüne Bohnen, 1 Rose Blumenkohl, 500 g Möhren, 1 Meerrettichwurze, 300 g Schalotten, 500 g Sellerie, 5 Zehen Knoblauch, 1 l Weinessig oder Einlegeessig, 1 l Wasser, 50 g Salz, 120 g Zucker, 3 Lorbeerblätter, 30 Pfefferkörner, 10 Pimentkörner, 1 EL Senfkörner, für jedes Glas eine Dillblüte.

ZUBEREITUNG: Den Blumenkohl putzen und in Röschen schneiden, die grünen Bohnen putzen und 2-mal durchschneiden.
Die Möhren und den Meerrettich schälen und in Scheiben schneiden, den Sellerie der Größe anpassen, den Knoblauch und die Schalotten schälen und halbieren.
Den Essig mit Wasser, Gewürzen, Salz und Zucker aufkochen, er sollte versalzen und verzuckert schmecken. Zuerst Meerrettich, Möhren, Sellerie, grüne Bohnen und Knoblauch darin ca. 2 Min. kochen lassen, dann Blumenkohl und Schalotten dazugeben, wieder 2 Min. kochen lassen. Die Dillblüten dazugeben und sofort noch heiß in die vorbereiteten Gläser füllen und mit der Twist-off-Methode verschließen.

GRÜNE TOMATEN

ZUTATEN: 1 kg kleine grüne Tomaten, ca. 20 Basilikumblätter, 2 Lorbeerblätter, 100 g Schalotten, 0,5 l Essig, 0,25 l Wasser, 2 EL Pfefferkörner, Salz und wenig Zucker.

ZUBEREITUNG: Die grünen Tomaten waschen.
Den Essig mit den Gewürzen, dem Wasser, Salz und Zucker aufkochen, die Tomaten darin 5 Minuten kochen lassen.

Die Tomaten mit einem Schaumlöffel in die Gläser schlichten und dabei das Basilikum immer wieder dazwischen legen. Den Essigsud mit den Zwiebeln noch einmal aufkochen und die Gläser damit auffüllen. Die Tomaten müssen mind. 1 cm mit dem Sud bedeckt sein.
Die Gläser sofort mit der Twist-off-Methode verschließen und kühl aufbewahren.

TOMATEN MIT PFEFFERONI

ZUTATEN: 500 g rote und gelbe Paprika, 300 g kleine feste Kirschtomaten, 3 Zehen Knoblauch, 0,5 l Essig, 0,25 l Wasser, 2 Lorbeerblätter, 1 EL Pfefferkörner, Salz, 100 g Schalotten, 100 g Zucker, 1 Chilischote.

ZUBEREITUNG: Die Paprika putzen, entkernen, vierteln und in kleine Würfel schneiden, die frische Chilischote in feine Ringe schneiden.
Die Tomaten halbieren und den Stängelansatz entfernen.
Die Knoblauchzehen schälen und halbieren.
Den Essig mit den Gewürzen, außer dem Zwiebel, aufkochen, die Paprikawürfel 4 Min. darin kochen, dann die Tomaten und den Knoblauch dazugeben, alles noch einmal 4 Min. kochen lassen und mit einem Schaumlöffel in die vorbereiteten Gläser füllen.
Den Essigsud noch einmal mit dem Zwiebel und den Chilischoten aufkochen und in die Gläser füllen. Das Gemüse muss mind. 1 cm bedeckt sein.
Die Gläser mit der Twist-off-Methode verschließen, dann kühl aufbewahren.

PIKANTER BLUMENKOHL

ZUTATEN: 1 große Rose Blumenkohl, 0,5 l Weißweinessig, 0,2 l Wasser, 100 g grobes Meer Salz, 4 getrocknete Chilischoten, 1 EL Pimentkörner.

ZUBEREITUNG: Den Blumenkohl in einzelne Röschen zerteilen und in einer großen Kasserolle in kochendem Wasser ca. 5 Min. blanchieren, abtropfen und auskühlen lassen.
Den Essig mit dem Wasser mischen, das Salz dazu geben und die Mischung 5 Min. kochen.
Nun die Röschen in sterile Schraubgläser füllen, dabei in jedes Glas eine Chilischote und etwas Pimentkörner geben.
Die heiße Essigmischung in die Gläser füllen, der Blumenkohl muss vollständig bedeckt sein, die Gläser verschließen, anschließend kühl und dunkel mind. 2 Wochen ruhen lassen.

EIER IN KRÄUTERESSIG

ZUTATEN: 30 Eier, 1 l Kräuter-Einlegeessig, 1 Bund Dill, 0,5 l Wasser, 6 Lorbeerblätter, 2 EL Pfefferkörner, 4 EL Senfkörner, 4 EL Zucker, 2 unbehandelte Zitronen, Salz.

ZUBEREITUNG: Die Eier mit einem Löffel vorsichtig in kochendes Wasser legen und 10 Min. hart kochen, in kaltes Wasser legen und schälen. Anschließend zusammen mit der gezupften Dill in die Gläser schlichten. Den Kräuteressig mit den übrigen Zutaten aufkochen und stark süßsauer, salzig abschmecken. Die Zitronen in hauchdünne Scheiben schneiden und zu den Eiern in die Gläser geben.

Die Gläser mit dem heißen Essig auffüllen, abkühlen lassen und sofort verschließen. Die Eier sollten, bevor sie gegessen werden, mind. 2 Wochen an einem kühlen Ort stehen und so durchziehen.

ROTE BEETE süßsauer

ZUTATEN: 2 kg junge Rote Beete, 1 Bund Jungzwiebel, 1 l Rotweinessig, 1 l Wasser, Salz, 75 ml Cassis, 150 g Zucker, 1 EL Kümmel, 5 Lorbeerblätter,

ZUBEREITUNG: Die Rote Beete nicht schälen, nur gut unter fließendem Wasser abbürsten. Auch den Stängelansatz nicht herausschneiden, die Beete verlieren sonst zu viel Saft.

Die Rote Beete in kochendes Wasser legen und ca. ½ Std. weich kochen. Nun schwemmen Sie die Rote Beete kalt ab und lassen sie etwas auskühlen. Die Jungzwiebeln putzen, das Grüne wegschneiden und je nach Größe der Länge nach halbieren.

Den Essig mit dem Wasser, dem Cassis, dem Zucker und den Zwiebeln erhitzen, ca. 5 Min. kochen lassen.

Die Rote Beete schälen und in 0,5 cm dicke Scheiben schneiden, gemeinsam mit den Jungzwiebeln, dem Kümmel und den Lorbeerblätter in die vorbereiteten Gläser schlichten.

Den Sud noch einmal aufkochen und die Gläser damit auffüllen, dabei müssen die Beete mind. 2 cm übergossen sein. Die Gläser am besten mit der Twist-off-Methode verschließen und mind. 2 Wochen kühl und dunkel ziehen lassen.

ROTE BEETE süßsauer mit Honig

ZUTATEN: 1,5 kg geputzte Rote Beete (nicht geschält), 0,5 l Apfelessig, 2 TL Salz, 2 EL Honig, ca. 5 Pimentkörner.

ZUBEREITUNG: In einer großen Kasserolle die Rote Beete in der Schale und ohne den Stängelansatz wegzuschneiden weich kochen.

Das dauert je nach Größe ca. 20 Min. Apfelessig, Honig und Salz in einer Kasserolle aufkochen und abkühlen lassen.
Wenn die Rote Beete abgekühlt sind, dann schälen und in dicke Scheiben schneiden, oder wenn sie sehr klein sind, dann können Sie die Beete auch im Ganzen lassen.
Sofort in die Gläser aufteilen und in jedes Glas 2 Pimentkörner dazugeben. Die Gläser mit der Essigmischung auffüllen und gut verschließen. An einem kühlen Ort mind. 1. Woche ruhen lassen.

SCHALOTTEN IN ROTWEINMARINADE

ZUTATEN: 1 kg weiße Schalotten, 60 g Meersalz, 350 ml Rotweinessig, 150 ml Rotwein, 0,25 l Wasser, 2 EL Zucker, frischen Estragon nach Geschmack, 3 Lorbeerblätter.

ZUBEREITUNG: Die Schalotten in kochendem Wasser kurz blanchieren, kalt abschrecken und schälen.
Anschließend mit dem Salz in einer Schüssel mischen und mind. 8 Std. stehen lassen. Gründlich abwaschen und trocknen mit einem Tuch, um das Salz zu entfernen.
Die Zwiebeln gemeinsam mit dem gewaschenen Estragon in die vorbereiteten Gläser füllen. Den Essig mit dem Wein, den Lorbeerblättern, dem 0,25 l Wasser und dem Zucker aufkochen und über die Zwiebeln in den Gläsern gießen.
Die Zwiebeln müssen mindestens 4 Wochen ziehen, um den vollen Geschmack zu entwickeln.

SELLERIESALAT pikant eingelegt

ZUTATEN: 2 kg Sellerieknollen, 1 l Kräuteressig, 0,4 l Wasser, 2 EL Salz, 4 EL Zucker, 3 rote Zwiebeln, 1 EL Pfefferkörner.

ZUBEREITUNG: Die Sellerieknollen schälen und vierteln.
0,3 l Wasser mit 0,75 l Essig, 1,5 EL Salz und 3 EL Zucker aufkochen und den Sellerie darin weich kochen.
Den Sellerie aus dem Sud nehmen, in Scheiben schneiden und in die vorbereiteten Schraubgläser schlichten.
Die roten Zwiebeln schälen und in Ringe schneiden.
Das restliche Wasser, die restlichen Gewürze zum Sud geben, die Zwiebelringe darin aufkochen, den heißen Sud mit den Zwiebelringen zum Sellerie in den Gläsern geben, sodass dieser gut bedeckt ist. Die Gläser sofort mit Schraubdeckeln verschließen, dann kühl und dunkel aufbewahren.

ZWIEBELN MIT INGWER

ZUTATEN: 1 kg kleine Zwiebeln, 50 g Ingwerwurzel, 700 ml Apfelessig, 0,25 l Wasser, 60 g Meersalz, 1 TL Gewürznelken, 1 TL Pfefferkörner,

ZUBEREITUNG: Die Zwiebeln schälen, aber im Ganzen lassen.
Das Salz in einem Liter kaltem Wasser auflösen. Die Zwiebeln hineinlegen und einen Tag darin ziehen lassen. Am nächsten Tag die Zwiebeln herausnehmen, kalt abwaschen und abwechselnd mit dem in Scheiben geschnittenen Ingwer, den Gewürznelken und den Pfefferkörnern in die vorbereiteten Gläser schlichten.
Essig mit den 0,25 l Wasser aufkochen, die Zwiebelgläser damit füllen, sofort verschließen und mind. 3 Wochen ziehen lassen.
Diese Zwiebeln schmecken hervorragend zu italienischen Gerichten.

Essiggemüse mit Öl eingelegt

EINGELEGTER KNOBLAUCH MIT OLIVENÖL

ZUTATEN: 1 kg Knoblauch, 150 g Sellerie, 150 g Möhren, 3 EL Senfkörner, 2 EL Pfefferkörner, Salz, Zucker, 150 g rote Schalotten, $^1/_2$ l Einlege-Kräuteressig, ca. $^1/_2$ l Wasser, Salz, Zucker.

ZUBEREITUNG: Den Knoblauch schälen, sehr große Zehen einmal durchschneiden.
Aus allen anderen Zutaten, außer dem Gemüse, den Essigsud herstellen, er muss stark überzuckert, stark sauer und versalzen schmecken. Trauen Sie sich nur!
Das Gemüse und die Schalotten schälen, das Gemüse in kleine Würfel von ca. 3 mm schneiden, die Schalotten halbieren und zum Sud geben.
Einmal aufkochen, dann den Knoblauch dazugeben, ca. 5 Min. kochen lassen und sofort in die Schraubgläser füllen. Dabei darauf achten, dass alle Knoblauchzehen bedeckt sind, aber noch 3 cm Platz für das Olivenöl bleiben muss. Mit Papier abdecken und auskühlen lassen. Auf die überkühlten Gläser ca. 3 cm gutes Olivenöl als Abschluss leeren. Die Gläser sofort mit Twist-off-Deckeln verschließen.

GEBRATENE PAPRIKASCHOTEN in Essig und Olivenöl

ZUTATEN: je 2 kg rote, gelbe und grüne Paprika, 0,75 l Weißweinessig, ca. 1,2 l Wasser, ca. 3 EL Salz, ca. 3 EL Zucker, 25 Zehen Knob-

lauch, 3 EL Senfkörner, 3 EL Pfefferkörner, 5 Lorbeerblätter, zum Abdecken ca. 1,5 l gutes Olivenöl.

ZUBEREITUNG: Die Paprika in möglichst große flache Stücke schneiden und die Kerne herausputzen.

Nun auf ein nasses Backblech legen und im vorgeheizten Backrohr bei 250 °C braten, bis sie braun werden und die Haut Blasen macht. Sofort in kaltes Wasser legen und schälen.

In der Zwischenzeit kochen Sie aus allen anderen Zutaten den Essigsud. Er soll sehr süß, sehr sauer und versalzen schmecken.

Nun legen Sie die Paprikaschoten in den kochenden Essigsud und lassen das Ganze noch einmal aufkochen. Die Paprikaschoten mit einem Schaumlöffel in die vorbereiteten Schraubgläser füllen (ca. 4 cm unter dem Rand), die Gewürze auf alle Gläser aufteilen und den Essigsud noch einmal aufkochen.

Diese Marinade nun heiß einfüllen, sodass die Paprikaschoten bedeckt sind. Überkühlen lassen, dabei legen Sie ein Tuch oder Küchenpapier auf die Gläser.

Wenn die Gläser kalt sind, füllen Sie auf jedes Glas ca. 3 cm gutes Olivenöl und verschließen mit den Schraubdeckeln. Kühl lagern!

Diese Paprika schmecken zu kaltem Fleisch sehr gut, außerdem können Sie die Paprikaschoten heiß machen, dann passen sie sehr gut zu allen Lammgerichten, wobei, wenn Sie die Paprika dafür planen, 1 Chilischote in der Marinade von Vorteil ist.

MELANZANE MIT STANGENSELLERIE, BASILIKUM UND OLIVENÖL (sehr gut und pikant!)

ZUTATEN: 1 kg Melanzane, 1 EL Meersalz, 500 g Stangensellerie, 0,6 l Rotweinessig, 0,4 l Wasser, 2 Chilischoten, 1 großer Bund Basilikum, 3 EL Kapern, 1 TL Kümmel, ca. 0,8 l Olivenöl.

ZUBEREITUNG: Die Melanzane waschen, Blütenansätze und Stiele entfernen, in 1 cm dicke Scheiben schneiden, von beiden Seiten mit Salz bestreuen, in eine Schüssel geben und zugedeckt ca. 8 Std. stehen lassen. Dann die Melanzanescheiben mit einem Küchentuch trocken tupfen. Den Stangensellerie waschen, die groben Fäden abziehen und in feine Scheiben schneiden. Die Chilischoten halbieren, die Kerne herauswaschen und in feine Streifen schneiden.

Den Essig mit dem Wasser zum Kochen bringen, die Melanzanescheiben einzeln darin 2 Min. kochen lassen, herausgeben und wieder trocknen. Zum Schluss den Sellerie 4 Min. im Sud kochen, herausnehmen und trocknen.

Eine Lage Melanzane in die Schraubgläser füllen, etwas vom Sellerie,

Himbeerlikör-Rezept siehe Seite: 178

JOHANNISNUSSLIKÖR (hilft dem kranken Magen wieder auf die Beine)

ZUTATEN: 9 grüne Nüsse vor Sonnenwende gepflückt, 10 g Kalmuswurzel, 10 g Anis, 10 g Fenchel, 10 g Zimtrinde, 10 g Gewürznelken, 500 g braunen Kandiszucker, 1,2 l guten Kornbrand.

ZUBEREITUNG: Die Nüsse in Viertel schneiden und in große Gläser füllen, die Gewürze dazugeben und mit dem Kornbrand auffüllen.
Zuletzt noch den Kandiszucker dazugeben und den Nusslikör mindestens 10 Wochen, je länger, je besser, auf einer sonnigen Fensterbank stehen lassen, dabei jeden Tag einmal umrühren oder das Glas gut schütteln.
Fertig ist der Likör dann, wenn sich der Kandiszucker völlig aufgelöst hat.
Nun leeren Sie den Nusslikör durch ein Sieb und schmecken ihn noch mit destilliertem Wasser auf Ihre liebste Süße und Alkoholstärke ab.
Der Alkoholgehalt von Likören sollte aber mindestens 25% betragen, sodass die Haltbarkeit auch wirklich gegeben ist.
Dieser Nusslikör kann aber ruhig einen etwas höheren Alkoholgehalt haben!

den Chilischoten, dem Kümmel, dem gewaschenen Basilikum und Kapern darauf streuen, ein paar Tropfen vom Essigsud und wieder eine Lage Melanzane, diese andrücken, usw.

Auf diese Art alle Zutaten in die Gläser schlichten, mit Olivenöl zugießen und die Gläser mit Schraubdeckeln verschließen.

STEINPILZE IN BALSAMICO und Olivenöl

ZUTATEN: 1 kg kleine Steinpilze (die Kappen sollten noch alle zu sein), 5 Zehen Knoblauch, 5 Lorbeerblätter, 1 Zweig frischen Rosmarin, 1 Bund Basilikum, 0,4 l Wasser, 0,2 l Aceto balsamico, 1 TL Meersalz, 5 EL Olivenöl, 2 EL Kapern, 2–3 getrocknete Chilischoten.

ZUBEREITUNG: Die Pilze aufwendig mit einem Blatt Küchenpapier und einem Pinsel ganz genau putzen, nicht waschen!

Die Knoblauchzehen schälen, die Kräuter fein hacken.

Den Knoblauch gemeinsam mit allen Kräutern, dem Wasser, dem Essig, dem Salz und dem Olivenöl zum Kochen bringen. Die Steinpilze dazugeben und ca. 3 Minuten darin kochen lassen.

Die Steinpilze mit einem Schaumlöffel herausfischen und sofort in die vorbereiteten, sterilen Schraubgläser füllen. Die Kapern, die Kräuter und die ganzen Chilischoten dazugeben, den Essigsud noch einmal aufkochen und über die Pilze gießen. Die Gläser sofort mit den Schraubdeckeln verschließen (Twist-off-Methode) und vor dem Essen mind. 1 Woche durchziehen lassen.

OLIVEN

ZUTATEN: 1,5 kg frische Oliven, 2 rote Zwiebeln, 5 Zehen Knoblauch, 10 Pfefferkörner, 3 EL Kräuter der Provence, 1 EL Meersalz, 1 EL Zucker, 140 ml Zitronenessig, 1,5 l gutes Olivenöl, pro Glas ein Zweig Basilikum und Estragon.

ZUBEREITUNG: Die gewaschenen, trockenen Oliven in ein großes sauberes Glas füllen.

Zwiebel und Knoblauch schälen, in Scheiben schneiden und dazugeben. Ebenfalls die Pfefferkörner.

Öl gemeinsam mit allen anderen Zutaten vermischen und gut verrühren. Über die Oliven im Glas leeren, die Kräuterzweige dazugeben, das Glas verschließen und an einem warmen Ort 1 Woche ziehen lassen. Dabei täglich einige Male schütteln.

Nun die Oliven mit der Marinade auf kleinere sterile Gläser aufteilen, wenn zu wenig Marinade ist, in jedes Glas etwas Salzwasser dazugeben. Die Gläser mit den Schraubdeckeln verschließen.

DIE PEPERONATA

Rezept siehe 6. Abbildung im Buch.

DAS EINLEGEN IN ÖL

Diese Konservierungsmethode ist ganz einfach und gelingt leicht. Spezielle Arbeitsgeräte brauchen Sie sich nicht zu besorgen. Öl hat genauso wie Essig eine konservierende Wirkung. Legt man z. B. Gemüse in Öl ein, so verhindert das Öl, dass der Sauerstoff bis zum Eingelegten vordringen kann. Mikroorganismen brauchen aber zum Gedeihen Sauerstoff, doch dieser kommt durch den völligen Luftabschluss nicht zu Stande.

In Italien sind die meisten Feinkostprodukte vorgegart und in Öl eingelegt. Damit sich das Aroma voll entfalten kann, muss in Öl Eingelegtes einige Tage durchziehen.

Alle Öle lassen sich, genauso wie der Essig, vorher mit Kräutern, Knoblauch und Gewürzen aromatisieren.

Während sich zum Einlegen von Käse vor allem Olivenöl eignet, so kann man auch Distel- oder Sonnenblumenöl, genauso wie Maiskeimöl verwenden.

Damit sich auch tatsächlich keine Luftblasen bilden können, schüttet man wenig Öl in das Glas, schlichtet dann das Einlegegut hinein und gießt wieder eine kleine Menge ÖL hinein, usw.

Das Eingelegte kann ganz nach Bedarf entnommen werden, wobei das Glas immer wieder verschlossen werden muss.

Wenn das Gefäß ganz leer ist, kann man erneut in dasselbe Öl Gemüse einlegen oder das Öl anders in der Küche verwenden.

Diese Konservierungsart ist verhältnismäßig teuer und wird daher sehr selten angewandt.

KNOBLAUCH IN OLIVENÖL

ZUTATEN: Knoblauchzehen, Thymianblättchen, Rosmarinnadeln, kalt gepresstes Olivenöl.

ZUBEREITUNG: Die frischen Knoblauchzehen schälen und kurz blanchieren, abkühlen lassen und mit den Kräutern in ein Glas schlichten, mit Olivenöl auffüllen, dabei müssen die Knoblauchzehen vollständig bedeckt sein.

Die Gläser luftdicht verschließen und kühl lagern.

WILDPILZE MIT ESSIG MARINIERT UND IN ÖL EINGELEGT

ZUTATEN: 2 kg frische Pilze, 1 l Weißweinessig, 0,5 l Weißwein, 2 EL grobes Meersalz, 3 EL Koreander, frischen Rosmarin, 3 Lorberblätter, 0,5 l kalt gepresstes Olivenöl.

ZUBEREITUNG: Weißwein mit Essig mischen, das Salz und die Gewürze dazugeben, das Ganze ca. 15 Min. kochen.

Nur die Hälfte der halbierten Pilze in die Mischung geben, 10 Min. simmern lassen, mit einem Schaumlöffel herausnehmen, in einem Sieb gut abtropfen lassen, dann mit der zweiten Hälfte den Vorgang wiederholen.

Die Pilze mit einem Küchentuch vorsichtig trocknen und in die vorbereiteten Gläser füllen. Die Gewürze auf alle Gläser aufteilen und die Gläser mit dem Öl auffüllen.

Lassen Sie die Gläser nun einige Wochen ruhen, wenn ein Glas angebrochen ist, dann achten Sie darauf, dass die Pilze immer mit Öl bedeckt sind.

SCHAFKÄSE IN OLIVENÖL

ZUTATEN: 500 g festen Schafkäse, 3 Zehen Knoblaüch, Thymian- und Basilikumblättchen, Pfefferkörner, 1 halbierte, von den Kernen befreite Chilischote, 0,5 l kalt gepresstes Olivenöl.

ZUBEREITUNG: Den Schafkäse in gleich große Würfel schneiden, den Knoblauch schälen und blättrig schneiden.

Den Schafkäse gemeinsam mit den Kräutern und dem Knoblauch in die Gläser schlichten, das Olivenöl darauf leeren, der Käse muss ganz bedeckt sein.

Genauso lässt sich Ziegenkäse oder Mozarella einlegen, Sie müssen nur die Gewürze anpassen.

MEIN TIPP: In Öl eingelegte Käse kann man mit starker Oberhitze überbacken, natürlich müssen Sie den Käse vorher gut abtropfen lassen. Servieren Sie verschiedene Blattsalate und Oliven dazu.

ANTIPASTI

Antipastigemüse bereichern jedes Büffet oder jeden schönen Vorspeisenteller und schmecken köstlich!

ZUTATEN: 1 kg Gemüse, wie Blumenkohl und Romanesco Röschen, Melanzane, Zucchini, Pilze, Perlzwiebeln, Schalotten, Knoblauch, Möhren und Sellerie, Basilikum, Oregano Blättchen, Salz, Pfeffer, kalt gepresstes Olivenöl (OLIO EXTRA VERGINE DE OLIVA).

ZUBEREITUNG: Das Gemüse putzen und waschen, dann in Stücke schneiden. Dabei so vorgehen, dass Gemüse, das schneller weich wird, in größeren Stücken geschnitten wird, als Gemüse, das länger braucht.
Alles gemeinsam in wenig Öl andünsten, mit Salz, Pfeffer und evt. nochmals wenig Knoblauch abschmecken.
Das Gemüse in Schraubgläser schlichten und vollständig mit Öl bedecken. Die Gläser luftdicht mit dem Twist-off-Verfahren verschließen und kühl lagern.

PILZE IN ÖL

ZUTATEN: 1 kg verschiedene Pilze, Steinpilze, Pfifferlinge usw., 150 g fein geschnittenen Zwiebel, kalt gepresstes Olivenöl, Salz und Pfeffer, evt. wenig Knoblauch und Liebstöckl.

ZUBEREITUNG: Die Pilze nicht waschen, wenn es unbedingt notwendig ist und die Pilze beim Putzen nicht sauber werden, dann waschen Sie die Pilze ausschließlich unter fließendem Wasser.
Den Zwiebel in Olivenöl anschwitzen, die Pilze dazugeben und einige Male durchschwenken, mit Salz und Pfeffer würzen. Dadurch tritt erst die Pilzflüssigkeit richtig aus, sie muss vollständig einreduziert werden. Es ist daher besser, wenn Sie eine möglichst große Kasserolle verwenden.
Ganz zuletzt mit gehackter Petersilie bestreuen und in die vorbereiteten Schraubgläser schlichten. Mit Olivenöl auffüllen. Dabei müssen die Pilze vollständig bedeckt sein. Die Gläser luftdicht verschließen und kühl aufbewahren.

Gewürzöle und Kräuteröle

In Öl eingelegte Kräuter entfalten in 2–3 Wochen das volle Aroma. Man sollte die Kräuter vor der Verwendung gut waschen und 2 Tage zum Trocknen aufhängen. Frische oder nasse Kräuter können das Öl trüb machen. Geben Sie die ganzen getrockneten Kräuter in die Flasche und übergießen Sie mit so viel Öl, dass die Kräuter ganz bedeckt sind.
Die Flaschen werden nun gut verschlossen und für 2–3 Wochen an einen kühlen Ort gestellt. Danach kann das Öl verwendet werden.

KRÄUTERÖL

ZUTATEN: 2 Zweige getrockneter Thymian, 1 Zweig getrockneter Rosmarin, 1 kleiner Zweig getrocknetes Liebstöckl, 2 Lorbeerblätter, 2 getrocknete Chilischoten, 3 Gewürznelken, 10 Pfefferkörner, 3 Zehen Knoblauch.

ZUBEREITUNG: Geben Sie die Kräuter in eine große Flasche und übergießen Sie sie mit einem Liter Olivenöl.

STEINPILZÖL

ZUTATEN: 250 g frische Steinpilze, 3 Zehen Knoblauch, 0,25 l Distel-, Sonnenblumen- oder Olivenöl (hier ist der Eigengeschmack fast zu stark).

ZUBEREITUNG: Die geputzten Steinpilze blättrig schneiden und einen Tag zum Trocknen auflegen, dabei werden die Pilze nicht trocken, aber zäh.

Die Pilze in eine Flasche füllen, den Knoblauch dazugeben, evt. etwas geschroteten Pfeffer, und mit dem Olivenöl auffüllen.

Die Flasche gut verschließen, anschließend kühl und dunkel aufbewahren.

CHILIÖL

ZUTATEN: 2 EL gehackte Chilischoten, 1 EL weiße Pfefferkörner, 0,5 l Sonnenblumenöl.

ZUBEREITUNG: Wenn Sie die Chilischoten hacken, dann ziehen Sie am besten Wegwerfhandschuhe an, kommen Sie nicht mit den Händen ins Gesicht oder in die Augen, denn das brennt wie Feuer!

Die Pfefferkörner im Mörser zerdrücken.

In einer Pfanne wenig vom Öl erhitzen, die Gewürze darin kurz braten und in die Flaschen füllen. Das restliche Öl in der Pfanne erhitzen und auch in die Flaschen füllen.

Das Öl in den verschlossenen Flaschen etwa 2 Wochen stehen lassen, dann abseihen und das reine Öl wieder in die Flaschen füllen.

MEIN TIPP: Dieses Öl schmeckt ausgezeichnet, wenn Sie die Pizza vor dem Backen damit beträufeln.

BÄRLAUCHÖL

ZUTATEN: 1 l Rapsöl, 500 g frischen Bärlauch, 2 Zehen Knoblauch, Pfeffer.

ZUBEREITUNG: Den Bärlauch gut putzen und waschen, dabei die Stiele abschneiden.

Öl und Bärlauch im Mixglas pürieren, den Knoblauch und Pfeffer aus der Mühle dazugeben, noch einmal mixen und in Flaschen füllen.

MEIN TIPP: Den Bärlauch nicht blanchieren, er wird unansehnlich braun und verliert den Geschmack fast zur Gänze.

KRÄUTER IN ÖL

Als Kräuter eignen sich besonders: Petersilie, Schnittlauch, Estragon, Melisse, Borretsch, Rosmarin, Pimpinelle und Liebstöckl.
Die Kräuter werden, wenn es möglich ist, nicht gewaschen, fein geschnitten und Lage für Lage mit Salz und Öl in ein Glas geschlichtet. Es sollten keine Luftblasen entstehen.
Über der obersten Schicht sollte das Öl fingerdick stehen.
Diese eingelegen Kräuter sind ca. 3 Monate haltbar. Sie kommen also über den Winter!

DAS EINLEGEN IN SALZ

Salz wirkt beim „Einlegen in Salz" dadurch, dass es bekanntlich stark wasserbindend und konservierend ist. Durch diesen Prozess werden den Mikroorganismen und Schimmelpilzen zum Vermehren die nötige Feuchtigkeit entzogen.
Denken Sie an das viele Fleisch, das man früher eingesalzen hat; es war ohne Kochen oder Frieren lange Zeit haltbar.
Man sollte aber stark gesalzene Speisen aus Gesundheitsgründen meiden, nicht nur deshalb muss man eingesalzene Kräuter vor der Verwendung gut auswaschen. Kräuter aus dem Salz wären ohne Waschen auch ungenießbar.
In Salz eingelegte Scheiben von Wurzelgemüse, gemischt mit Kräutern, verwendet man als Pasten für Suppen und Soßen, dabei sollte das Gericht noch nicht gesalzen sein.
Kräuter und Gemüse sollten gewaschen, geputzt und trocken sein, man zerkleinert sie sehr fein, damit das Salz gut eindringen kann. Man schlichtet sie sehr fest in einen Behälter und salzt nach jeder Schicht.
Den Inhalt können Sie nach und nach verbrauchen, nur das Glas muss jedesmal wieder mit einem Deckel gut verschlossen werden.

Grundrezept:

Ein Drittel Salz und zwei Drittel Kräuter oder Gemüse.

EINGESALZENE KRÄUTER für Soßen und Suppen

ZUTATEN: Petersilie, Schnittlauch, Kerbel, Estragon, Basilikum, Liebstöckl, Borretsch.

ZUBEREITUNG: Die Kräuter können gemischt oder auch einzeln in Töpfen eingesalzen werden, dabei drückt man die gewaschenen, getrockneten, fein geschnittenen Kräuter in den Behälter und salzt nach jeder Lage.

SUPPENGEMÜSE für Eintöpfe

ZUTATEN: Sellerie, Möhren, Porree, Petersilienwurzeln, Liebstöckl und Zwiebel.

Sie können nach Geschmack auch Kräuter dazu geben.

ZUBEREITUNG: Das ganze Gemüse muss geputzt, geschält und in kleine Stücke geschnitten werden. Ebenso die Kräuter.
Sie müssen das geputzte Gemüse genau wiegen, damit Sie die richtige Menge Salz verwenden. Es muss nicht sein, aber Sie können das Gemüse vor dem Schlichten in den Gläsern auch mit Öl andünsten.
Ein Drittel Salz und zwei Drittel Gemüse – nun schlichten Sie das Gemüse lagenweise in das Glas, salzen darüber usw.
Wenn Sie das Gemüse angedünstet haben, dann können Sie zusätzlich mit einer Lage Öl abschließen.
Bei der Verwendung von eingesalzenem Gemüse rechnet man 0,5 l Wasser auf einen Löffel Gemüse.

Das Einlegen in Salzlake

GRÜNE OLIVEN IN SALZLAKE

Frische grüne Oliven sind sehr bitter, daher werden sie von den Händlern vor dem Einlegen meistens in Laugen gelegt. Das muss aber nicht sein, wenn Sie die Oliven möglichst reif, also dunkel kaufen.

ZUTATEN: 2 kg ganz dunkelgrüne Oliven, 2 Tassen grobes Meersalz, 2 Streifen Apfelsinenschale, 2 Knoblauchknolle geschält, 10 Lorbeerblätter, 1 EL Koriander.

ZUBEREITUNG: Die Oliven mit einem Hammer aufbrechen und dann in eine Schüssel kaltes Wasser legen.
Die Oliven 10 Tage eingeweicht lassen, dabei das Wasser täglich wechseln. Nun das Salz in 4 Liter Wasser auflösen, den Knoblauch, die Apfelsinenschale und 3 Lorbeerblätter dazugeben und den Sud 15 Minuten kochen lassen. Danach abkühlen.
Die Oliven auf einem Sieb gut abtropfen lassen und in die sterilen Gläser füllen. In jedes Glas ein Lorbeerblatt und einige Korianderkörner geben. Dann die Gläser mit der Salzlake auffüllen. Die verschlossenen Gläser in einem kühlen Keller oder im Kühlschrank mindestens 2 Monate ruhen lassen.

ZITRONEN IN SALZLAKE

Eingelegte Zitronen bekommen sie in jedem Delikatessengeschäft, man kann sie aber auch selbst herstellen. Die Zitronen müssen zwar 4–6 Wochen in der Salzlake liegen, aber nach dem Öffnen des Glases halten sich die Zitronen sehr lange im Kühlschrank.

ZUTATEN: 5 große Zitronen, unbedingt unbehandelt, 1/2 Tasse Meersalz, 2 Zimtstangen, 2 TL Korianderkörner, 1 TL schwarze Pfefferkörner, 5 Gewürznelken.

ZUBEREITUNG: Die Zitronen in kochendem Wasser blanchieren (mind. 3 Minuten) und anschließend in kaltes Wasser legen. Die abgekühlten Zitronen trocken wischen.
Die Gewürze gemeinsam mit 0,75 l Wasser zum Kochen bringen und dann beiseite stellen. Die Zitronen der Länge nach in vier Teile schneiden, am Stängelansatz aber zusammenhängen lassen. Die Zitronen in ein steriles Glas schlichten, mit dem kochend heißen Gewürzsud bedecken und verschließen.

GEMÜSESOSSEN UND PASTEN

BASILIKUM-SENF

ZUTATEN: 120 g feinst gemahlenes Senfpulver, 5 EL Weißwein, 5 EL frisches, fein gehacktes Basilikum, 3 EL Essig, Salz und weißer Pfeffer.

Sie können statt Essig auch Zitronensaft verwenden, Essig schmeckt allerdings pikanter.
ZUBEREITUNG: Den Essig mit dem Basilikum aufkochen und diesen Sud überkühlen lassen.
Das Senfpulver mit dem Weißwein glatt rühren und zum Essigsud geben, es muss eine geschmeidige glatte Masse entstehen. Mit Salz und Pfeffer abschmecken.
Den Basilikumsenf in ein Schraubglas füllen, mit einem Twist-off-Deckel verschließen und mind. 2 Wochen im Kühlschrank ruhen lassen.
MEIN TIPP: Sie können den Senf auch mit anderen Kräutern herstellen, oder wenn Sie ihn sofort aufbrauchen, mit etwas kalt gepresstem Olivenöl geschmacklich besser, aber auch geschmeidiger machen. Wenn Sie den Senf mit Olivenöl nicht gleich wegessen, kann er ausflocken!

TOMATENMARK

ZUTATEN: Reife Tomaten, Salz und Pfeffer.

ZUBEREITUNG: Die reifen Tomaten kreuzweise einschneiden, kurz

in kochendem Wasser blanchieren, mit kaltem Wasser abschrecken und mit einem kleinen Messer schälen.
Die Tomaten kleinwürfelig schneiden und mit etwas Salz und Pfeffer mind. 30 Min. unter ständigem Rühren einkochen.
Das Tomatenmark sofort kochend heiß in die vorbereiteten Gläser füllen und mit den Schraubdeckeln verschließen.
Wenn Sie Einkochgläser verwenden, dann müssen Sie das Tomatenmark noch einmal bei 90 °C 30 Min. einwecken.

TOMATENSOSSE

ZUTATEN: 2 kg reife Tomaten, 3 Möhren, 4 Stangenselleriestauden, 7 Zehen Knoblauch, je ein Bund frisches Basilikum und ein kleinerer Rosmarin, 10 EL Olivenöl, Pfeffer, Salz und 2 EL Zucker.

ZUBEREITUNG: Die Tomaten kreuzweise einschneiden, blanchieren, kalt abschrecken, schälen, anschließend vierteln.
Das Gemüse waschen, putzen, schälen und klein schneiden, die Kräuter von den Stängeln befreien und fein hacken.
Das Olivenöl erhitzen und das ganze Gemüse mit dem Knoblauch darin leicht anschwitzen, nicht rösten, die Tomaten und die Kräuter dazugeben, salzen, pfeffern und zuckern, danach bei geringer Hitze, zugedeckt, unter ständigem Rühren 1 Std. garen, bis es musig wird.
Sie können alles so lassen wie es ist und in die sterilen Schraubgläser füllen, denn das sieht schöner aus, als alles im Mixglas zu pürieren. Dabei müssen Sie nachher, um Bakterien zu vermeiden, noch einmal aufkochen, bevor Sie es einfüllen.
Bei Schraubgläsern unbedingt die Twist-off-Methode anwenden, das heißt, starken Alkohol auf den Deckel leeren, anzünden und brennend auf die Gläser drehen, es entsteht sofort durch die Verbrennung der Luft ein Vakuum.
Einkochgläser mit Gummiringen und Spangen nur zu zwei Drittel befüllen (Muse dehnen sich bei Hitze stark aus) und **15 Min. bei 90** °C einkochen.

TOMATEN IN TOMATENSOSSE

ZUTATEN: 3 kg feste Tomaten, 1 EL Salz, 8 EL Olivenöl, 1 kleine Zwiebel fein gehackt, 1 mit Salz verriebene Zehe Knoblauch, 3 Zweige frisches Basilikum, 10 Pfefferkörner, 2 Zweige Thymian, wenig Suppengemüse mit Sellerie.

ZUBEREITUNG: Bei der Hälfte der Tomaten den Strunk herausschneiden, die Haut kreuzweise einschneiden, kurz in kochendem Salzwasser blanchieren, in kaltes Wasser legen und die Haut abziehen.

Die Tomaten halbieren, die Kerne herausdrücken, die Hälften nebeneinander in ein Sieb legen und mit einem halben EL Salz bestreuen. Anschließend diese Tomaten einige Stunden trocknen lassen.

In der Zwischenzeit das Öl in einer Kasserolle erhitzen, die restlichen Zutaten darin anschwitzen, die restlichen Tomaten vierteln und dazugeben, das Ganze ca. eine halbe Std. kochen, bis die Tomaten und das Gemüse ganz weich sind.

Durch die flotte Lotte drücken Sie nun die Tomaten mit dem Gemüse in eine Schüssel und würzen mit der zweiten Hälfte des Salzes und frischem Basilikum.

Die getrockneten Tomaten füllen Sie nun in die vorbereiteten sterilen Einmachgläser, füllen mit der Tomatensoße auf und verschließen die Gläser.

Nun stellen Sie die Gläser in das kalte Wasserbad und wecken sie bei 90 °C 45 Minuten ein.

Entfernen Sie die Klammern erst nach dem Erkalten der Gläser und kontrollieren Sie die Verschlüsse genau.

GRÜNE CHILISOSSE

ZUTATEN: 500 g frische, scharfe, grüne Chilischoten, 5 EL Essig, 1 EL Salz, 1 EL Koreander, 1 EL Fenchel, 2 EL Kreuzkümmel, 1 Bund Basilikum, 1 Bund Zitronenmelisse, 350 ml Olivenöl.

ZUBEREITUNG: Die Chilischoten waschen, putzen und mit Gummihandschuhen feinst hacken. (Die Chili dürfen auf keinen Fall in die Augen kommen, sie brennen wie Feuer.)

Diese zerkleinerten Chilischoten über Nacht mit Salz und Essig in einer Porzellanschüssel ziehen lassen.

In einer Kasserolle 70 ml Wasser mit den zerdrückten Gewürzen und der Chilimischung zum Kochen bringen und ca. 20 Min. kochen lassen, das Ganze noch einmal mit einem Kartoffelstampfer zerdrücken, Zitronenmelissen- u. Basilikumblätter fein hacken, dazu geben und die Masse noch einmal aufkochen lassen.

Das Olivenöl ebenfalls einrühren und die Soße kochend heiß in die vorbereiteten Schraubgläser füllen, mit Twist-off-Deckeln verschließen und mind. 2 Wochen an einem kühlen Ort ziehen lassen.

MEIN TIPP: Probieren Sie diese Soße einmal mit frisch gekochten Nudeln, geben Sie etwas Butter und Parmesan dazu, das schmeckt köstlich!

PAPRIKASOSSE

ZUTATEN: 15 Stück große, rote, dickfleischige Paprikaschoten,

0,125 l Rotweinessig, 0,75 l gutes kaltgepresstes Olivenöl, 1 EL Salz, 1 Teelöffel geschroteten Pfeffer.

ZUBEREITUNG: Die Paprikaschoten so schneiden, dass möglichst große Flächen entstehen, diese im vorgeheizten Backrohr bei 250 °C so lange braten, bis die Haut schwarze Blasen wirft.
Sofort in kaltes Wasser legen und schälen.
Die geschälten Paprikaschoten nun in einen hohen Behälter füllen und mit dem Mixstab pürieren, dann bei laufendem Gerät Essig und Öl einlaufen lassen. Salz dazugeben und die Paprikamasse in sterile Einkochgläser füllen. Die Gläser verschließen und im kochenden Wasserbad 15 Minuten einwecken.
MEIN TIPP: Diese Soße lässt sich auch in gut verschließbaren Plastikbehältern einfrieren.
Wenn Sie die Gläser mit Paprikasoße nicht einwecken wollen, sondern mit Schraubdeckeln verschließen, so müssen Tomatensoße und Tomaten gemeinsam noch einmal erhitzt und kochend heiß in die Gläser gefüllt werden und mit der Twist-off-Methode verschlossen werden.

CHILISOSSE süßsauer

ZUTATEN: 500 g frische rote Chilischoten, 10 Zehen Knoblauch, 300 g Zucker, 0,25 l Essig, 0,5 l Wasser, Salz.

Sie können auch noch 2 Äpfel dazugeben, dann ist die Soße nicht so scharf.

ZUBEREITUNG: Die Chilischoten mit Gummihandschuhen putzen, waschen und fein hacken, den Knoblauch putzen, ebenfalls so fein hacken und dazu geben.
Alle Zutaten gemeinsam 40 Min. kochen lassen, dabei ständig umrühren, es muss eine dickliche Soße entstehen.
Die Soße kochend heiß in sterile Flaschen oder Schraubgläser füllen und sofort mit Twist-off-Deckeln verschließen.
MEIN TIPP: Diese Soße schmeckt sehr gut in Verbindung mit Reisgerichten. Sie passt überhaupt sehr gut in die chinesische Küche.

PESTO

Rezept siehe 5. Abbildung im Buch.

PESTO aus dreierlei Kräutern

ZUTATEN: 3 Bund Basilikum, 1 Bund Thymian, 1 Bund Salbei, 8 Zehen Knoblauch, 10 entsteinte schwarze Oliven, 100 g Pinienkerne, 80 g geriebener Parmesan oder Pecorino, 230 ml kaltgepresstes Olivenöl, Salz und Pfeffer.

ZUBEREITUNG: Die Kräuter, waschen, fein schneiden.
Den Knoblauch schälen und wie Pinienkerne und Oliven hacken.
Alles gemeinsam im Mörser oder in einem Kutter pürieren.
Das Kräutergemisch in einer Schüssel mit dem Olivenöl verrühren und mit Salz und Pfeffer würzen.
Das Pesto in vorbereitete sterile Gläser füllen, mit Olivenöl abdecken, und im Kühlschrank aufbewahren.
MEIN TIPP: Sie können auch dieses Pesto im Sommer in größeren Mengen herstellen und einfrieren.
Wenn Sie Pesto zu Nudelgerichten geben, dann mischen Sie es vorher mit ein paar Löffel vom Nudelwasser, es lässt sich leichter einrühren.

SCHWARZE OLIVENCREME

ZUTATEN: 300 g schwarze Oliven, 120 g Kapern, 5 Knoblauchzehen, Pfeffer aus der Mühle, etwa 120 ml Olivenöl.

ZUBEREITUNG: Die Oliven entkernen und grob hacken. Die Knoblauchzehen schälen. Die Kapern in ein Sieb schütten.
Alle Zutaten im Mixglas fein pürieren, abschmecken und 100 g Olivenöl einmixen. Die Olivencreme in sterile Gläser füllen, mit dem restlichen Olivenöl abdecken und mit Schraubdeckeln verschließen. Im Kühlschrank aufbewahren.

KNOBLAUCHCREME mit Olivenöl

ZUTATEN: 700 g Knoblauch, 3 Zweige frischen Thymian, 6 EL Olivenöl, Saft einer großen Zitrone, etwas Salz.

ZUBEREITUNG: Die Knoblauchzehen grob auseinander lösen, aber nicht schälen. In einer Backwanne bei 200 °C ca. 1 Std. braten, in kaltes Wasser legen und sofort schälen.
Anschließend pürieren Sie den Knoblauch gemeinsam mit dem Zitronensaft im Mixglas. Die Thymianblättchen dazugeben, mit Salz abschmecken, das Mus in die vorbereiteten sterilen Gläser füllen, mit 2 cm Öl abdecken, mit Schraubdeckeln verschließen und im Kühlschrank aufbewahren.

KNOBLAUCHPÜREE

Zutaten: 20 Knollen jungen Knoblauch, 1/8 l Olivenöl.

ZUBEREITUNG: Je 5 Knoblauchknollen gemeinsam in Alufolie einwickeln, die Packungen auf ein Backblech legen und bei 190 °C 1 Std. braten. Dann aus der Alufolie nehmen und auskühlen lassen.
Über einem Sieb, das auf einer Schüssel liegt, den Knoblauch so

drücken, dass das Fruchtfleisch der Knoblauchzehe beim Andrücken aus der Zehe gedrückt wird. Die Schale wegschmeißen. Den Knoblauch nun durch das Sieb streichen und mit der Hälfte des Olivenöles glattrühren.
Das Mus in ein 1/2-Liter-Glas füllen und mit dem restlichen Olivenöl abdecken.
Wenn Sie das Glas einmal angebrochen haben, so achten Sie darauf, dass immer eine Schicht Olivenöl obenauf sein muss.

MEERRETTICHCREME mit Roter Beete

Diese Paste schmeckt nicht nur sehr gut zu Fleisch, Fisch oder Gemüse, sie hat auch den Vorteil, dass man durch die rote Farbe den Meerrettich nicht schwefeln muss. Die Rote Beete mildern die Schärfe des Meerrettichs, bringen den guten Geschmack aber richtig heraus.

ZUTATEN: 250 g Rote Beete = ca. 1 Stück, 250 g Meerrettich = ca. 2 Stück, 2 EL Zucker, 0,2 l Weißweinessig.

ZUBEREITUNG: Die Rote Beete ohne die Haut zu verletzen, also auch ohne zu schälen, ca. 35 Min. weich kochen, sonst behält sie die rote Farbe nicht.
Den Meerrettich schälen und reißen. Die Rote Beete ebenfalls schälen, und in Würfel schneiden, beides vermischen und im Mixglas gemeinsam mit dem Zucker und dem Essig fein pürieren.
Die Paste noch mit Zucker oder Essig abschmecken, in sterile Gläser füllen, zuschrauben und im Kühlschrank aufbewahren, sie hält so gelagert ca. ein halbes Jahr.

STEINPILZPASTE

ZUTATEN: 500 g Schalotten, 5 Knoblauchzehen,

2 kg kleine Steinpilze, 100 g Steinpilzpulver aus getrockneten Pilzen, 0,25 l Weißwein, Salz, Pfeffer, 1 Stiel Liebstöckl, 0,3 l kaltgepresstes Olivenöl

ZUBEREITUNG: Die Schalotten fein hacken, den Knoblauch ebenso.
Die geputzten, gewaschenen Steinpilze auch fein hacken.
Zuerst die Schalotten in wenig Olivenöl anrösten, dann den Knoblauch dazugeben, zuletzt die Steinpilze. Danach das geschnittene Liebstöckl. Alles durchrösten bis die Pilze Wasser lassen, dann den Wein dazugeben und das Ganze 10 Minuten einkochen lassen.
Die Masse vom Herd nehmen und überkühlen. In die kalte Steinpilz Masse, das Pilzpulver einrühren, das Olivenöl dazugeben und abschmecken.

Das Ganze gut verrühren und in sterile Gläser füllen.

Im Kühlschrank hält diese Paste, die Sie zum Abschmecken von Soßen oder zu Steinpilznudeln geben können, einige Wochen.

Wollen Sie diese Gläser aber für längere Zeit haltbar machen, so müssen Sie entweder Weckgläser verwenden und diese bei 90 °C 25 Min. einwecken, oder die Masse noch einmal mit dem Olivenöl aufkochen, heiß in Schraubgläser füllen und mit dem Twist-off-Verfahren verschließen.

ENTENLACK

Dieses Rezept ist aus Frankreich und dient dazu, die Ente vor dem Fertigbraten einzustreichen, außerdem bringt diese Paste einen ausgezeichneten Geschmack in den Entensaft.

Man kann das genauso für nur eine Entenbrust verwenden. Probieren Sie eine kleine Menge, Sie werden sehen, diese Gewürzverbindung schmeckt köstlich.

ZUTATEN: 5 EL Honig, 2 EL Zuckerwasser, Schalen von 3 unbehandelten Zitronen und 3 Apfelsinen, 1 gestrichener EL gemahlener Pfeffer, ca. 2 cm einer Ingwerwurzel, 1 EL Kümmel ganz, 1 Zehe Knoblauch, etwas gemahlenen Koriander,

ZUBEREITUNG: Zuckerwasser und Honig verrühren.

Die Apfelsinen gut unter rinnendem Wasser abreiben, wenn Sie keine unbehandelten Zitrusfrüchte bekommen, dann ist es am besten, wenn Sie die Apfelsinen und die Zitronen in kochendem Wasser 2 Minuten blanchieren.

Der Zestenreisser ist hier zu grob, am besten Sie reiben die Schale mit der Meerrettichreibe ab.

Nun müssen alle Zutaten gemeinsam aufkochen und anschließend heiß in die Gläser gefüllt werden.

Verschließen Sie sofort mit dem Twist-off-Verfahren.

Lagern Sie die Gläser kühl und dunkel.

MEIN TIPP: Füllen Sie den Entenlack in kleine Gläschen, Sie brauchen immer nur sehr wenig davon und streichen Sie die Ente kurz vor dem Fertigbraten damit ein. Aber Vorsicht, durch den hohen Zuckergehalt kann die Ente leicht verbrennen.

Es schmeckt auch sehr gut, wenn Sie nur einen Löffel davon in den fertigen Saft geben.

DIE MILCHSÄUREGÄRUNG

Das Wissen über die Milchsäuregärung ist bereits mehrere tausend Jahre alt. Die Milchsäuregärung als Konservierungsmittel wird aber heute viel zu selten angewandt.
Der Saft des Sauerkrautes z. B. wurde genauso wie bei den Römern, auch bei den Chinesen schon vor tausend Jahren als Heilmittel verordnet. Auch wenn der deutschsprachige Raum als Sauerkraut-Esser bezeichnet wird, es wurde nicht bei uns erfunden.
Milchsäurebakterien gibt es überall: Es gibt sie auf Pflanzen, im menschlichen und tierischen Körper und in der Milch. Im Körper sorgen sie dafür, dass überall wo es nötig ist, im Mund, auf der Haut und im Darm, Milchsäure entsteht. Milchsäure verhindert die Bildung von Krankheitskeimen und Fäulniserregern.
Bei der Milchsäuregärung werden Kohlehydrate in Milchsäure abgebaut, die wichtigen Vitamine wie B_1, B_2, B_6, C, D, und K bleiben erhalten. Auch Spurenelemente und die für die Verdauung so wichtigen Ballaststoffe sind noch vorhanden.
Allerdings sollte man milchsäurevergorenes Gemüse roh essen und nicht gekocht oder pasteurisiert, wie die Fertigprodukte in Dosen und Alusackerln, wie es diese bei Sauerkraut gibt.
Milchsäurebakterien brauchen als Nahrung kohlehydratreiche Lebensmittel, deren Zuckerbausteine sie zu Milchsäure absetzen, um einen Gärprozess einzuleiten. Dabei kann eine geringe Menge Salz das Gemüse so lange haltbar machen, bis genügend Milchsäurebakterien vorhanden sind. Außerdem schmeckt es mit Salz viel besser.

Was muss man tun, damit eine Milchsäuregärung im Gemüse entsteht?

Die Gärung muss sehr schnell eintreten, daher wird das zerkleinerte Gemüse mit Salz „eingestampft" oder mit Salzwasser begossen; dabei tritt der Zellsaft aus und dient den Milchsäurebakterien als Nahrung.
Um den Gärprozess in Gang zu setzen, muss genügend Salzlake vorhanden sein, dabei kann man neben Salz auch noch Gewürze wie z. B. Oregano oder Knoblauch einbinden. Dabei wird das Gemüse in Gläser oder glacierten Tongefäßen, das Sauerkraut in Holzkübel oder Tongefäße gefüllt.
Bei dieser Konservierungsmethode kommt es auf das verwendete Gemüse an, oder darauf, ob zusätzlich ein so genannter Starter eingesetzt wird. Dabei kommen entweder Molke oder Gärsaft, ja sogar Fermente aus der Drogerie in Frage. Diese zusätzlichen Hilfsmittel sind bei manchen Gemüsen von Vorteil und werden nachdem sich genügend

Flüssigkeit im Gefäß gebildet haben, dazugegeben. Aber beim Sauerkraut sind sie bei sorgsamer Arbeit nicht notwendig.
Als Abschluss werden meist Johannisbeerblätter oder beim Sauerkraut große Krautblätter gelegt. Dann wird das Gefäß mit einem Deckel versehen und dieser meist mit einem großen Stein beschwert. (Bei Gärtöpfen aus gebrannter Tonerde, die mit einer Saftrinne und einem Deckel versehen sind, ist das nicht notwendig, es sind Beschwerungssteine die genau in das Gefäß passen dabei.)
Zunächst stellt man das Gefäß 2 Tage in einen Raum mit 20 °C, anschließend sollte die Temperatur auf 15–18 °C gesenkt werden.

Damit auch wirklich alles gelingt!

1. Achten Sie auf absolute Sauberkeit.
2. Verwenden Sie zum Einsalzen gewöhnliches Koch- und Meersalz, ohne Jod- oder Fluorzusatz.
3. Stellen Sie das Gärgefäß nach dem Gärprozess in einen dunklen, kühlen Raum.
4. Verwenden Sie keine chemisch gedüngten oder gespritzten Gemüse, die Spritzmittel zerstören die natürlichen Milchsäurebakterien auf der Oberfläche der Gemüse!
5. Wenn Sie keinen richtigen Gärtopf haben, dann verwenden Sie große Einkochgläser.
   Früher hat man auch abgeschnittene Weinfässer verwendet, diese müssen aber vorher einige Tage in Wasser eingeweicht werden, sodass sie dicht sind.
6. Außerdem brauchen Sie noch einen Stampfer und eine große Schüssel.
7. Wenn Sie nicht in Besitz eines tollen Gärtopfes sind, dann müssen Sie zum Beschweren des Gefäßes einen Deckel, der in das Gefäß passt und einen großen Stein oder eine Marmorplatte besorgen, diese sollten in das Gefäß passen.
8. Die Salzlake sollte immer über dem Deckel stehen, dabei kann man immer wieder mit abgekochtem Wasser abhelfen.
   Man nimmt für das Salzwasser 10 g Salz auf 1 l Wasser.
9. Legen Sie ein Thermometer auf den Deckel des Gärtopfes.
10. Sollte sich wieder Erwarten auf dem Gemüse ein weißer Belag bilden, dann entfernen Sie diesen mit einem abgekochten Tuch, und wischen Sie den Rand aus dem Gefäß. Dieser weiße Belag ist Hefe und diese ist durch zu langen Luftzutritt wieder aktiv geworden, er ist nichts Schlimmes!
11. Ist das Gemüse schleimig und riecht unangenehm, dann essen Sie es nicht, es ist verdorben!

Sauerkraut-Herstellung, Bärlauchöl, Rezepte Seite: 145, 133
und **Kräuteressig**
Die Essigherstellung siehe Seite 109

KRÄUTERESSIG

ZUTATEN: je 5 Zweige Rosmarin, Zitronen-Thymian, Minze und Bohnenkraut, 3 Stiele vom Estragon, 1 Stamm Liebstöckl, 5 Basilikumblätter, 2 Petersilienwurzeln mit Stängel und Blättern, 8 Schalotten, 10 Zehen Knoblauch, 1 halbe Sellerieknolle, 15 geschrotete Pfefferkörner, 2,5 l Essig .

ZUBEREITUNG: Sellerie, Petersilie, Schalotten und Knoblauch schälen und in Scheiben schneiden.
Alles gemeinsam mit den Kräutern und dem Essig in eine große Flasche füllen und auf der sonnigen Fensterbank 3–4 Wochen stehen lassen. Dabei einmal am Tag mit einem Löffel umrühren.
Den Essig durch ein Tuch abseihen und an einem kühlen, dunklen Ort stehen lassen.
Sie können die Kräuter auch drinnen lassen, nur der Essig ist dann nicht klar, sondern kann sehr trüb werden.

DAS SAUERKRAUT

Zur Herstellung von Sauerkraut sollte man nur den späten Weißkohl verwenden, er sollte bei der Verwendung auch nicht frisch geerntet sein, sondern 2 Wochen in einem dunklen, luftigen Raum gelagert werden, außerdem sind die festen Köpfe von Vorteil. Das alles kann die Qualität des Sauerkrautes sehr beeinträchtigen.

ZUTATEN: 5 kg Weißkohl, 70 g Salz, 5 EL Kümmel, 4 EL Wacholderbeeren, 3 EL Pfefferkörner; 1 EL Korianderkörner.

Sie können nach Geschmack auch 3 saure Äpfel und 5 in Streifen geschnittene Paprikaschoten dazu geben.

ZUBEREITUNG:

1. Stellen Sie zuerst alle Zutaten bereit.
2. Putzen und hobeln Sie das Kraut, heben Sie aber große Blätter zum Abdecken des Gärgefäßes auf.
3. Wenn Sie Äpfel verwenden, dann schneiden Sie sie in dünne Scheiben.
4. Legen Sie das gehobelte Kraut schichtweise in das Gefäß und stampfen Sie das Kraut bis sich Saft gebildet hat.
5. Nach jeder Krautschicht folgt eine Schicht mit Salz, Äpfeln, und Gewürzen.
6. Füllen Sie den Topf nicht ganz voll, Sie brauchen noch Platz für die Krautblätter, den Deckel und den Stein.

Wenn der Topf nun abgedeckt ist, dann muss er 2 Tage bei 20 bis 22 °C stehen, dann sollte er aber 3 Wochen lang bei 15 °C lagern. Danach kommt er in den kühlen Keller für 3–4 Wochen, kontrollieren Sie aber ab und zu den Stand der Salzlake und helfen Sie sich wie vorhin beschrieben, mit abgekochtem, ausgekühltem Wasser.
Dann können Sie sich die erste Portion zum Kosten holen.

SAURE RÜBEN

Die weißen Rüben, Herbstrüben, Stoppel- oder Halmrüben, werden ähnlich wie das Sauerkraut eingesäuert und geben ein schmackhaftes Wintergemüse, das sehr oft zur gebratenen Gans gegessen wird.

ZUTATEN: 10 kg Rüben, gewaschen geschält und auf einem eigenen Rübenhobel nudelig geschnitten, 120–150 g Salz, Kümmel.

ZUBEREITUNG: Die Zutaten werden gut durchgemischt und genauso wie Sauerkraut eingestampft, mit einem in das Gefäß passendem Deckel bedeckt und mit einem Stein beschwert, damit das sich bildende Rübenwasser darüber zusammensteht, usw.

Auch bei dieser Gärung ist es die sich bildende Milchsäure, die in erster Linie zur Haltbarkeit der Rüben beiträgt.
Ich habe schon sehr oft in Büchern gelesen, dass bei sauren Rüben kein Salz dazugegeben werden soll. Diese Ansicht ist aber nicht richtig. Wenn auch das Salz bei dieser Konservierungsart nur eine untergeordnete Rolle spielt, so möchte ich doch sagen, dass saure Rüben ohne einer Salzzugabe nicht nur von geringerer Haltbarkeit sind, sondern auch sehr fad schmecken.
Die Behandlung und Aufbewahrung von sauren Rüben ist genau die gleiche, wie beim Sauerkraut.

MILCHSAURES ALLERLEI im Schraubglas zubereitet

ZUTATEN: 350 g grüne Paprika, 300 g rote Paprika, 300 g gelbe Zucchini, 250 g feste Tomaten, 3 Zwiebeln, Dillblüten, ca. 1,75 l Wasser, 45 g Meersalz.

ZUBEREITUNG: Zuerst muss das Gemüse gewaschen und geputzt werden, dann schneiden Sie die Paprika in 1 cm breite Streifen, die Zucchini in Scheiben, die Tomaten in Viertel, die Zwiebeln würfelig.
Nun schlichten Sie alles abwechselnd in das sterile Schraubglas und verteilen die Gewürze immer wieder dazwischen. Achten Sie darauf, dass das Glas nur bis 6 cm unter den Rand gefüllt ist.
Das Wasser mit dem Salz aufkochen und über das Gemüse leeren, dabei muss das Gemüse unbedingt bedeckt sein.
Nun verschließen Sie das Glas gut und lassen es ca. 1 Woche bei Zimmertemperatur stehen. Stellen Sie das Glas aber in eine Schachtel, um es vor dem Licht zu schützen.
Anschließend stellen Sie das Glas für 3 Wochen in den kühlen Keller, hier hält es bis zum Sommer!

ROTE BEETE milchsauer

ZUTATEN: 1 kg Rote Beete, 2 Zwiebeln, 2 EL Kümmel, 3 Lorbeerblätter, einige Dillblüten, abgekochtes Salzwasser mit 25 g Salz je Liter.

Als Starter können Sie 3 EL Molke verwenden.

ZUBEREITUNG: Die Rote Beete gut waschen, bürsten, unschöne Stellen wegschälen und in dünne Scheiben schneiden.
Sie können die Beete aber auch fein raspeln.
Nun die Rote-Beete-Scheiben gemeinsam mit den geschnittenen

Zwiebeln und den Gewürzen in die Gläser schlichten, dabei aber immer mit dem Kochlöffel etwas zusammendrücken.
Wenn Sie als Starter Molke dazugeben, dann machen Sie das, wenn das Glas zu $^2/_3$ voll ist, füllen Sie nicht mehr in das Glas, Rote Beete gären sehr heftig!
Nun füllen Sie das Glas mit so viel erkaltetem Salzwasser auf, dass die Beete bedeckt sind. Schrauben Sie das Glas gut zu. Lassen Sie das Glas etwa eine Woche bei Zimmertemperatur gären und lagern Sie es später im kühlen Keller. Nach ca. 4 Wochen sind die Beete fertig.
MEIN TIPP: Wenn Sie kein Schraubglas verwenden, dann müssen Sie immer wieder zwischen den Gemüse-Gewürzlagen Salz einstreuen (pro kg Beete, 10 g), den Behälter oben mit Rote-Beete-Blättern abdecken, einen Deckel, der in das Gefäß passt, darauf legen, mit einem Stein beschweren, einige Tage bei Zimmertemperatur stehen lassen, und wenn sich in dieser Zeit nicht genug Flüssigkeit gebildet hat, mit Salzwasser aufgießen und immer darauf achten, dass die Flüssigkeit über dem Deckel steht.
Dabei müssen Sie aber bedenken, dass schon Salz im Gemüse ist und das Wasser nur mehr mit 15 g Salz pro Liter abgekocht werden soll.

DAS TROCKNEN VON FRÜCHTEN

Früchte als Energiespender
Bekanntlich wird die Konservierung von verschiedenen Nahrungsmitteln auch durch die Herabsetzung des Wassergehaltes erzielt. Dieser Vorgang wird als Trocknen oder Dörren bezeichnet.
Trocknen und Dörren hat bei uns schon eine sehr lange Tradition. Wenn man nur bedenkt, was unsere große Viehwirtschaft ohne Heu und Stroh wäre!
Futtermittel ohne das getrocknete Gras, dem Heu, wären wahrscheinlich nicht aufzutreiben gewesen.
Eher kann man sich daran erinnern, dass die Bauern früher im Winter ihren Vitaminbedarf mit Dörrbirnen abgedeckt haben, das waren, und sind heute noch, die getrockneten Birnen und Pflaumen.
Das Obst ist von Natur aus mit einer schützenden Hülle, welche die Wasserverdünstung behindert, bedeckt. Die Trocknung wird daher durch Zerkleinerung, durch Anstechen oder Tauchen in Zucker- und Salzlösungen beschleunigt.
Es gibt aber auch Produkte, die im Ganzen getrocknet werden müssen.

Durch das Trocknen wird den Früchten Wasser entzogen und dadurch die Konzentration von Zucker und Säure darin erhöht. Was übrig bleibt, ist ein Konzentrat, dessen Geschmack viel intensiver und würziger ist, Zucker und Säuregehalt sind natürlich und wesentlich erhöht. In dieses Konzentrat können keine Bakterien und Mikroorganismen eindringen, weil das feuchte Milieu entzogen wurde. Die Folge ist, dass richtig getrocknete Lebensmittel nicht schimmeln können.
Im Vergleich zu anderen Konservierungsmethoden bleiben bei den niedrigen Temperaturen Vitamine und sämtliche Mineralstoffe erhalten, und werden nicht, wie beim Einkochen ausgelaugt.

WIE TROCKNET MAN?

Es gibt verschiedene Möglichkeiten Früchte, Gemüse und Kräuter zu trocknen. Immer wenn es möglich ist, sollte man das Trocknen dem Dörren vorziehen.
Das Trocknen findet im Freien oder am Dachboden statt. Der Dachboden hat den Vorteil, dass im Sommer die Temperatur zwischen 30 und 50 °C beträgt, und es meistens auch noch dunkel ist.
Gedörrt wird im Backrohr oder in einem speziellen Dörrgerät. Besonders bei uns könnte man Gemüse, das doch höhere Temperaturen benötigt, nicht im Freien dörren. Der Trocknungsprozess würde viel zu lange dauern und das Getrocknete braun werden.
Schneiden und zerkleinern Sie Obst ganz genauso, wie Sie es für die Frischzubereitung auch täten. Das vorbereitete Obst und Gemüse breiten Sie dann auf Gittern, Rosten und Sieben aus oder hängen es an einem Faden auf.
Achten Sie jedenfalls darauf, dass die Siebe usw. rostfrei sind und sich leicht reinigen lassen.
Trocknen Sie am Dachboden, dann fädeln Sie Gemüse am besten auf Fäden auf, dabei sollte das Trockengut nie übereinander, sondern immer nebeneinander sein. Die Trockenphase sollte zügig voran gehen und nicht unterbrochen werden. Als Schutz vor Insekten und als Schattenspender können Sie Mulltücher verwenden.
Beim Dörren im Backrohr sollte die Temperatur konstant eingehalten werden und das Backrohr immer leicht geöffnet sein. Im Heißluftherd geht es natürlich durch die Luftzirkulation viel besser voran.
Wenn Sie Obst und Gemüse regelmäßig dörren, dann rentiert sich aber ein richtiger Dörrapparat. Sie können ihn das ganze Jahr brauchen, vom Rhabarber im Frühjahr, bis zur reichen Herbsternte, wobei gerade dann die Temperaturen im Freien nicht gerade immer zum Trocknen geeignet sind.

Genaue Angaben für die Zeit des Trocknens kann man nicht machen. Es gibt aber einige Faustregeln:

- In der Sonne oder auf dem Dachboden sollte man das Trockengut im Sommer nur 4 Tage lassen. Danach sollte man auf ein Nachtrocknen im Backrohr umstellen.
- Im Dörrgerät halten Sie sich an die Schnittgröße der Angaben des Herstellers, aber im Schnitt dürfte das Trocknen nie länger als 6–15 Std. dauern.
- Im Backrohr dauert es etwas länger.
- Die Zeit richtet sich ganz stark nach Größe und Dicke der Früchte, seinem Wassergehalt, der Trockentemperatur, die sehr verschieden sein kann, und der Luftfeuchtigkeit des Raumes.

DIE AUFBEWAHRUNG VON GETROCKNETEM

Früher wurde alles in Leinensäcken luftig aufgehängt. Das schützt vor Staub, aber nicht vor Schädlingen. Deshalb sind Dosen oder Einkochgläser mit Gummiringen und Spangen von Vorteil.

Gläser mit Schraubdeckeln kann man auch verwenden, wobei bei mir schon einmal trotzdem die Mehlmotte in das Glas gekommen ist.

Alle diese Behälter sollten möglichst dunkel und nicht in Räumen mit hoher Luftfeuchtigkeit (Keller) gelagert werden.

Wenn sich in den Gläsern nach einiger Zeit Wassertröpfchen bilden, dann müssen Sie das Trockengut sofort noch einmal nachtrocknen.

Grundrezept für das Trocknen:

Es kann keine genauen Rezepte geben, weil sie von Jahr zu Jahr anders sein müssten.

Wenn Sie zum ersten Mal trocknen, dann halten Sie sich an Kochbücher oder an die Angaben der Hersteller von Trockengeräten. Sie werden sehen, beim nächsten Mal wissen Sie schon, wie es geht, außerdem gehört eine Portion Gefühl und Ausdauer dazu, denn wirkliche Rezepte gibt es nicht.

Einige gute Tipps:

- Verwenden Sie nur einwandfreies Obst und Gemüse.
- Tauchen Sie vorbereitetes Obst entweder in Salzwasser oder in Zitronenwasser, das erhält die Farbe besser, nimmt aber keinen Einfluss auf den Geschmack.
- Verwenden Sie möglichst frisch gesammelte Kräuter und Pilze.
- Verwenden Sie einen Holzrahmen, der mit Gaze bespannt ist.
- Sie müssen die Temperatur immer wieder kontrollieren, bei fla-

chem Trockengut sollte sie nie höher sein als 50–60 °C, bei dickerem Obst und Gemüse sollten Sie bei 70–80 °C im Umluftherd trocknen.

- Die Umluft muss gut zirkulieren können.
- Wenn Sie auf einem Gazerahmen trocknen, dann drehen Sie das Trockengut öfter um, nur so wird es nicht ankleben.
- Das Trocknen in der freien Luft dauert im Gegensatz zum Backrohr oder Dörrgerät einige Tage bis zu 3 Wochen.
- Brechen Sie das Getrocknete nach der Beendigung des Trocknens auseinander, es darf kein Saft mehr zu sehen sein.
- Wenn beim Dörren im Backrohr Wassertropfen entstehen, dann müssen Sie die Temperatur unbedingt niedriger wählen.
- Verwenden Sie nur luftdichte Behälter zum Aufbewahren.
- Wenn nach dem Trocknen, bei der Aufbewahrung im Behälter Wassertröpfchen entstehen, dann müssen Sie das Trockengut sofort nachtrocknen.
- Zum Auffädeln benötigen Sie einen normalen Bindfaden.

Wie wird Obst getrocknet?

Beim Trocknen der verschiedensten Obstsorten müssen Sie deren unterschiedliche Konsistenz beachten und die geeignete Trockenmethode selbst wählen.

APFELRINGE getrocknet

Rezept siehe 9. Abbildung im Buch.

BIRNEN getrocknet

ZUTATEN: Verwenden Sie Birnen der haltbaren Wintersorten.

ZUBEREITUNG: Die Birnen halbieren, es ist Ihre persönliche Entscheidung, ob Sie das Kernhaus drinnen lassen möchten oder nicht, ich entferne es nie.
Die halben Birnen kurz in Salzwasser tauchen und mit der Schnittfläche nach oben auf einen Rost auflegen. Es ist egal, welche Form des Trocknens Sie verwenden, nur achten Sie auf die vorhin angeführten Tipps.
Achten Sie ebenso darauf, dass Sie vollreife aromatische Sorten trocknen, nur so erhalten Sie den typischen Birnengeschmack.

BANANEN getrocknet

Bananen schälen, in dünne Scheiben schneiden und am besten im Umluftherd trocknen.

BEEREN – Johannisbeeren, Stachelbeeren, Blaubeeren, getrocknet

ZUBEREITUNG: Die Beeren vor dem Trocknen kurz in heißes Zuckerwasser tauchen, auf Sieben zum Abtropfen auslegen, dann zuerst an der Sonne mit Gaze bespannt antrocknen lassen und im Heißluftherd oder Backrohr fertig trocknen.

Sehr gut geeignet ist natürlich ein elektrisches Dörrgerät.

Bedenken Sie, dass Beeren einen großen Wassergehalt haben und das Trocknen sehr lange dauert.

ERDBEEREN getrocknet

ZUTATEN: vollreife, geschmackvolle Erdbeeren.

ZUBEREITUNG: Sie werden es nicht glauben, auch Erdbeeren kann man trocknen. Es dauert allerdings sehr lange bis eine Erdbeere getrocknet ist.

Die Erdbeeren entstielen, halbieren oder in Scheiben schneiden, kurz in gekochtes Zuckerwasser tauchen und am besten in einem Dörrgerät trocknen.

FEIGEN getrocknet

Frische Feigen sollten Sie nur waschen und am besten im Ganzen auf Sieben auflegen, stündlich umdrehen und so trocknen. Sie faulen sehr leicht. Die Qualität fertig getrockneter Feigen ist aber sehr gut, Sie müssen sich diese Arbeit nicht unbedingt antun.

HAGEBUTTEN getrocknet

ZUTATEN: Große frische Hagebutten (wild wachsende oder gezüchtete).

ZUBEREITUNG: Die Früchte waschen und von den Stielen und Blütenansätzen befreien. Wenn Sie die Hagebutten zur Teeherstellung trocknen möchten, dann brauchen Sie die Früchte nicht zu zerschneiden, Sie können sie im Ganzen auf Holzrahmen mit Gaze bespannt auflegen und nach der Methode Ihrer Wahl trocknen.

Möchten Sie aber aus den getrockneten Hagebutten eine Tortenfülle herstellen oder die getrockneten Früchte so essen, dann müssen Sie die Früchte unbedingt aufschneiden und die Kerne herausputzen. Diese Früchte können Sie dann entweder zum Trocknen auf einen Faden auffädeln oder genauso auf Sieben oder Gazerahmen auflegen.

KIRSCHEN getrocknet

ZUTATEN: Gut ausgereifte fleischige Kirschen aller Sorten oder Sauerkirschen.

ZUBEREITUNG: Die Früchte gründlich waschen, entsteinen, warten bis wirklich kein Saft mehr aus den Früchten tröpfelt. Zuerst an der Sonne vortrocknen lassen, dann am besten in einem Heißluftherd fertig trocknen. Trocknen Sie die Kirschen so lange, bis sie so klein wie Rosinen aussehen.

MEIN TIPP: Wenn Sie die Kirschen nicht entsteinen, dann dauert der Trockenvorgang sehr lange, außerdem können Sie diese Delikatesse nur zum Knabbern verwenden, da sich der Kern im getrockneten Zustand nicht mehr einfach herauslösen lässt.

APRIKOSEN getrocknet

ZUTATEN: Alle sehr geschmackvollen Sorten.

ZUBEREITUNG: Diese Früchte eignen sich sehr gut zum Trocknen, haben aber eine relativ lange Trockenzeit.

Große Früchte werden gewaschen, halbiert und entkernt, kleinere kann man im Ganzen trocknen. Dabei sollte man sie aber trotzdem auf einer Seite aufschneiden, den Kern herausholen und die Früchte wieder zusammendrücken.

Da Aprikosen sehr leicht braun werden, tauchen Sie die Früchte vor dem Trocknen in etwas Zitronensaft und anschließend in heißes Zuckerwasser. Dann legen Sie die Aprikosen am besten in ein Dörrgerät und halten sich an die Anweisungen des Herstellers.

Legen Sie Aprikosen nie ohne Zudecken mit Gaze oder Mull im Freien auf, Sie können die Wespen kaum abwehren.

NÜSSE getrocknet

ZUBEREITUNG: Nüsse geben Sie am besten in flache Obststeigen und trocknen sie an einem luftigen Platz in der Sonne. Dabei drehen Sie den Inhalt der Steigen ab und zu um und schütteln die Steigen durch, dass sich die Lage der Nüsse ändert. Danach werden sie am besten in Leinensäcke geschüttet und an einem luftigen Platz aufgehängt.

PFIRSICHE getrocknet

Behandeln Sie Pfirsiche genauso wie Aprikosen, da Pfirsiche aber meistens groß sind, kann man sie in Scheiben schneiden.

RHABARBER getrocknet

ZUTATEN: Verwenden Sie dünne frische Rhabarberstangen.

ZUBEREITUNG: Rhabarber eignet sich vorzüglich zum Trocknen.
Schneiden Sie den dünnen Rhabarber in 1–2 cm große Stücke und trocknen Sie ihn am besten im Backrohr mit Heißluft oder in einem Dörrgerät.
Getrockneten Rhabarber kann man einfach so essen oder auch zur Kompottherstellung verwenden.

WEINTRAUBEN getrocknet

Weintrauben werden wie alle anderen Beeren getrocknet, am besten verwenden Sie aber kernlose Tafeltrauben, sonst schmecken Sie nach dem Trocknen nur den Geschmack der Kerne.

ZITRONENSCHALE getrocknet

ZUTATEN: unbedingt unbehandelte Zitronen oder Apfelsinen.

ZUBEREITUNG: Die Zitrusfrüchte schälen oder grob reiben.
Anschließend können Sie die Schalen einfach auf Gazerahmen auflegen und in der Luft trocknen. Geriebene Schalen eigenen sich nicht für Dörrgerät oder Umluftherd.
Getrocknete Schale von Zitrusfrüchten ist ein besonders gutes Würzmittel in der Küche, außerdem kann man die Schale gerade dann aufbewahren, wenn man unbehandelte Früchte bekommt.

PFLAUMEN getrocknet

ZUTATEN: Vollreife Pflaumen, die sich beim Stielansatz schon etwas kreuseln.

ZUBEREITUNG: Sie können Pflaumen im Ganzen trocknen, wenn Sie aber Früchte ohne Kerne vorziehen, dann schneiden Sie die Pflaumen auf einer Seite ein, nehmen den Kern heraus und drücken die Frucht wieder zusammen.
Die Art der Trocknung können Sie selbst wählen, Sie können die Früchte auf einem Gazerahmen neben dem Herd auflegen oder im Dörrgerät trocknen. Pflaumen haben eine lange Trockenzeit, trocknen Sie sie allerdings nicht zu lange, sonst werden die Früchte hart, sie sollten aber innen noch weich sein.
Im Freien sollten Sie die Früchte aber unbedingt mit Mull oder Gaze abdecken, sonst schmecken sie allem möglichen Ungeziefer genauso gut!

Wie wird Gemüse getrocknet oder gedörrt?

Beim Trocknen von Gemüse müssen Sie bedenken, dass auch hier genaue Zeitangaben unmöglich sind.

Es sind in diesem Buch zwar die verschiedensten Rezepte zum Trocknen von Gemüse angegeben, aber ich muss ehrlich zugeben, dass ich selbst das Trocknen von Gemüse auf Bohnen, Erbsen, Tomaten, Zwiebel, Knoblauch und Suppengemüse einschränke.

BRENNESSELN getrocknet

Brennesseln werden genauso wie Spinat getrocknet, man kann sie als Tee verwenden oder in Gemüsesuppen mitkochen.

Am besten legen Sie die gewaschenen Blätter auf Gazerahmen auf und lassen die Brennesseln entweder am Dachboden oder in der Luft trocknen.

HÜLSENFRÜCHTE getrocknet

ZUTATEN: Seit vielen Jahrhunderten werden Hülsenfrüchte getrocknet, vor allem Bohnen, Erbsen, Linsen, usw.

ZUBEREITUNG: Lassen Sie die Pflanze total ausreifen, dadurch trocknen die Hülsenfrüchte schon in der Pflanze auf ganz natürliche Weise. Sie brauchen sie dann nur mehr aus den Kapseln nehmen und ca. 1 Woche auf Packpapier auflegen (sie müssen dann ganz hart und knackig sein), in gut verschließbare Dosen füllen und für den Winter aufbewahren.

Ist das Wetter zur Erntezeit aber zu schlecht, um die Hülsenfrüchte auf der Pflanze trocknen zu lassen, dann können Sie die Kapseln pflücken, auf Packpapier auflegen und erst wenn sie hart und brüchig sind, genauso wie vorhin beschrieben, weiterverarbeiten.

Sie müssen Hülsenfrüchte, bevor Sie sie zum Kochen weiterverarbeiten unbedingt über Nacht in Wasser einweichen.

BLUMENKOHL getrocknet

ZUTATEN: Verwenden Sie junge Blumenkohlröschen mit ca. $^2/_3$ des zarten Strunkteiles.

ZUBEREITUNG: Teilen Sie die Blumenkohlrose in möglichst kleine Röschen. Den Strunk schneiden Sie fein blättrig und legen alles am besten in einen Dörrapparat. Der Blumenkohl wird beim Trocknen braun, erlangt seine Farbe aber bei der Verwendung wieder.

MÖHREN getrocknet

Möhren kann man sehr gut in Sand aufbewahren, daher brauchen Sie Möhren nur für Suppenmischungen trocknen.

Schneiden Sie die gewaschenen Möhren in 0,5 cm dicke Scheiben und legen Sie die Scheiben einfach auf Sieben zum Trocknen auf.

KOHLRABI getrocknet

ZUTATEN: Verwenden Sie nur ganz zarten jungen Kohlrabi ohne Blätter.

ZUBEREITUNG: Schälen Sie den Kohlrabi und schneiden Sie ihn in 5 mm dicke Scheiben oder Streifen. Anschließend wird er auf Sieben zum Trocknen aufgelegt.

PORREE getrocknet

Porree ist eigentlich den ganzen Winter zu haben, es ist wirklich nicht notwendig ihn zu trocknen, wenn Sie aber Suppengrünmischungen herstellen wollen, dann brauchen Sie ihn.

ZUBEREITUNG: Schneiden Sie den Porree in 0,5 cm dicke Ringe, und trocknen Sie ihn auf Sieben.

TOMATEN getrocknet

Halbieren Sie die Tomaten, bestreuen Sie die Hälften mit etwas Kräutersalz. Legen Sie diese werdende Delikatesse auf Sieben auf oder fädeln Sie die Scheiben auf Bindfaden und lassen Sie die Tomaten im Halbschatten trocknen.

Bei Tomaten ist es aber noch besser wenn Sie ein Dörrgerät besitzen.

Die Tomaten sind fertig, wenn sie total trocken sind.

Wenn man die getrockneten Tomaten dann noch mit wenig geschnittenen Scheiben einer getrockneten Chilischote und Basilikum in Balsamico aufkocht und anschließend in Olivenöl einlegt, schmecken sie hervorragend und passen sehr gut zu Lammgerichten.

CHILISCHOTEN getrocknet

Zum Würzen von Suppen oder Soßen sind getrocknete Chilischoten kaum wegzudenken. Ohne Kerne sind sie eher mild, mit den Kernen sollte man sie wirklich nur zu feurigen Gerichten verwenden. Die Chilischoten brauchen Sie nur am Stiel auf Bindfaden aufzufädeln und 2 Wochen an einem warmen luftigen Ort trocknen lassen, bis sie auf die Hälfte der Originalgröße eingeschrumpft sind.

Enfernen Sie den Faden und geben Sie die Chilischoten in ein Einmachglas mit Deckel, damit sie nicht verstauben können.

PAPRIKA getrocknet

Paprika sind sehr leicht zu dörren, dabei können Sie ganz einfach Stücke auffädeln und im Halbschatten an der Luft trocknen oder feine Streifen im Dörrgerät oder auf Sieben auflegen.
Wenn Sie im Freien trocknen, dann ist evt. ein Nachtrocknen im Rohr notwendig.

SPINAT getrocknet

Spinatblätter gut waschen und ca. 5 Std. locker aufgelegt auf Sieben im Halbschatten dörren. Legen Sie aber unbedingt Gaze oder Mull darauf, sonst holt die Blätter der Wind.

SUPPENGEMÜSE getrocknet

ZUTATEN: Porree, Sellerie, Möhren, Petersilienwurzeln.

ZUBEREITUNG: Sie müssen das ganze Gemüse waschen und putzen, anschließend in dünne Scheiben schneiden und auf Sieben oder im Dörrgerät auflegen und gemeinsam trocknen.
Diese Mischung schmeckt hervorragend.

ZUCCHINI getrocknet

Zucchini eignen sich sehr gut zum Trocknen und können mit Kräutersalz bestreut auch zum Knabbern verwendet werden.

ZUBEREITUNG: Schneiden Sie die gewaschenen Zucchini in 1 cm dicke Scheiben oder Würfel und legen Sie die Zucchini am besten auf Siebe oder in ein Dörrgerät.
Kürbisse kann man genauso trocknen.

ZWIEBEL UND KNOBLAUCH

Zwiebel und Knoblauch flechtet man am besten zu Zöpfen und hängt sie an der warmen Luft auf.

Rote Zwiebeln lassen sich aber auch sehr gut in Scheiben geschnitten auf Gazerahmen trocknen. Diese Scheiben sind sehr gut zum Würzen, oder in den Teig beim selbst gebackenen Brot gemischt, schmecken sie hervorragend.

Das Trocknen von Pilzen

Pilze eignen sich sehr gut zum Trocknen. Mit dieser Konservierungsmethode sind Pilze fast uneingeschränkt haltbar.

PILZE getrocknet

Am besten ist es, wenn Sie die selbst gesammelten Pilze nicht waschen, sondern gut putzen, von den Wurmstellen befreien und in Scheiben geschnitten auf Gazerahmen auflegen. Kleine Pilze können Sie im Ganzen Trocknen.

Pilze müssen immer, auch im Dörrgerät, bei niedrigster Temperatur getrocknet werden, wenn es zu heiß wird, verderben sie.

Sehr gut bewährt bei Pilzen hat sich seit vielen Jahren das Auffädeln. An einem trockenen, warmen und luftigen Ort sind die Pilze so in 3 Tagen trocken. Es ist auch möglich, die Pilze im Dörrgerät zu trocknen, allerdings bei geringer Temperatur.

Während des Trocknens verlieren die Pilze 90% des Gewichtes, sie sind daher erst fertig, wenn sie zerbrechen.

Besonders gut geeignet zum Trocknen sind:

Steinpilz, Butterpilz, Maronenröhrling, Champion, Birkenpilz

Vorher blanchieren müssen Sie:

Rotkappe, Speisemorchel

Das Behandeln von anderen Pilzen, die weniger geläufig sind, finden Sie in speziellen Pilzbüchern.

PILZPULVER ZUM WÜRZEN

Wenn Sie die Pilze schon getrocknet haben, dann nehmen Sie die brüchigen Teile heraus und zerstampfen sie im Mörser.

Füllen Sie es in ein gut verschließbares Glas.

Dieses Pulver schmeckt hervorragend zum Würzen von verschiedensten Speisen oder in Soßen, die Sie aus gefrorenen Pilzen hergestellt haben.

Das Trocknen von Kräutern

Kräuter eignen sich sehr gut zum Trocken, allerdings müssen Sie trotzdem einiges beachten, damit der volle Geschmack, oder bei den Tees die Heilkraft erhalten bleibt.

- Am besten ist es, wenn Sie die Kräuter an einem sonnigen Tag am Vormittag, wenn der Tau schon aufgetrocknet ist, pflücken.
- Wenn Sie Blätter ernten wollen, so nehmen Sie von jeder Pflanze nur wenige kleine, aber schon voll ausgereifte Blätter.

- Ernten Sie Blüten nicht zur vollen Blütezeit, sondern schon zu Beginn der Blüte.
- Früchte für Früchtetee sollten zwar ganz reif, aber nicht überreif sein.
- Wurzelteile sollten Sie am besten im Herbst ausgraben.
- Wollen Sie die ganze Pflanze ernten, so ist es am besten, wenn sie vor der Blüte abgeschnitten wird, dann besitzt sie die größte Heil- und Würzkraft.
- Kräuter zum Trocknen wäscht man nicht, man bindet sie zu lockeren Sträußen und hängt sie kopfüber an einem luftigen, warmen schattigen Platz auf. Oder man legt sie auf Gazerahmen.
- Bedenken Sie, dass bei zu großer Hitze ätherische Öle, genauso wie der Geschmack und die Heilkraft zerstört werden,

Blüten und Blätter halten keine Temperaturen über 35 °C aus, Wurzelstücke vertragen keine Temperaturen über 45 °C.

Trocken sind die Kräuter dann, wenn die Blätter rascheln oder die Wurzelstücke hart sind.

Nach dem Trocknen, wenn man Tee zubereitet, streift man die Blätter von den Stängeln, wenn man die Kräuter zum Würzen braucht, dann zerrebelt man sie noch.

Getrocknete Kräuter bewahrt man am besten in Blechdosen auf, sonst verlieren sie die Farbe oder werden feucht.

Besonders geeignet sind:

Thymian, Majoran, Oregano, Rosmarin, Lavendel, Bohnenkraut, Basilikum und Minze.

Liebstöckl, Dill und Pimpinelle verlieren zwar sehr viel an Kraft, eigenen sich aber trotzdem für Kräutermischungen.

Fruchtkräuter

wie Anis, Fenchel, Kümmel und Koriander sollten möglichst lange in der Pflanze ausreifen, anschließend werden sie kopfüber aufgehängt, wobei man für die ausfallenden Samenkörner am besten ein Packpapier unterlegt.

TEE- UND GEWÜRZMISCHUNGEN

Sie können jederzeit etwas weglassen oder ihrem Geschmack anpassen.

BROTGEWÜRZ

ZUTATEN: 5 Teile Kümmel, je 2 Teile Anis und Fenchel, 1 Teil Koriander.

ITAL. KRÄUTERMISCHUNG

ZUTATEN: Je 2 Teile getrockneter Zwiebel, Knoblauch, Liebstöckl, Basilikum, Majoran, 5 Teile getrocknete Tomaten zerkleinert, je 1 Teil Schnittlauch, Petersilie und Estragon.

SALATGEWÜRZMISCHUNG

ZUTATEN: je 2 Teile Schnittlauch, Petersilie, Dill, Basilikum, Bärlauch, je 1 Teil Borretsch, Zitronenmelisse, Kerbel und Estragon.

KRÄUTER DER PROVENCE

ZUTATEN: Je 2 Teile: Basilikum, Thymian und Oregano.

Je 1 Teil: Bohnenkraut, Lavendel und Rosmarin.

TEEMISCHUNG FÜR JEDEN TAG

ZUTATEN: Brombeerblätter, Himbeerblätter, Johannisbeer- und Haselnussblätter, Blüten von Schlüsselblumen, Ringelblumen und Borretsch. Pfefferminze, Thymian, Fenchel, Koriander, Kümmel, Melisse und Hagebutte.

HEILTEES

Viele Teekräuter haben eine heilende Wirkung.

Welche bewirken was?

- Schlaffördernd wirken: Hollunderblätter und -blüten, Thymian und Beifuß
- Appetitanregend wirken: Löwenzahnblüten und -blätter, Salbei, Schafgarbe, Beifuß
- Bei Durchfall wirken: Blaubeer- und Brombeerblätter
- Verdauungsfördernd sind: Schafgarbe oder Beifuß
- Die Galle anregend sind: Brennessel- oder Lindenblütentee

Trinken Sie Kräutertees in kleinen Schlucken, den ganzen Tag über verteilt, einige Wochen lang, um eine Wirkung zu erzielen.

Außerdem sollten Sie das Wasser für den Tee zwar aufkochen lassen, den Tee selbst aber 10 Min. darin nur ziehen lassen.

Zum Würzen verwenden Sie am besten Honig oder Ahornsirup.

KANDIERTES OBST

Die Haltbarkeit von kandierten Früchten beruht auf der konservierenden Wirkung des Zuckers. Dabei wird das Wasser in den Früchten zu Zucker umgewandelt.
Das Kandieren ist ein langer Arbeitsprozess, aber obwohl es kandierte Früchte überall zu kaufen gibt, lohnt es sich auf jeden Fall diese Konservierungsart einmal auszuprobieren.
Kandierte Früchte sind, schön verpackt, nicht nur ein sehr dekoratives Geschenk, sondern auch ein gutes Konfekt zum Kaffeeklatsch, wenn Sie es noch in Schokolade tunken.
Wenn Sie den Früchten aber ein zuckriges Aussehen verleihen wollen, dann können Sie sie zusätzlich kristallisieren.

Was Sie unbedingt vor dem Beginnen wissen müssen!

Bevor man mit dem Kandieren beginnen kann, muss man sich im klaren sein, dass man nun 2 Wochen jeden Tag etwas an den Früchten arbeiten muss!

- Alle Früchte müssen grundsätzlich einmal zuerst heiß, dann kalt gewaschen und trocken getupft werden.
- Bei Steinfrüchten müssen die Steine entfernt werden.
- Früchte die man im Ganzen kandieren will, muss man einige Male anstechen, sodass die Zuckerlösung leichter eindringen kann.
- Ananas, Bananen, Pfirsiche, Mango, Birnen und Kiwi werden geschält.
- Große Früchte schneidet man in mundgerechte Stücke.
- Zitrusfrüchte schneidet man am besten in Scheiben.
- Die Früchte müssen vor dem Kandieren blanchiert oder über Dampf kurz gegart werden, dadurch kann der Zucker besser eindringen, außerdem kann die Farbe schöner erhalten werden.

Wie wird kandiert?

Der **1. Tag**
Kandiert wird immer nur eine Fruchtart.
Für 500 g Früchte stellt man folgende Zuckerlösung her: 1 l Wasser, 1 kg Zucker.
Die Zuckerlösung muss so lange gekocht werden, bis Sie im kalten Zustand Fäden ziehen können.
Das können Sie schön bei der heißen Zuckerlösung ausprobieren, indem Sie einen Löffel voll Zuckerlösung in kaltes Wasser geben und mit den Fingern versuchen Fäden zu ziehen.

Die Trockenfrüchte
siehe Seite 147

GETROCKNETE APFELRINGE

ZUTATEN: Am besten geeignet sind die Sorten von Lageräpfeln. Salzwasser.

ZUBEREITUNG: Die Äpfel waschen, schälen, mit einem Apfelausstecher das Kernhaus entfernen und in 1 cm dicke Ringe schneiden. Legen Sie die Äpfel, um ein Braunwerden zu verhindern, kurz in Salzwasser.

Anschließend kann man die Apfelscheiben auf einer Schnur auffädeln und in der Nähe eines Ofens an der Luft trocknen oder auf Holzstäbe auffädeln und diese auf die Schienen des Backrohres aufreihen.

Lassen Sie die Äpfel nicht zu lange trocknen, sie sollten noch biegsam sein oder besser gesagt, sich ledrig anfühlen.

MEIN TIPP: Sie müssen die Äpfel nicht unbedingt in Salzwasser legen, Sie können sie auch kurz in Zuckerwasser blanchieren.

Diesen Fadenzucker muss man nun so über die vorbereiteten Früchte leeren, dass diese vollständig bedeckt sind.
Nun legt man ein Stück Pergamentpapier auf die erkaltete Oberfläche, dadurch wird das Austrocknen der Zuckerlösung verhindert.
Das Ganze lassen Sie nun 24 Std. stehen.
Der **2. Tag**
Nun heben Sie die Früchte vorsichtig mit einem Schaumlöffel aus der Zuckerlösung und legen sie auf ein Kuchengitter.
Die Zuckerlösung, die nun durch den Fruchtsaft etwas dünner geworden ist, kochen Sie erneut, bis sie Fäden ziehen können.
Kochen Sie die Zuckerlösung aber nicht zu lange, es kann sehr leicht sein, dass der Zucker dann auf den Früchten kristallisiert.
Vom **3.** bis zum **7.Tag**
wird der Vorgang vom 2. Tag täglich wiederholt.
Der **8. Tag**
Man muss die aufgefangene Zuckerlösung zusätzlich mit 200 g Zucker aufkochen, die Früchte dazugeben und 3 Minuten darin kochen, dadurch werden die Früchte wieder voller (vom Aussehen her).
Danach gibt man die Zuckerlösung mit den Früchten wieder in die Schüssel zurück, deckt wieder mit dem Pergamentpapier ab und lässt das Ganze wieder rasten, aber diesmal 2 Tage.
Am **10. Tag**
müssen Sie den Vorgang vom 8. Tag wiederholen, aber nun muss das Ganze 4 Tage stehen bleiben.
Am **14. Tag**
können Sie die kandierten Früchte mit einem Schaumlöffel auf ein Kuchengitter legen, abtropfen lassen und an einem warmen Ort trocknen lassen. Sie können dabei aber auch das Backrohr bei 40–50 °C verwenden.
Fertig sind die kandierten Früchte dann, wenn sie nicht mehr kleben und seidig aussehen.
Wickeln Sie die Früchte nun in ein Wachspapier oder Pergamentpapier und lagern Sie diese Kostbarkeit in Schachteln. Verwenden Sie keine Einmachgläser. Die Früchte brauchen Luft!
Auch Dosenfrüchte können kandiert werden, dabei können Sie das Blanchieren aber weglassen und den Vorgang vom 5. bis zum 8. Tag überspringen.
Die Zuckerlösung kocht man gleich aus dem Saft in der Dose mit dem zusätzlichen Zuckergehalt.

Das Kandieren von Zitrusschalen

Wenn Sie zum Backen Zitronat oder Aranzini verwenden, dann ist das

nichts anderes als kandierte Schale von Apfelsinen, Zitronen, Bitterorangen oder Pampelmusen.
Das können Sie aber sehr leicht auch selbst herstellen.

1. Tag

Die Früchte müssen sorgfältigst gewaschen und abgerieben werden, hoffentlich können Sie unbehandelte Früchte bekommen.
Schälen Sie die Zitrusfrüchte so, dass möglichst wenig Weißes an der Schale bleibt.
Nun kochen Sie die 2 cm breiten Stücke in Wasser auf und schütten das erste Kochwasser weg, stellen die Schalen noch einmal mit frischem Wasser auf und lassen sie 1 Std. kochen, bis die Schalen weich sind.
Nun geben Sie die selbe Menge Zucker dazu, wie beim Kandieren von Früchten, auf 1 l Flüssigkeit 1 kg Zucker, lassen das Ganze noch einmal aufkochen und dann im Sud auskühlen.

Am **2. Tag**

stellen Sie das Ganze noch einmal zum Kochen auf, lassen es 10 Min. kochen und wieder im Sud auskühlen.

Am **3. Tag**

wiederholt man den Vorgang, lässt überkühlen, legt die Zitrusfrüchteschalen auf ein Kuchengitter zum Trocknen und geht wie bei kandierten Früchten vor.

ANANAS KANDIERT

ZUTATEN: 1 l Wasser, 1 kg Zucker, 1 große reife Ananas.

ZUBEREITUNG: Die Ananas schälen, den Strunk herausschneiden und in Scheiben schneiden. Dabei die Augen unbedingt herausstechen.
Nun folgt der 14-tägige Vorgang wie vorhin beschrieben.

ERDBEEREN KANDIERT

ZUTATEN: 500 g möglichst feste kleine Erdbeeren, 1 l Wasser, 1 kg Zucker.

ZUBEREITUNG: Die Erdbeeren wenn sie ganz klein sind, müssen nicht blanchiert, aber unbedingt einige Male angestochen werden. Danach passiert der 14-tägige Vorgang wie vorhin beschrieben.

APFELSINENSCHEIBEN KANDIERT

ZUTATEN: 4 unbehandelte Apfelsinen, 1 l Wasser, 1 kg Gelierzucker.

ZUBEREITUNG: Die Apfelsinen gut waschen, abtrocknen und mit

der Schale in dünne Scheiben schneiden. Diese Scheiben einige Stunden in kaltes Wasser legen und das Wasser öfters wechseln.
Nun kochen Sie die Scheiben ca. 10 Min., bis die Schale leicht zu durchstechen geht.
Jetzt lassen Sie die Schalen auf einem Küchenpapier gut abtropfen, kochen die Zuckerlösung und gehen wie beim Kandieren von Früchten vor.

ZITRONENSCHEIBEN KANDIERT

Gehen Sie wie bei kandierten Apfelsinenschalen vor.

DIE FRUCHTSÄFTE

Natürlich hergestellte Fruchtsäfte sind die gute Alternative zu allen, viel zu gesüßten, kohlesäurehältigen Getränken, besonders für Kinder. Immer mehr Erwachsene bevorzugen bei Geselligkeiten Säfte statt alkoholischen Getränke.
Darüber hinaus kann man viele Säfte auch in der Küche sehr gut verwenden, als Fruchtsoße oder Bowle, oder zu einem leckeren Nachtisch.

Kalt entsaften

Die Methode mit dem Tuch

Diese Methode habe ich von meiner Mutter gelernt, aber auch meine Großmutter hat schon so die Säfte gewonnen.
Dabei werden die Früchte sehr klein geschnitten oder zerdrückt, anschließend mit sehr viel Zucker und etwas Zitronensäure gemischt, über Nacht stehen gelassen und am nächsten Tag spannt man dann ein Tuch über die Beine eines umgedrehten Hockers, stellt eine große Schüssel darunter und lässt den Saft einige Stunden ruhen, dabei läuft nur der ganz klare Saft durch das Tuch.
Diesen Saft kann man für die Gelee-Erzeugung verwenden, dabei wird er anschließend noch bis zum Gelierpunkt gekocht.

Wie mache ich diesen Saft lange haltbar, ohne einen Vitaminverlust zu haben?
Will man diesen Saft nun für längere Zeit haltbar machen, so kann man ihn schon vor dem Ablaufen im Tuch mit dem Zucker aufkochen.

Die Ausbeute ist dadurch höher, aber der Vitamingehalt ist niedriger. Lässt man ihn aber, so wie vorhin beschrieben, ohne Kochen ablaufen, so muss man ihn, in einer extra sauber ausgewaschenen Kasserolle auf mind. 82 °C erhitzen. Verwenden Sie dazu unbedingt ein Thermometer und lassen Sie den Saft nicht aus den Augen, denn wenn er kocht, sind alle wichtigen Vitamine und Spurenelemente verloren.

Hat der Saft nun die 82 °C erreicht, so stellen Sie ihn sofort vom Herd und füllen ihn heiß in die vorbereiteten sterilen Flaschen (diese sollten beim Befüllen in einem Gefäß mit warmem Wasser stehen, sonst können sie platzen) und verschließen sie mit in Essigwasser ausgekochten Schraubverschlüssen oder Gummikappen, dabei schieben Sie die Gummikappe auf die Flasche und drücken dann mit dem Daumen die Luft heraus. Es müssen die Flaschen aber ganz voll befüllt werden, denn durch die Abkühlung zieht der Saft ohnehin ein, außerdem entsteht so ein Vakuum.

Sollte der Saft bei den letzten Flaschen nicht mehr richtig heiß sein, so erhitzen Sie ihn noch einmal.

MEIN TIPP: Spülen Sie die Flaschen vor dem Abfüllen noch einmal mit hochprozentigem Alkohol aus.

DAS VERGÄREN DER FRÜCHTE MIT ANSCHLIESSENDER SAFTGEWINNUNG

Dabei müssen die zu verwendeten Früchte vollreif sein und dürfen keine Schimmelstellen aufweisen.

Die Früchte müssen gereinigt, zerquetscht und ausgepresst werden.

Dieser Saft muss in große Flaschen gefüllt werden, die nur mit einem Wattebausch verschlossen sind. Dann lässt man diese Flaschen bei einer Raumtemperatur von 18 °C stehen. Der Saft beginnt schon sehr bald zu gären und nach einer stürmischen Gärung, tritt dann nach und nach die Klärung ein.

Nun muss der klare Saft ohne die unten lagernden Trübstoffe vorsichtig abgegossen werden. Nun wird der Zucker zugesetzt, dabei rechnet man bei sauren Früchten, wie etwa Johannisbeeren oder Preiselbeeren, 1 kg auf 1 l rohen Saft, bei süßen Säften wie Himbeeren, rechnet man nur 0,75 kg Zucker auf 1 l rohen Saft.

Aber das kann jeder für sich entscheiden.

Diesen Saft soll man nun aufkochen und in die sterilen Flaschen füllen. Unsere Großmütter haben sie mit ausgekochten Korken verschlossen und danach noch den Flaschenhals in heißes Wachs getaucht, um nur ja sicher vor Bakterien zu sein.

Sie können es ja versuchen, es sieht auf jeden Fall sehr hübsch aus!

SAFTGEWINNUNG MIT EINER ELEKTRISCHEN SAFTZENTRIFUGE

Der Vorteil des elektrischen Entsafters ist, dass man sehr kleine Mengen herstellen kann, außerdem ist die Saftausbeute sehr groß.
Daneben haben diese Säfte, dadurch, dass man sie mit der Schale und dem Kernhaus pressen kann, einen höheren Wert.
Sie sind zwar naturtrüb, will man sie aber trotzdem haltbar machen, so geht man wie beim im Tuch abgelaufenen Saft vor.
Dabei wird der Saft, wie im jeweiligen Rezept angegeben, mit Zucker versetzt und anschließend weiterverarbeitet.
Diese Säfte haben nach dem Abkühlen meistens einen leichten Absatz der Trübstoffe in der Flasche.

Saft aus handbetriebenen Saftpressen oder Apfelsaft aus großen mechanisch betriebenen Korbpressen

Diese Pressen liefern ein ähnliches Resultat, wie aus der Saftzentrifuge. Der Saft ist naturtrüb und sehr geschmackvoll. Er kann genauso wie die beiden vorhin beschriebenen Säfte weiterverarbeitet und steril gemacht werden.

Heiß entsaften

Mit dem Dampfentsafter

Dampfentsafter werden schon seit sehr vielen Jahren zum Entsaften verwendet. Mit einem Dampfentsafter, wenn man ein großes Gerät besitzt, kann man bis zu 7 kg Frucht gleichzeitig entsaften und pasteurisieren.
Das Entsaften mit dem Dampfentsafter ist heute die modernste und am wenigsten arbeitsaufwendige Methode des Entsaftens.
Sie können praktisch alle Früchte entsaften oder auch verschiedene mischen. Intensive Früchte mischt man mit Äpfeln.
Der Dampfentsafter besteht aus drei Teilen, dem Saftbehälter, dem Fruchtbehälter und dem Wasserbehälter, der sich ganz unten befindet. Wenn der Entsafter zum Kochen gebracht wird, beginnt das Wasser zu kochen und der Dampf steigt durch ein großes Loch, das sich in der Mitte aller Teile befindet (es ist nach oben stark gewölbt und die Teile gehen dadurch ineinander), in den Fruchtbereich auf, bringt diesen in Hitze, die Beeren z. B. platzen dadurch auf, und durch den siebähnlichen Fruchtbehälter rinnt der Saft in den Auffangbehälter, der sich genau darunter befindet.
Dieser Auffangbehälter hat einen Abzapfhahn, mit dem man dann die sterilen Flaschen sofort befüllen kann.

Man sollte bei sehr saftigem Obst öfter in den Auffangbehälter sehen, da der Saft, wenn der Behälter voll ist, durch das Loch in der Mitte in den Wasserbehälter hineinrinnen kann.

Die sterilen Flaschen werden genauso bis ganz oben befüllt und entweder mit Schraubverschlüssen oder Gummikappen verschlossen.

Der Saft ist dann fertig entsaftet, wenn die Früchte im Fruchtbehälter total zusammengefallen und braun sind.

Beim „Dampfentsaften" können Sie den Zucker schon am Anfang zu den Früchten geben oder den Saft in einer Kasserolle auffangen, mit dem Zucker verrühren und noch einmal bis 82 °C erhitzen. Bleiben Sie dabei aber stehen, rühren Sie ständig um und kontrollieren Sie die Temperatur mit einem Thermometer.

Die Flaschen zum Befüllen sollten in einem Gefäß mit warmem Wasser stehen, das vor dem Platzen durch die unregelmäßige Hitze schützt. Außerdem hat dieses Wasser auch den Vorteil, Saftreste die daneben gehen zu fangen, und man kann die Flaschen außen gleich mit diesem Wasser abschwemmen.

Tipps und Tricks

1. Zum Entsaften im Dampfentsafter sollten Sie die Beeren zwar entstielen, aber Kernobst brauchen Sie nur grob zu zerkleinern und mit dem Zucker zu mischen.
2. Alle Wurzelgemüse werden für Gemüsesäfte mit der sauber gebürsteten Schale grob geraspelt.
3. Sie können für die Säfte alte Flaschen sammeln, aber sie müssen über Nacht in Wasser eingeweicht werden und sorgfältigst mit einer Flaschenbürste gereinigt werden.
4. Flaschen mit Schraubverschluss, wenn dieser in Ordnung ist, eignen sich besonders gut. Alte Weinflaschen müssen sie mit Gummikappen verschließen.
5. Der Zuckerzusatz ist nicht unbedingt notwendig, Sie können auch Saft ohne Zucker abfüllen, aber da der Zucker auch eine konservierende Wirkung hat, sollten Sie die Sauberkeit übertreiben!
6. Gebrauchte Gummikappen, oder bei Weckflaschen Gummiringe, unbedingt vor dem Gebrauch in Essigwasser auskochen. Gummiringe vor dem Auflegen mit einem sauberen Tuch trocken wischen.
7. Sollte der Saft zu schimmeln oder gar zu gären beginnen, dann müssen Sie ihn unbedingt wegschütten, es liegt dann einzig und allein daran, wie sauber Sie gearbeitet haben.

Äußerste Sauberkeit ist das oberste Gebot, wenn es um das Einmachen geht!

APFELSAFT aus dem Dampfentsafter

ZUTATEN: 2 kg säuerliche Äpfel, 150 g Zucker, den Sie, wenn Sie den Saft etwas dicklicher haben wollen, auch mit Gelierzucker mischen können.

ZUBEREITUNG: Die Äpfel gut waschen, zerkleinern und mit dem Zucker vermischen, am besten zugedeckt 2–3 Stunden stehen lassen.
In den Wasserbehälter des Dampfentsafters Wasser einfüllen, den Auffangbehälter und den Fruchtbehälter darauf stellen.
Kontrollieren Sie, ob Sie die Spange am Abzapfhahn verschlossen haben, bevor Sie den Entsafter erhitzen.
Nun füllen Sie die Äpfel ein und bringen den Entsafter zum Kochen.
Lassen Sie die Äpfel eine gute Stunde dämpfen, gegen Ende dieser Zeit lassen Sie einen halben Liter des Saftes ab und füllen ihn oben wieder darauf, dadurch mischt sich der Saft besser durch.
Dann befüllen Sie die sauberen Flaschen mit dem Zapfhahn und verschließen sie sofort mit ausgekochten Verschlüssen Ihrer Wahl.
MEIN TIPP: Man kann den Saft wie oben beschrieben in der Kasserolle noch einmal auf 82 °C erhitzen und erst dann abfüllen.
Beim Entsaften von Beeren kann es sein, dass man kleine Schimmelstellen einfach übersieht und der Saft hält sich dann nicht. Oder Sie wissen, dass die Beeren nicht am selben Tag geerntet wurden, dann ist es auf jeden Fall besser, wenn man den Saft in eine Kasserolle rinnen lässt, um ihn vor dem Abfüllen noch einmal aufkochen zu lassen.

BROMBEERSAFT 1 mit dem Dampfentsafter

ZUTATEN: 3 kg frische reife Brombeeren (nur wenn sie ganz reif sind, lässt sich der Fruchtboden leicht herauslösen) 100 g Zucker, 150 g Gelierzucker.

ZUBEREITUNG: Die Brombeeren waschen, mit dem Zucker mischen und 1–2 Stunden stehen lassen.
Nun füllen Sie die Brombeeren in den Fruchtteil des Dampfentsafters, wie vorhin beschrieben, und bringen den Entsafter zum Kochen.
Nach 20 Min. lassen Sie den ersten halben Liter Saft abrinnen und füllen ihn zur besseren Mischung oben bei den Beeren wieder ein.
Achten Sie dazwischen immer wieder darauf, dass der Saftbehälter nicht zu voll wird, sonst würde der Saft in den Wasserbehälter rinnen.

Nach 40 Min. sind die Brombeeren ganz sicher fertig ausgelaugt und Sie können den Saft in die, im warmen Wasserbad stehenden, sterilen Flaschen füllen und verschließen.

BROMBEERSAFT 2 durch das Tuch

ZUTATEN: 3 kg frische reife Brombeeren, 0,5 l Wasser, 300 g Zucker, den Sie genauso mit Gelierzucker mischen können.

ZUBEREITUNG: Die Brombeeren auslesen und gut waschen, abtropfen lassen und mit dem Wasser breiig kochen.
Nun drehen Sie einen Sessel oder den Küchenhocker um, stellen eine große Schüssel hinein und binden ein gutes Etamin oder eine neue Stoffwindel mit den Zipfeln an den Beinen fest.
Nun schütten Sie die breiige Masse in das Tuch und lassen den Saft über Nacht langsam abtropfen.
Den abgeronnenen Brombeersaft kochen Sie am nächsten Tag mit dem Zucker auf (oder erhitzen ihn nur auf 82 °C) und füllen ihn in die sterilen Saftflaschen.
Dabei müssen die Flaschen, wie bei allen anderen Entsaftungsarten, ganz voll befüllt und sofort verschlossen werden, nur so kann ein Vakuum entstehen.

ERDBEERSAFT 1

ZUTATEN: 1 kg Walderdbeeren, 0,75 kg Puderzucker.

ZUBEREITUNG: Die Zubereitung von Erdbeersaft weicht von der anderen Saftgewinnung ab. Das normale Filtrieren ist durch die Fruchtfasern nicht möglich.
Die Saftgewinnung entsteht durch extrahieren, das heißt der Saft wird durch den Zucker ausgesogen.
Die ausgelesenen Früchte werden mit dem Puderzucker schichtweise in einer großen Schüssel gemischt. Diese Mischung lässt man nun 2 Std. stehen, anschließend rührt man ordentlich um, die Beeren sollten dabei kein Mus werden, sondern nur leicht gequetscht sein.
Nun muss das Ganze 2–3 Tage im Kühlschrank stehen gelassen werden. Dann wird das Ganze aufgekocht, zum Überkühlen zur Seite gestellt und anschließend nochmals aufgekocht.
Nun müssen Sie den Saft ohne Bodensatz in die Flaschen füllen und die gefüllten Flaschen im Wasserbad sterilisieren.
Das geschieht, indem Sie in einen hohen Topf ein Gitter oder Holzbrett legen (die Flaschen dürfen nicht auf dem Boden stehen), die Flaschen darauf stellen und den Topf bis 5 cm unter den Flaschenrand mit Wasser auffüllen.

Das Sterilisieren erfolgt, wenn das Wasser 15 Min. gründlich kocht. Wenn die Flaschen nicht ganz voll sind, dann befüllen Sie mit einer alle anderen, verschließen sofort mit ausgekochten Gummikappen oder Korken, diese müssen aber mit Wachs versiegelt werden.

ERDBEERSAFT 2

Erdbeersaft kann aber auch im Dampfentsafter hergestellt werden. Halten Sie sich dabei an die Rezeptur des Brombeersaftes aus dem Dampfentsafter.

BLAUBEERSAFT 1 – Saft aus der Zentrifuge

Zutaten: 3 kg Blaubeeren, 250 g Zucker.

ZUBEREITUNG: Die Blaubeeren waschen, gut abtropfen lassen, mit dem Zucker mischen und einige Stunden stehen lassen.

Die Beeren in die Saftzentrifuge füllen und entsaften.

So in Flaschen gefüllt, hält sich der Saft einige Tage im Kühlschrank.

Wenn Sie diesen Saft aber haltbar machen wollen, dann gibt es zwei Möglichkeiten.

1. Sie kochen den Saft auf, wenn Sie ein Thermometer haben, dann genügen 90 °C und füllen ihn in die sterilen Flaschen.
2. Sie füllen den Saft kalt in die Flaschen und erhitzen die Flaschen im Wasserbad 25 Min. lang bei 90 °C.

Anschließend müssen die Flaschen sofort verschlossen werden, am besten sind dazu Gummikappen.

BLAUBEERSAFT 2 aus dem Dampfentsafter

ZUTATEN: 3 kg Blaubeeren, 250 g Zucker.

ZUBEREITUNG: Gehen Sie genauso vor, wie beim Brombeersaft aus dem Dampfentsafter.

Sie können diesen Saft ebenso mit der Zentrifuge entsaften und anschließend erhitzen.

JOHANNISBEERSAFT vergoren

ZUBEREITUNG: Die Johannisbeeren waschen und gut zerquetschen. Sie können das auch mit dem Stabmixer oder dem Pürierglas tun.

Dann verarbeiten Sie den Saft so weiter, wie in der Anleitung für vergorene Säfte auf Großmutters Art.

Pro Liter vergorenem klaren Saft verwenden Sie 1 kg Zucker.

Dieser Saft ist ein Sirup und stark zu verdünnen!

HAGEBUTTEN SIRUP

ZUTATEN: 2 kg Hagebutten, nach dem ersten Frost gepflückt, 2 Flaschen Weißwein, ca. 1,5 kg Wiesenhonig.

ZUBEREITUNG: Die Hagebutten in kaltem Wasser gut auswaschen, dann mit einem kleinen Küchenmesser die schwarzen Spitzen abschneiden und die Früchte halbieren.

Den Wein über die Hagebutten leeren und über Nacht mind. 8 Std. ziehen lassen.

Am nächsten Tag die Mischung in eine große Kasserolle geben und ca. 20 Min. leicht simmern lassen. Dann müssen die Hagebutten so weich sein, dass Sie die Früchte mit einem Kochlöffel zerdrücken können.

Den Schaum abschöpfen und die Fruchtmasse über Nacht in einem doppelt zusammengelegten Etamin abrinnen lassen.

Den Honig mit dem Fruchtsaft mischen und auf kleiner Flamme erhitzen. Den Sirup zum Kochen bringen, 5 Min. kochen lassen und in warme sterile Flaschen füllen. Die Flaschen so voll anfüllen, dass nicht einmal mehr Schaum Platz hat und sofort kochend heiß mit Schraubverschlüssen oder Gummikappen verschließen.

Der Saft muss wirklich ganz heiß beim Abfüllen sein, weil sonst die aufsteigende Luft nicht verbrennen kann und sonst kein Vakuum entsteht.

HIMBEERSAFT vergoren

ZUBEREITUNG: Genauso zubereiten, wie bei den vergorenen Säften nach Großmutters Art beschrieben, nur gehört noch pro Liter Saft der Saft einer halben Zitrone dazu und man verwendet 0,75 kg Zucker auf 1 Liter Himbeersaft.

Dieser Saft ist sehr dick, fast sirupartig und stark zu verdünnen, schmeckt aber gut!

HIMBEERSAFT im Dampfentsafter

ZUTATEN: pro kg Himbeeren 100 g Zucker oder mit Gelierzucker gemischter Zucker, Saft 1 Zitrone.

ZUBEREITUNG: Den Wasserbehälter befüllen, den Saftaufsatz darauf setzen, den Fruchtkorb darauf geben, den Zapfhahn gut verschließen, die mit Zucker gemischten Früchte einfüllen, zudecken und ca. 30 Min. dämpfen lassen.

Weiterverarbeiten, wie in der Anleitung zum Dampfentsaften beschrieben.

HOLUNDERBLÜTENSAFT auch Holundersekt genannt

ZUTATEN: 8–15 Holunderblüten, 2 Zitronen in Scheiben geschnitten, 6 l Wasser, 1 kg Zucker, 15 g Hefe.

ZUBEREITUNG: Die Zutaten einfach vermischen und auf der Fensterbank in der Sonne gären lassen. Bitte das Glas nicht fest verschließen!
Erst dann trinken, wenn der Saft richtig prickelt.
Diesen Saft sollte man aber frisch trinken, er ist nicht haltbar.

HOLUNDERBLÜTENSEKT mit Essig angesetzt

Verwenden Sie statt der Hefe 6–8 EL Essig.
Das Glas beim Gären nicht fest verschließen.
Trinken Sie diesen Saft, wenn er richtig prickelt, er ist nicht lange haltbar. Im Kühlschrank kann man die Haltbarkeit zwar verlängern, aber man kann diesen Sekt nicht konservieren.

HOLUNDERBLÜTENSIRUP kalt angesetzt mit Zitronensäure

Rezept siehe 10. Abbildung im Buch.

ZITRONENMELISSEN-SIRUP

ZUTATEN: 30 Stängel à ca. 5 Melissenblätter, 3 kg Zucker, 3 l Wasser, 200 g Zitronensäure, 5 Zitronen in Scheiben geschnitten.

ZUBEREITUNG: Das Wasser in einem großen Topf aufkochen und abkühlen lassen. Den Zucker Schöpfer für Schöpfer einrieseln lassen und so lange rühren, bis er sich auflöst.
Geben Sie nie den ganzen Zucker auf einmal in das Wasser, er löst sich dann sehr schwer auf.
Nun alle anderen Zutaten dazu geben und gut umrühren.
Stellen Sie das Gefäß mit dem Sirup 7 Tage in den Kühlschrank, der Sirup muss aber jeden Tag umgerührt werden. Nach dieser Woche den Sirup durch ein Etamin abseihen und sofort in die Flaschen füllen.
Achten Sie aber auf absolute Sauberkeit, auch die Flaschen müssen ganz steril sein, sonst kann der Sirup zu gären beginnen.
Die Flaschen müssen luftdicht verschlossen werden, am besten mit Schraubverschlüssen, aber auch Gummikappen können Sie verwenden.
MEIN TIPP: Dieses Rezept ist dem Holunderblütensirup sehr ähnlich, es werden aber statt Apfelsinen nur Zitronen verwendet und statt den Holunderblüten Zitronenmelissenblätter.

Auch mit Thymianblüten (vom rosa blühenden griechischen Thymian) kann man diesen Sirup herstellen, dieser Thymiansirup schmeckt auch als Aperitif sehr gut, wenn man etwas davon in ein Glas Sekt gibt.

HOLUNDERBEERENSAFT aus dem Dampfentsafter

Zutaten: 2 kg reife Holunderbeeren, 400 g Zucker.

ZUBEREITUNG: Die reifen, blauen Holunderbeeren waschen, dann abstreifen und gemeinsam mit dem Zucker in den Fruchtkorb des Dampfentsafters einfüllen.
Die genaue Anleitung dazu lesen Sie in der vorhin angeführten Anleitung zum Dampfentsaften.
Der Holunder muss ca. 1 Std. dämpfen.
Lassen Sie den ersten Saft ab und füllen Sie ihn oben wieder ein!
Füllen Sie den Saft in die sterilen Flaschen.
MEIN TIPP: Wenn Sie die Holunderbeeren mit reifen Pflaumen mischen, brauchen Sie dem Saft weniger Zucker zugeben, außerdem ist er viel geschmackvoller.

PREISELBEERSAFT 1

ZUTATEN: 1 kg Preiselbeeren, 0,75 kg Zucker.

ZUBEREITUNG: Die Beeren gut waschen und mit 100 g des Zuckers zum Kochen bringen, bis die Beeren alle aufplatzen.
Diese gekochte Masse durch ein Etamin abrinnen lassen (siehe Entsaften mit dem Tuch) und am nächsten Tag mit dem restlichen Zucker aufkochen.
Den heißen Saft sofort randvoll in die vorbereiteten Flaschen füllen und mit ausgekochten Gummikappen verschließen.

PREISELBEERSAFT 2

kann genauso im Dampfentsafter hergestellt werden.
Halten Sie sich dabei an die Angaben anderer, im Dampfentsafter hergestellten Fruchtsäfte.

QUITTENSAFT

ZUTATEN: 5 kg Quitten, 2 kg Zucker.

ZUBEREITUNG: Die Quitten gut unter rinnendem Wasser abreiben, aber nicht schälen, anschließend vierteln.
Die Quitten gemeinsam mit dem Zucker in den Fruchtkorb des Entsafters einfüllen und 75 Minuten dämpfen lassen.

Den ersten Saft ablassen und wieder oben einfüllen, dann mit dem Ablaufrohr sofort die Flaschen befüllen.
Die Flaschen voll anfüllen und sofort mit Gummikappen verschließen.

SCHLEHENSAFT

ZUTATEN: 1 l Schlehensaft, 400 g Zucker.

ZUBEREITUNG: Für diesen Saft sollten Sie die Schlehen erst nach dem ersten Frost pflücken. Sie können sich aber auch dabei helfen, indem Sie die Schlehen auf ein Backblech schütten und kurz in den Schockfroster stellen.
Die Schlehen gut waschen und auslesen, dann in eine große Schüssel geben und so viel kochendes Wasser darüber leeren, bis die Schlehen damit bedeckt sind. Diese Schüssel gut zugedeckt und kühl mindestens einen Tag stehen lassen.
Am nächsten Tag den Saft abgießen, wieder aufkochen und noch einmal über die Schlehen gießen.
Das ganze am nächsten Tag noch einmal wiederholen.
Am nächsten Tag, den Saft abgießen, die Schlehen leicht ausdrücken, dann den Saft durch ein Mulltuch gießen, mit dem Zucker aufkochen und sofort randvoll in die vorbereiteten sterilen Flaschen füllen.
Mit Gummikappen verschließen.

SAUERKIRSCHENSAFT vergoren

ZUTATEN: vollreife Sauerkirschen, pro Liter Saft 0,5 kg Zucker, einige Sauerkirschenkerne für den Geschmack.

ZUBEREITUNG: Die vollreifen Sauerkirschen entkernen, dabei einige Kerne aufheben.
Die Sauerkirschen zerquetschen und mit einem Tuch auspressen, das würde aber auch mit einer Saftzentrifuge sehr gut funktionieren. Nun muss der Saft einige Tage im Keller der Gärung überlassen werden (siehe vergorenen Fruchtsäfte nach Großmutters Art).
Nun wird der Saft mit dem Zucker gemischt, aufgekocht und wie alle anderen Arten dieser Saftgewinnung abgefüllt.
Dieser Sauerkirschensaft wird leicht bräunlich, deswegen mache ich den Sauerkirschensaft lieber im Dampfentsafter.

SAUERKIRSCHENSAFT

Die schönere Farbe behält der Sauerkirschensaft, wenn man ihn im Dampfentsafter herstellt.

GEMÜSE- UND KRÄUTERSÄFTE

Die Saftherstellung von Gemüse und Kräutern gelingt am besten im Dampfentsafter. Die beste Lösung ist aber wenn man Gemüse mit Kräutern verbindet oder die Gemüse alleine entsaftet. Es ist sehr schwierig, die kleinen Mengen von Kräutern zu entsaften.
Kräuter alleine kann man aber in der Saftzentrifuge entsaften.
Sie sollten aber nicht konserviert, sondern gleich getrunken werden.
Gemüse und Kräutersäfte bieten auch viele gesundheitliche Vorteile. Außer dass sie sehr Vitamin und Mineralstoff reich sind, tragen sie auch dazu bei, die Übersäuerung in unserem Körper abzubauen.
Sehr gut zusammenpassende Gemüse sind: Gurken und Dill, Spargel mit Schnittlauch, Möhren und Petersilie, Tomaten mit Basilikum usw.

Wichtig!

Diese Säfte enthalten sehr viele Vitamine und Mineralstoffe, darum sollten Sie nur kleine Mengen davon trinken.
Zu viele Vitamine scheidet der Körper ungenützt wieder aus.
Es ist ratsam, wenn der Saft schon im Trinkglas ist, einige Tropfen Weizenkeimöl darauf zu geben, durch das Öl kann der Körper die Vitamine viel besser verarbeiten.

MÖHRENSAFT MIT SELLERIE

Zutaten: 2 kg Möhren, 1 kg Sellerie.

ZUBEREITUNG: Das Gemüse unter rinnendem Wasser mit der Gemüsebürste gut abbürsten und in kleine Stücke schneiden.
In den Wasserbehälter des Dampfentsafters Wasser einfüllen, in den darüber liegenden Teil das Gemüse einfüllen und eine Stunde gut dämpfen lassen.
10 Minuten vor der angegebenen Zeit $^1/_4$ l Saft ablassen und oben wieder einfüllen.
Den Saft direkt vom Entsafter über den Schlauch mit der Klemme in die sterilen Flaschen abfüllen, natürlich wie bei allen anderen Säften ganz voll füllen, und sofort mit Gummikappen verschließen.
Es entsteht ein Vakuum, dann ist der Saft wieder 5 cm unter dem Flaschenrand!

ROTE BEETE-SAFT

Die Rote Beete müssen unter rinnendem Wasser gebürstet werden.

Bitte schälen Sie die Beete nicht, sie sollen mit der Schale grob geraspelt werden.
Nun füllen Sie die Rübenraspel in den Dampfentsafter und lassen Sie den Entsafter mind. 1 Std. kochen.
Verarbeiten Sie diesen Saft wie vorhin beim Dampfentsaften beschrieben weiter und füllen ihn in die sterilen Flaschen.

TOMATENSAFT gewürzt

ZUTATEN: 5 kg gewaschene Tomaten, 3 große Zwiebeln, Petersilie, Salz und Pfeffer.

ZUBEREITUNG: Die Tomaten vierteln, den Zwiebel grob würfeln, die Petersilie grob schneiden.
Alles durchmischen, salzen und pfeffern. Sie können auch noch etwas Basilikum dazugeben, das ist aber Geschmackssache.
Die ganze Mischung in den Dampfentsafter füllen und 1 Std. kochen lassen. Nun wird der Saft in die sterilen Flaschen abgefüllt. 1 Liter Saft bekommen Sie, wenn Sie 2,5 kg Tomaten, 250 g Zwiebeln und 3 Bund Petersilie verwenden.

APFELSAFT MIT MÖHREN

Möhren und Äpfel gut waschen, beide nicht schälen, nur gut bürsten und in kleine Stücke schneiden.
Diese Stücke in den Fruchtkorb Ihres Dampfentsafters einfüllen, das Wasser im Wasserbehälter nicht vergessen und genauso wie alle anderen Säfte aus dem Dampfentsafter weiterverarbeiten. Dämpfdauer ca. 1 Std., vor dem Ende $^1/_4$ l Saft ablassen und zurück in den Fruchtkorb füllen.
Den Saft direkt vom Dampfentsafter über den Schlauch mit der Spange in die sterilen Flaschen füllen, die Flaschen aber ganz voll befüllen und sofort mit Gummikappen verschließen.

DIE FRUCHTLIKÖRHERSTELLUNG

Fruchtliköre werden heute fast in jedem Haushalt hergestellt.
Dabei gibt es die verschiedensten Rezepte, die wesentlichen Unterschiede sind aber geschmacksbedingt, das heißt, man zieht süßeren oder weniger süßen Likör dem starken oder schwachem Alkoholgehalt vor.
Jeder Fruchtlikör besteht im Wesentlichen aus Wasser, Zucker, Wein-

geist und der Fruchtart. Neben der Zubereitungsweise hängt die Güte des Erzeugnisses sehr von der Beschaffenheit der Zutaten ab.
Wasser und Zucker sollten vor der Zubereitung gemeinsam gekocht werden. Der Weingeist sollte fuselfrei und hochgradig sein. Man kann aber auch Cognac oder guten Kornbranntwein verwenden, bedenken Sie aber, dass dabei der Alkoholgehalt wesentlich niedriger ist.

Verarbeitung 1

Die zerkleinerten Früchte werden in einer Flasche mit Weingeist bedeckt, angesetzt und je nach Fruchtart verschieden lange in der Sonne stehen gelassen. Dann wird der mit dem Fruchtaroma versetzte Weingeist abgegossen und mit der gekochten, ausgekühlten Zuckerlösung versetzt. Dabei wird im Grundrezept auf 0,5 kg Frucht, 0,5 l Wasser und 0,5 kg Zucker verwendet.

Verarbeitung 2

Man gewinnt auf kaltem Wege, durch Zerkleinern der Früchte und anschließendem Abpressen den Fruchtsaft. Diesem Rohstoff mischt man zu gleichen Teilen Weingeist, Zucker und Wasser zu.
Den vollkommenen Geschmack erreichen Fruchtliköre erst durch längeres Lagern in den Flaschen.
Ein Tipp zu den Rezepten: Sie können alle Liköre, die Ihnen zu stark sind, mit destilliertem Wasser verlängern, solange die Haltbarkeit gegeben ist.

REZEPTE

APRIKOSENLIKÖR

ZUTATEN: 1,25 kg vollreife Aprikosen, 300 g weißen Kandiszucker, 1 Vanilleschote, 1 l Weingeist und 0,25 l destilliertes Wasser.

ZUBEREITUNG: Die Aprikosen waschen, halbieren und entkernen, dabei die Hälfte der Kerne aufheben und die Früchte zerkleinern.
Die Kerne aufschlagen und den weichen Innenteil zu den Aprikosen geben. Die Aprikosen, die Kerne und den Kandiszucker in eine bauchige Flasche füllen, mit dem Weingeist und dem destillierten Wasser auffüllen und in die Sonne stellen. Den Likör so mind. 7 Wochen reifen lassen.
Dann abseihen und evt. noch mit etwas destilliertem Wasser verdünnen. Den Likör in andere Flaschen füllen, dunkel lagern und so noch einige Zeit liegen lassen.

Himbeersaft-Rezept siehe Seite: 170
und

HOLUNDERBLÜTENSIRUP kalt angesetzt mit Zitronensäure

ZUTATEN: 30 große schöne Holunderblüten ohne Ungeziffer, pflücken Sie die Blüten am Anfang der Blütezeit, dann gibt es keine Probleme mit Läusen usw., 3 kg Zucker, 3 l Wasser, 200 g Zitronensäure, 3 Zitronen und 2 Apfelsinen mit der Schale in dünne Scheiben geschnitten.

ZUBEREITUNG: Das Wasser aufkochen und abkühlen lassen. Den Zucker Schöpfer für Schöpfer einrieseln und auflösen lassen.
Leeren Sie nicht den ganzen Zucker auf einmal dazu, er löst sich sonst schwer auf.
Nun werden alle anderen Zutaten dazugegeben und gut umgerührt.
Diesen Topf stellt man nun 7 Tage in den Kühlschrank und rührt jeden Tag einmal um.
Nach diesen sieben Tagen können Sie den Saft abseihen, durch ein Mulltuch filtrieren und sofort ohne jede Weiterverarbeitung in die sterilen Flaschen füllen und mit ausgekochten Gummikappen oder Korken verschließen. Äußerste Sauberkeit ist aber auch hier oberstes Gebot!
Sehr gut geeignet sind auch Flaschen mit Schraubverschlüssen.
Gekühlt ist der Saft ein ganzes Jahr haltbar und ist 1 : 7 zu verdünnen.
MEIN TIPP: Geben Sie 2 cl dieses Saftes in ein Glas Sekt und Sie haben einen guten Aperitif!

BROMBEERLIKÖR

ZUTATEN: 2 kg Brombeeren, 10 Brombeerblätter, 2 Zimtstangen, 3 Gewürznelken, 750 g Zucker, 1 l Himbeerbrand oder Kirschwasser.

ZUBEREITUNG: Die Brombeeren mit einem Kochlöffel in einer Schüssel zerdrücken, die restlichen Zutaten dazugeben und das Ganze zugedeckt 6 Wochen stehen lassen.
Den Brei durch ein Etamin abseihen und den Likör in die Flaschen füllen. Wenn Sie diesen Brombeerlikör mit etwas Rotwein im Glas aufgießen, dann ist das ein köstlicher Aperitif.

QUITTENLIKÖR

ZUTATEN: 2,5 l kalt gepresster Quittensaft, 1 kg Zucker, 2 l Weingeist, 0,75 l destilliertes Wasser.

ZUBEREITUNG: Den Quittensaft mit dem Zucker aufkochen, auskühlen lassen, Weingeist und Wasser dazugeben, in Flaschen füllen und einige Monate rasten lassen.

PFIRSICHLIKÖR

ZUTATEN: 4 kg aromatische Pfirsiche, 1 l Weingeist, 1 kg Zucker, 0,5 l destilliertes Wasser.

ZUBEREITUNG: Die Früchte werden zerquetscht und entsteint, dabei einige Kerne, wie beim Aprikosenlikör weiterverarbeiten.
Die Pfirsiche mit den Kernen und dem Weingeist 2 Woche an einen kühlen Ort stellen. Danach abseihen und mit dem Zucker und dem destilliertem Wasser versetzen.

KIRSCHENLIKÖR

ZUTATEN: 1 kg reife, vollaromatische schwarze Kirschen, 0,75 l Weingeist, 1 l Wasser, 1 kg Zucker.

ZUBEREITUNG: Die Kirschen in der Saftzentrifuge entsaften, dabei aber 20 Kerne zerklopfen und in die vorbereitete Flasche füllen.
Den Kirschensaft, den Weingeist und das mit dem Zucker aufgekochte abgekühlte Wasser in die Flasche füllen.
Den Likör einige Wochen stehen lassen, dann die Kerne abseihen.

SAUERKIRSCHENLIKÖR

Sie können Sauerkirschenlikör genauso wie den Kirschenlikör herstellen, aber verwenden Sie etwas mehr Zucker.
Man kann aber auch die ganzen Sauerkirschen im Alkohol einige Wochen oder Monate ansetzen, das ist die gebräuchlichere Art.

HIMBEERLIKÖR

ZUTATEN: 1 l kaltgepresster Himbeersaft, 1,5 l Weingeist, 1 kg Zucker und 0,75 l Wasser.

ZUBEREITUNG: Den Saft durch ein Tuch seihen und mit den anderen Zutaten versetzen. Wasser und Zucker aber vorher kochen und überkühlen lassen. Den Likör vor der Verkostung einige Zeit lagern!

JOHANNISBEERLIKÖR – Cassis

ZUTATEN: 1 l Saft von schwarzen Johannisbeeren (ohne Stängel), 1 l Cognac, 500–750 g Zucker, 0,1 l Weingeist.

ZUBEREITUNG: Die schwarzen Johannisbeeren kaltpressen und mit den anderen Zutaten versetzen. Achten Sie darauf, dass die Beeren ordentlich abgestreift sind, sonst schmeckt der Likör nach den Stängeln.

NUSSLIKÖR aus grünen Nüssen

ZUTATEN: 1 l guten Kornbrand, 9 Stück geviertelte grüne Nüsse (vor dem 21. Juni – nur dann können die Nüsse auch noch durchgeschnitten werden), 8 g Kalmuswurzel, 8 g Anis, 8 g Zimtrinde, 8 g Nelken, 8 g Fenchelsamen, 500 g braunen Kandiszucker.

ZUBEREITUNG: Alle Zutaten in einer großen bauchigen Flasche mischen und von Juni bis Weihnachten stehen lassen. Dabei jeden Tag umrühren. In dieser Zeit löst sich der Kandiszucker auf.
Kosten Sie den Likör beim Abseihen und geben Sie noch so viel destilliertes Wasser dazu, dass der Likör Ihrer beliebigen Alkoholstärke entspricht.
Ein zu niedriger Alkoholgehalt ist aber auch nicht gut, weil dadurch die Haltbarkeit beeinträchtigt wird.
Je länger dieser Likör lagert, desto besser wird er.
Nach 2 Jahren schmeckt er erst richtig gut.

JOHANNISNUSSLIKÖR

Rezept siehe 7. Abbildung im Buch.

LÖWENZAHNLIKÖR

ZUTATEN: 50 Löwenzahnblüten, 150 g weißen Kandiszucker, 0,7 l Wodka oder Doppelkorn.

ZUBEREITUNG: Von den Löwenzahnblüten nur die gelben Blütenblätter abzupfen und mit dem Kandiszucker und dem Alkohol in eine

Flasche füllen. Die Flasche verschließen, anschließend dunkel und warm 4 Wochen reifen lassen.
In eine andere Flasche umseihen und lagern.

ROTWEINLIKÖR

ZUTATEN: 1 l Rotwein, 750 g Zucker (oder Honig), 2 Vanilleschoten, 250 ml Weingeist, 250 ml Rum, 3 Gewürznelken, 1 Zimtstange, 2 Apfelsinen in dünne Scheiben geschnitten.

ZUBEREITUNG: Den Rotwein mit dem Zucker und den aufgeschnittenen, ausgeschabten Vanilleschoten erhitzen, aber nicht kochen. Auskühlen lassen und die restlichen Zutaten dazugeben.
Den Likör 8 Wochen ruhen lassen, dann abseihen und in Flaschen füllen.
MEIN TIPP: Sie können statt des Zuckers auch Honig verwenden, die genaue Mengenangabe ist aber nicht die gleiche, wie beim Zucker, das müssen Sie selbst entscheiden.

DAS EINLEGEN VON FRÜCHTEN IN ALKOHOL

Früchte voller Geist – es muss nicht immer Rumtopf sein.
Viele Obstarten eignen sich auch dazu in anderen Spirituosen eingelegt zu werden. Möchte man eine bestimmte Fruchtart einlegen, so sollte man aber unbedingt darauf schauen, dass die Brände auf die Frucht abgestimmt sind.
Das heißt Himbeeren in Himbeergeist oder Kirschen in Kirschwasser.
Man kann natürlich auch Früchte mit anderen Bränden kombinieren, doch diese sollten unbedingt mit dem Obst harmonieren.
Die Früchte werden entweder roh oder mit Zucker gekocht und mit den Gewürzen, die dazupassen in die Gläser gefüllt und gut verschlossen. Um den Früchten in Alkohol eine besondere Note zu verleihen, kann man auch braunen oder weißen Kandiszucker verwenden. Sie können bei den angegebenen Rezepten den Zucker beliebig durch Kandiszucker ersetzen.
Das Ansetzen von Früchten in Alkohol ist sowieso nicht ganz billig, darum sollten Sie nicht am falschen Ende sparen, verwenden Sie keine Billigbrände, sonst kann es sein, dass Sie am Ende vom Geschmack enttäuscht sind.
Früchte in Alkohol sollte man 8–10 Wochen ruhen lassen, ehe man die erste Kostprobe macht.

ANANASSCHEIBEN IN WEINBRAND

ZUTATEN: 1 kleine geschmackvolle Ananas, 300 g Zucker, 0,7 l Weinbrand.

ZUBEREITUNG: Die Ananas nach Ihrem Belieben vorbereiten, auf jeden Fall schälen und den Strunk herausschneiden, danach in Stücke schneiden.
Nun schlichten Sie die Ananas mit dem Zucker in eine Schüssel und lassen das Ganze 12 Std. ziehen.
Dann gießen Sie den Sirup ab und lassen ihn einmal aufkochen.
Die Früchte in ein schönes Glas schlichten, den überkühlten Sirup mit dem Weinbrand mischen und über die Ananas gießen.

ÄPFEL IN CALVDOS

ZUTATEN: 1 kg feste saure Äpfel, 0,1 l Apfelmost, Saft von 2 Zitronen, 280 g Zucker, 60 g Rosinen, 1 Flasche Calvados.

ZUBEREITUNG: Die Äpfel schälen, entkernen, vierteln und in Spalten schneiden. Den Apfelmost mit Zucker, Zitronensaft und mit den Rosinen aufkochen lassen, die Äpfel dazugeben und glasig werden lassen. Das Ganze überkühlen und in eine Flasche geben, mit Calvados auffüllen. Die Flasche gut verschließen, dann kühl und dunkel aufbewahren.

WILLIAMS-CHRIST-BIRNEN IN BIRNENGEIST

ZUTATEN: 1,5 kg feste Williams Birnen, 350 g Zucker, 2 Zimtstangen, 3 Nelken, 1 l Birnenbrand.

ZUBEREITUNG: Die Birnen schälen, halbieren und das Kernhaus herausstechen. Diese Birnen einmal in etwas Wasser aufkochen, ausgekühlt in die Gläser schlichten, dabei den Zucker und die Gewürze dazwischen legen, mit dem Alkohol zugießen und so mind. 4 Wochen stehen lassen.

APRIKOSEN IN WEINBRAND

ZUTATEN: 1 kg Aprikosen, 400 g Zucker, 1 l Weinbrand.

ZUBEREITUNG: Die Haut der Aprikosen kreuzweise einschneiden, anschließend blanchieren, in Eiswasser legen und enthäuten.
Die Steine entfernen und halbieren, dann die Aprikosenhälften in die vorbereiteten sterilen Gläser schlichten.
Dann mit dem Zucker bestreuen und mit dem Weinbrand zugießen.
Die Gläser gut verschließen und mindestens 6 Wochen stehen lassen.

HIMBEEREN IN HIMBEERGEIST

ZUTATEN: 500 g Himbeeren, 500 g Zucker, 1/8 l Wasser, 1/4 l Himbeerbrand.

ZUBEREITUNG: Die Himbeeren auslesen, waschen und vorsichtig trockentupfen. Das Wasser mit dem Zucker aufkochen und auskühlen lassen.

Die Beeren in ein Glas schlichten, den Zuckersirup darauf gießen und mit dem Himbeerbrand auffüllen.

Das Ganze mind. 4 Wochen stehen lassen.

SAUERKIRSCHEN IN MANDELLIKÖR

ZUTATEN: 1 kg Sauerkirschen mit Stiel, 500 g Zucker, 100 g geschälte Mandeln, 2 Vanilleschoten, 1,5 l Amaretto.

ZUBEREITUNG: Die Stiele der Sauerkirschen etwas kürzen und mit dem Zucker und den Mandeln in ein großes Glas schlichten. Die Vanilleschoten dazugeben und mit Amaretto auffüllen.

Das Glas gut verschließen und 4 Wochen ziehen lassen, dabei jeden Tag hin und her schwenken.

KIRSCHEN IN ARMAGNAC

ZUTATEN: 1,5 kg dunkle, sehr feste Kirschen, 220 g Zucker, 1 Vanilleschote, 1 Zimtstange, 1 Streifen Zitronenschale, 5 Gewürznelken, 0,7 l Armangnac.

ZUBEREITUNG: Die Kirschen entkernen, dabei die Kerne und den abrinnenden Saft aufheben. Dann die Kirschen mit dem Zucker vermischen und über Nacht stehen lassen.

Am nächsten Tag die Kirschen in ein Sieb leeren und den Saft zum anderen Saft laufen lassen. Die Vanilleschote aufschlitzen und das Mark in den Saft schaben, die Schote selbst in kleine Stücke schneiden und auch dazugeben. Dasselbe machen Sie mit den Nelken und der Zimtrinde.

Dann den Saft aufkochen und überkühlen lassen.

Die Kirschen in die Gläser schlichten und den mit dem Armagnac gemischten Saft darüber leeren. Sollten die Kirschen nicht bedeckt sein, so müssen Sie noch Armagnac dazugeben.

Wenn Sie die Kirschen dunkel aufbewahren, dann halten sie bis zu 10 Monate.

ZÖBINGER MUSKATTRAUBEN IN MUSKATELLER – SPÄTLESE

ZUTATEN: 3 kg besonders schöne, feste Muskattrauben, 2 Bouteillen Muskateller (Spätlese), 3 Tassen Zucker, Saft einer halben Zitrone, 2 Streifen getrocknete Apfelsinenschale, 1/2 Tasse Apfelsinenlikör (Cointreau); ohne einwecken, wenn Sie die Trauben stärker lieber haben – 1 Tasse Weingeist.

ZUBEREITUNG: Die Trauben vorsichtig von den Stängeln ablesen, waschen und auf einem Gitter trocknen lassen.

Wein Zucker und Zitronensaft aufkochen, die Trauben und die Apfelsinenschale darin 5 Minuten simmern lassen, mit dem Schaumlöffel herausnehmen und in die vorbereiteten Gläser füllen.

Den Sirup noch einmal aufkochen und 5 Minuten eindicken lassen, vom Feuer nehmen und den Apfelsinenlikör dazugeben.

Die Apfelsinenschale aus dem Sirup nehmen, den Sirup über die Trauben in den Gläsern gießen.

Die Gläser verschließen und im kochenden Wasserbad 15 Minuten einwecken.

Oder wenn Sie die starke Version möchten, dann geben Sie die Trauben in die Gläser und mischen den Sirup mit dem Weingeist, füllen die Gläser damit auf und verschließen mit Schraubdeckeln.

LITSCHIS IN RUM

ZUTATEN: 1 kg Litschis, 400 g Zucker, 1 l Baccardi, Saft von 2 Zitronen, einige Streifen der Schale, 1 Vanilleschote.

ZUBEREITUNG: Die Litschis schälen, entkernen und in die Gläser schlichten. Den Baccardi warm machen, aber nicht kochen!

Den Zucker darin auflösen, den Zitronensaft einrühren.

Die Zucker-Rum-Mischung auf die Litschis leeren, sofort verschließen und kühl und dunkel mind. 6 Wochen ziehen lassen.

GETROCKNETE APRIKOSEN IN RUM mit Nüssen

ZUTATEN: 800 g getr. Aprikosen ungeschwefelt, 250 g Zucker, 250 g Walnusskerne, 1 l Rum oder Baccardi, 2 Vanilleschoten, 1 Zimtstange, 1 cm einer Ingwerwurzel, 3 Sternanis.

ZUBEREITUNG: In 0,25 l Wasser lassen Sie den Zucker, die Nüsse, die Aprikosen und die Gewürze aufkochen und über Nacht stehen.

Am nächsten Tag geben Sie den Rum oder Baccardi dazu und verschließen das Glas gut. Die Rum-Aprikosen sollten mindestens 3 Wochen eingelegt sein, bevor sie gegessen werden.

MEIN TIPP: Dasselbe schmeckt auch mit frischen oder getrockneten Pflaumen sehr gut.
Die frischen Pflaumen legen sie einfach in den Baccardi ohne zu kochen.

SAUERKIRSCHEN MIT AMARETTO

ZUTATEN: 2 kg Sauerkirschen, 1 kg Zucker, Saft von 2 Zitronen, 0,5 l Amaretto, 0,5 l starken Rum.

ZUBEREITUNG: Die Kirschen waschen, abtropfen lassen und entkernen, dabei aber den Saft auffangen, mit dem Zucker und dem Zitronensaft mischen und erhitzen, dabei soll sich der Zucker vollkommen auflösen.
Die Sauerkirschen in die Gläser schlichten, mit dem Sirup übergießen, eine Stunde stehen lasen, dann mit dem Amaretto und dem Rum aufgießen und 4 Wochen ziehen lassen.

SAUERKIRSCHEN IN KIRSCHWASSER

ZUTATEN: 2 kg Sauerkirschen mit Stiel, 700 g Zucker, 3 Zimtstangen, 2 l Kirschwasser, 5 Gewürznelken.

ZUBEREITUNG: Die Sauerkirschen mit Stiel und mit dem Zucker schichtweise in die Gläser füllen, jeweils in der Mitte eine Nelke und eine Zimtrinde stecken.
Nun mit dem Kirschwasser die Früchte bedecken und an einem kühlen Ort 3 Monate oder auch länger stehen lassen.

ROSINEN IN GRAPPA

Italienischer Grappa ist ein klarer Branntwein aus den Pressrückständen der Weintrauben. Die Qualität kann aber auch sehr stark variieren, sodass Sie genauso einen Trebernbrand unserer Qualitätsklassen verwenden können.

ZUTATEN: 500 g Muskat Rosinen, 1 l Trebernbrand

ZUBEREITUNG: Die Rosinen in ein Glas füllen und mit Grappa oder Trebernbrand bedecken. Das Glas gut verschließen.
Das Glas 5 Wochen ruhen lassen, dabei jeden Tag einmal schütteln, dass sich der Zucker der Rosinen richtig lösen und verteilen kann.
Die Rosinen mit einem Esslöffel Grappa schmecken als Digestif sehr gut.

KIRSCHEN IN DREIERLEI ALKOHOL

ZUTATEN: 1 kg süße Kirschen, 500 g weißen Kandiszucker, 1 l Kirschwein, 0,2 l Rum, 0,3 l Kirschwasser.

ZUBEREITUNG: Die Kirschen waschen, abtrocknen und entsteinen. Anschließend mit dem Zucker mischen und in die vorbereiteten Gläser füllen. Den Kirschwein, den Rum und das Kirschwasser vermischen und darüber gießen. Die Gläser sofort verschließen und mindestens 4 Wochen ziehen lassen. Die Kirschen in dreierlei Alkohol sollten innerhalb von 3 Monaten verbraucht werden.

HIMBEEREN IN COGNAC

Verwenden Sie für dieses Rezept nur ganz feste Himbeeren, sonst beginnen sie zu schimmeln.

ZUTATEN: 1 kg Himbeeren, 1 Limette, 200 g Zucker, 1 Fl. Cognac.

ZUBEREITUNG: Die Himbeeren gut auslesen und von den Stängeln befreien. Die Schale der Limette in dünne Streifen schneiden, den Saft auspressen und über die Himbeeren geben. Den Zucker dazugeben und die Mischung über Nacht stehen lassen.
Am nächsten Tag füllen Sie die Himbeer-Zucker-Mischung in die Gläser und übergießen sie, bis die Beeren mit Cognac ganz bedeckt sind.

BLAUBEEREN IN ROTWEIN UND CURACAO

ZUTATEN: 500 g Blaubeeren, 300 g Zucker, 0,6 l Rotwein, 0,3 l Curacao, 2 Nelken.

ZUBEREITUNG: Die Blaubeeren gut auslesen, waschen und trocknen lassen. Mit dem Zucker vermischen und in ein vorbereitetes Glas einfüllen.
Nun den Rotwein und den Curacao darüber gießen und die Gläser sofort verschließen.
Die Blaubeeren mind. 5 Wochen an einem kühlem, dunklen Ort durchziehen lassen, dann aber innerhalb von einigen Monaten aufbrauchen.

KUMQUATS IN WEINBRANDSIRUP

ZUTATEN: 1 kg feste schöne Kumquats (oder Zwergorange), 2 Limetten, 1 große Tasse Zucker, 2 Vanilleschoten, der Länge nach halbiert, 0,7 l Weinbrand.

ZUBEREITUNG: Die Kumquat ist eine sehr geschmackvolle Zitrusfrucht, die unter der süßlichen Schale eine sehr sauren Saft besitzt, die ganze Frucht ist essbar und schmeckt besonders gut, wenn man sie einige Monate in Weinbrand einlegt.
Dieses Rezept ist aus England, dort werden die Kumquats in Weinbrand zu Weihnachten zum Nachmittagstee gereicht.

Die Kumquats und Limetten gut waschen und kurz blanchieren, danach auskühlen lassen, die Kumquats mehrmals mit einer Stricknadel anstechen, die Limetten mit der Aufschnittmaschine in feine Scheiben schneiden. In einer Kasserolle den Zucker mit 3 Tassen Wasser vermischen und kochen bis ein dicklicher Sirup entsteht. Nun die Kumquats dazugeben und 5 Minuten darin simmern lassen. Zum Schluss noch die Limetten dazugeben, einmal im Sirup aufkochen lassen und gemeinsam mit den Kumquats, mit einem Schaumlöffel in die vorbereiteten Gläser schlichten, den Sirup auf eine Tasse eindicken lassen und überkühlen.
Den Sirup mit dem Weinbrand vermischen und über die Kumquats gießen. Die Gläser verschließen und an einem kühlen Ort mehrere Wochen ruhen lassen.

EDELKASTANIEN IN VANILLESIRUP MIT WEINBRAND

Rezept siehe 4. Abbildung im Buch.

ERDBEEREN IN SHERRY

ZUTATEN: 1 kg Erdbeeren, 400 g Zucker, 0,7 l Cream Sherry, 0,2 l 54%iger Rum.

ZUBEREITUNG: Die Erdbeeren waschen, putzen, abtrocknen.
Die Früchte in die Gläser schlichten, den Zucker darüber leeren, mit dem Rum aufgießen und anschließend mit dem Sherry zufüllen.
Die Gläser verschließen und 2 Wochen ziehen lassen.
Die Erdbeeren in Sherry müssen innerhalb von 2 Monaten gegessen werden!

DER RUMTOPF

Die Herstellung eines Rumtopfes ist die Freude eines ganzen Sommers. Begonnen mit den Erdbeeren im Mai und Juni, bis zu den späten Obstsorten im Oktober.
Die zu verwendenden Früchte müssen auf jeden Fall makellos, gewaschen und trockengetupft sein. Der Rumtopf ist nicht, wie manche glauben, eine Reste-Verwertung.
Der Rum sollte einen Alkoholgehalt von mind. 54 % haben, sonst ist die konservierende Wirkung nicht gegeben.
Wenn Sie mit den Erdbeeren im Mai oder Juni beginnen, dann mischen Sie die geputzten Beeren mit dem Zucker und lassen diese über

Nacht stehen. Am nächsten Tag geben Sie die Beeren in den Ton- oder Porzellantopf und begießen mit Rum, sodass die Früchte bedeckt sind.
Später, bei allen anderen Früchten, brauchen Sie nur mehr die Hälfte der Fruchtmenge Zucker dazugeben.
Beachten Sie, auch wenn viele Fruchtsorten gleichzeitig im Garten oder auf dem Markt sind, dass Sie immer nur im Abstand von 2 Wochen einlegen sollten.
Juni: späte Erdbeersorten, Zuchtblaubeeren, Kirschen, die nicht entsteint werden sollten.
Juli: Johannisbeeren, Sauerkirschen, Stachelbeeren, halbierte entsteinte Aprikosen, Pfirsiche, sollten Sie vorher blanchieren und enthäuten, außerdem sollte es eine sehr fleischige, feste Sorte sein.
August: halbierte entsteinte Nektarinen, feste Zuckermelonen in große Würfel geschnitten, vielleicht die ersten festen Birnen, geschält, entkernt und in Spalten geschnitten.
September: kernlose Weintrauben, Pflaumen, halbiert und entkernt.
Dann können Sie noch **Ananasstücke** sowie **Kiwi** oder **Papaya** dazugeben.
Nicht in den Rumtopf gehören:
Himbeeren, Brombeeren (wenn Sie eine Sorte im eigenen Garten haben, bei der die Beeren noch ganz fest und geschmackvoll sind, dann können Sie Brombeeren und Himbeeren schon verwenden, weiche Beeren können an den Kernen zu schimmeln beginnen), rote und weiße Johannisbeeren, Waldblaubeeren, Äpfel und Rhabarber.
Ich wünsche Ihnen viel Freude mit Ihrem Rumtopf!

Register